裴毅然——

著

紅色史褶裡
的真相（一）

初期紅事‧延安紅史

自 序

　　2000年夏，我結束復旦攻博，為獲文學博士學位及教授職稱，攻博期間撰就《二十世紀中國文學人性史論》（上海書店，2000年）。就在撰寫此著過程中，「大逆不道」地對文學研究發生價值質疑，感覺文學研究難以實證，只是真實生活「影子的影子」，同時對赤潮禍華認識漸深，不僅個人有切膚之痛，亦對赤禍危害性產生深化認識，尤其反感中共對反右～文革爛疤的「淡化」政策，感覺有責任做一點研究，挖挖赤根。如此這般，發生文學研究者似乎難以避免的中年價值轉移，對文學漸失興趣。曾經那麼癡狂的小說、詩歌，滋味日寡，竟至難以卒篇，而對回憶錄、自傳、史著，卻芳澤漸親，讀出許多背後的內容。如此這般，由文轉史，一去難返。

　　中國現當代作家、人文學者、紅色士林、國民黨系人物，從自傳生平、回憶錄入徑，一路順便窺測國共黨史，接觸塵封史褶的一批批資料，引發一陣陣驚呼「原來如此！原來如此！」陣陣驚呼很快轉為篇篇文字，發表於境內外報刊。既將自己的「發現」轉化為歷史記憶，攤示公眾，勾勒赤禍具體軌跡，亦多少掙幾個稿費。我們這代大陸人文知識分子可是真正從赤貧中走來，1990年代的幾十塊稿費、2000年代的幾百塊稿費，對我都曾有點斤量。

　　叢書《紅色史褶裡的真相》為筆者研究當代國史的副產品，紅人紅事，紅聞紅絮，紅行紅跡，紅淚紅疤，點點滴滴，涓涓淙淙，一則則單獨故事，一滴滴折射二十世紀「國觴」的水珠。後人難以想像，1950～70年代的大陸，悲傷都是需要爭取的權利（章詒和語）。這種沉重到不忍撩揭的「國家傷疤」，仍須依靠鮮活可觸的細節，才有真正可信度。拙集就是專門提供這種「紅色細節」，出處一一。

　　我們這代「淚盡紅塵」的大陸學子，代際機遇就是「痛說個人身世」——記述紅色「三親」（親歷、親見、親聞），刻錄「赤痛」，將所謂「激情燃燒的歲月」釘上「千萬不要忘記」之柱。用青少年時代被強灌硬鑄的「毛語錄」、「毛詩詞」、「紅色詞彙」用於揭批毛時代與「東風」，以共之矛攻共之盾，在本人壓抑憂鬱的一生中，難得一爽！沒想到，十餘年所寫的篇篇拙文竟匯成一個主題——控訴「赤禍」！

　　赤禍當然鑽了「主義」的空子，利用了從藍圖到實踐的時間差。因為所有「主義」、一切「思想」，均以規劃未來為價值根柢。惟「未來」無法實證，只能根據信仰予以估定。而信仰易歧，故多戰爭。非暴力之所以成為「世界道德語」，自由民主、平等博愛之所以成為全球人文核心價值，實在是凝結了人類全部慘痛經驗，才濃縮成最簡要的「原則」傳遞給後代。這套叢書具體晾示赤潮如何背離「世界道德語」、如何違棄人文原則，血跡斑斑，傷痕深深，真正「少年不宜」矣！

2014年7月

目次 │CONTENTS

第二輯　延安紅史

第一輯

初期紅事

俞家三代一滴淚
——祖迎、子死、孫冤

祖迎馬列

俞頌華（1893～1947），明將俞大猷之後。1920年，得梁啟超等支持，俞頌華以北京《晨報》、上海《時事新報》特派記者赴俄，瞿秋白同行，但僅為俞頌華所雇跟班譯員。俞頌華採訪列寧、托洛茨基、季諾維也夫等赤俄領導人，連續發回採訪報導，與瞿秋白一起將馬列主義「販運」回華。其後，俞頌華任上海《申報》總編。1937年4月，俞頌華赴延安採訪張聞天、毛澤東、朱德、周恩來，《申報》刊載長篇報導。1928～1949年，俞家經常為瞿秋白、范長江等中共黨員提供幫助。其學生有范長江、石西民、方漢奇、沈昌煥（國府外長）。

俞頌華無論如何想不到，自己不遠萬里販運回華並積極推行的這個「主義」，非但沒有澤被後人、長宜子孫，反而肇禍連連，其子其孫竟成為直接受害者。俞家三代一滴淚，一滴那麼滯墜的國淚！

子死「五七」

其子俞彪文（1926～1957），上海滬江大學經濟系畢業生，1949年拒赴台灣，參加中共開國大典，中國人民保險公司辦公廳副主任（14級），得財長李先念好評。只因對保險工作提出改進意見，1957年劃「右」。7月19日，「偉大反右」高潮中跳樓自殺，年僅31歲。

俞彪文「與人民對抗到底」，上海外灘中國銀行業務骨幹的俞母（1949年參與接管），被迫提前退休，工資減半（37元），直至1986年去世。俞妻（重慶大學經濟系畢業生、馬寅初學生）下放農村勞動改造。

1979年7月，中國人民保險總公司人事處長上俞家宣佈「改正」——

你的父親過去犯了錯誤，現在寬大為懷就不算了。

民政局按1957年標準發放撫恤金360元（1979年標準應為1500元），這就是所謂的「全心全意為人民服務」！

2003年，俞妻臨終前告訴兩個兒子：1957年她也想投河自盡，一了百了，多次徘徊故宮護城河邊，實在不忍拋下兩位幼兒（長子4歲、幼子1歲），才堅強活下來，「中年喪夫，老年時兩個兒子分別得精神病與蒙冤入獄。我這輩子活得太苦太累太艱難。」[1]

孫陷冤困

第三代，長孫俞梅蓀（1953～ ）、幼孫俞頌蓀（1956～ ），從小生活在「狗崽子」的屈辱中。頌蓀中學時就三次自殺，精神深度抑鬱，如今已11年喘息於精神病院。

俞梅蓀1979年入黨（中共），1984年畢業於北大法律系，入國務院辦公廳，歷任經濟法規研究中心綜合秘書組長、中國經濟法研究會研究部主任、《經濟法制》編輯部主任、全國人大法律委員會副主任顧明秘書，中南海辦公十年（主要從事立法），著有〈建立市場經濟的法律體系〉（十多家報刊轉載，獲中國社科院優秀論文獎）。1988年晉升「正處」，1991年獲副研究員職稱，1993北大法律系兼職副教授。1992年，出於純良動機，為上海《文匯報》提供宣傳便利，依

---

[1]　俞梅蓀：〈緬懷蒙冤自殺的右派父親〉，載《開放》（香港）2008年9月號，頁82。

慣例向《文匯報》駐京辦主任出示尚在保密期的〈十四大徵求意見稿〉。一時疏忽，致使文件被《文匯報》人員盜印，捅到香港報刊上，再牽扯到一筆與本案無關的兩千元資料費，被控犯罪，1994年1月底被捕。

儘管洩密並未造成實際後果，反而產生正面良效，且由江平（中國政法大學校長）親任律師，無罪辯護，顧明也伸手相援，最終仍輕誤重判，以洩密罪判刑三年。俞梅蓀一生就此被毀。

入獄後，俞梅蓀表現良好，本可減刑一年，因拒不認罪，蹲滿三年。1997年1月出獄，也因不認罪，街道片警「依法」不讓申請低保，且各方推諉，不解決其生計。應聘求職，屢因「刑釋」遭拒。如今歲垂六旬，生存無著，老婆離去。為照顧弟弟，俞梅蓀長年流浪於滬，備嘗艱辛。「偌大上海灘，已無我兄弟倆棲身之地。」

兄長入獄，弟弟受驚，精神病復發，入上海精神病院三年，多次自殺，電擊休克治療使其喪失記憶。2008年後，曾參與立法的俞梅蓀，竟也淪為求告無門的訪民，落難江湖，深陷困境。

出獄後的俞梅蓀一直致力底層維權，發表法治文章數十篇，替失地農民維權、出席「右派」聚會，成為警方「重點保護對象」，家門口一度探頭伺候（探架猶在）。每年「敏感日期」（如「六四」、國慶），警察全天「伺候」。大冬天，俞梅蓀見警察在傳達室瑟索挨凍，迎入家中食宿，方便人家「執行公務」，儘管有時雙方對抗激烈，但整體上「相互理解」。2009年，警方以「六十大慶」維穩為由，將俞梅蓀「限居」在家近一月。

將一位黨員高知「培養」成苦大仇深的流浪漢，一位本可為國盡力的棟梁之材淪為求告無門的弱勢訪民，一次次領受唾面自乾的羞辱，甚至常因活不下去產生楊佳式衝動——同歸於盡。俞梅蓀現在特別理解雪夜睡在最高法院信訪辦大鐵門外的訪民——

個個艱苦卓絕，比我艱難困苦得多。我淪為訪民後，才真正理解他們的苦大仇深和萬般無奈。

　　俞家三代「一滴淚」，證明赤潮入華後的「績效」。直率地說，一個至今仍奉專政為圭臬的國家，當然不會允許法律的「干擾」。沒有意識形態的正位，現代化人文理念均無法具體落實。從這一意義上，俞家三代為國家提供了一份十分獨特且極其珍貴的人文標本。

　　中國大陸現狀，可是直接來自「光芒萬丈」的馬列主義。改革開放三十年，每艱難挪走一步，最強大的阻力均來自意識形態，真正思想「長」一寸，生產才能挪一步。所謂改革開放，還不都是挪改中共推立的紅色制度？還不都是中共強縛於國的一條條馬列赤繩？

2012年4月9～11日於滬‧三湘

原載：《動向》（香港）2012年9月號

張申府與早期中共

　　十月革命一聲炮響，給中國送來馬列主義。李大釗率先發表三篇介紹共產主義的文章——〈俄法革命之比較觀〉（1918年7月《言治》）、〈庶民的勝利〉、〈布爾什維克的勝利〉（1918年11月《新青年》），共產主義赤色思想在京滬知識界開始流播。不過，及至1921年俄共一手扶立中共，赤火微如星粒。五四時期，共產主義在中國不過是北京大學兩間小屋。校長蔡元培秉承「兼容並包」，為李大釗師生提供討論交流的場所。[1]中共「一大」召開時，各省代表赴滬川資100元，出自共產國際代表馬林提供的經費。[2]

北京三黨員

　　那麼，哪些人是中共最早黨員呢？無論中共黨史及市井坊間，一直不甚了了。事實上，中共最初實際創建人為三位：李大釗（1889～1927）、陳獨秀（1879～1942）、張國燾（1897～1979）。張申府（1893～1986）乃北京小組最初三成員之一，另兩位為李大釗、張國燾。根據多方材料印證，張申府這段晚年回憶大致可靠——

　　中國共產黨1920年8月開始創建，地點在上海和北京。在上海是陳獨秀，在北京是李大釗和我。第三國際的魏金斯基當時來華，首先到北京，對我們講，要我們建黨。以後魏金斯基由李大釗介紹到上海去見陳獨秀，要陳獨秀建黨。陳獨秀找過胡漢民、戴季陶、張東蓀等人談過，他們都不同意。關於黨的名稱叫什麼，是叫社會黨還是叫共

---

[1]　胡明：《正誤交織陳獨秀》，人民文學出版社（北京）2004年版，頁179。

[2]　包惠僧：《包惠僧回憶錄》，人民出版社（北京）1983年版，頁368。

產黨，陳獨秀自己不能決定，就寫信給我，並要我告訴李守常（按：
李大釗）。信寫得很長，主要講創黨的事，信中說：「這件事情在北
大只有你和守常可以談。」[3]

　　河北獻縣小垛莊翰林之子張申府，原名張崧年，哲學家張岱年
（1909～2004）長兄，周恩來入黨介紹人。1962年3月2日，周恩來
（1898～1976）在廣州接見全國科學工作、戲劇創作等會議代表，當
眾向張申府、劉清揚夫婦示謝——

　　1920年我到法國，還對費邊社會主義有過興趣，但很快就拋棄
了。我感謝劉清揚、張申府，是他們兩人介紹我入黨的。[4]

　　大革命發動之初，遠在歐洲留學的周恩來之所以得任黃埔軍校
政治部主任，亦賴參與黃埔軍校籌建的張申府向廖仲愷、戴季陶推
薦。1925年，張申府因政治觀點不合退黨，轉回書齋，從政治前沿舞
台隱身淡出，社會知名度較小。

　　1948年10月23日，張申府以學者身分在儲安平《觀察》上發表
〈呼籲和平〉，要求國共停戰，被認為有意袒護敗勢已定的國民黨，
遭到中共嚴屬批判。相戀27年的妻子劉清揚（1894～1977）登報斥
為：「人民公敵張申府」，與之離婚。民盟也將自己創始人之一的
張申府開除出盟。1950年代初，章士釗替張申府當面向毛澤束求情，
要求安排張的工作，參與政事，未獲允准。1957年，張申府因支持章
伯鈞，劃為大「右派」。此後，張申府澈底淡出歷史舞台。1980年代
初，極左思潮敗落，張申府「重出江湖」，成為「出土文物」，全國
政協委員，其建黨初期回憶錄亦被中共接納，十分珍貴的史料。

[3]　張申府：〈建黨初期的一些情況〉，載中國社科院現代史研究室、中國
　　革命博物館黨史研究室編：《「一大」前後，中國共產黨第一次代表大
　　會前後資料選編》（二），人民出版社（北京）1980年版，頁220。
[4]　周恩來：〈論知識分子問題〉（1962年3月2日），載《周恩來選集》
　　（下卷），人民出版社（北京）1984年版，頁357。

上海七黨員

關於中共初始黨員還有一說：茅盾乃最初七黨員之一。此說有一定偏差。根據張申府回憶，因犯「生活錯誤」被逐出北大的陳獨秀，這時去了上海。第三國際代表魏金斯基（一譯維辛斯基，華名吳廷康），首先到北京與李大釗取得聯繫，提出建黨設想，然後李大釗介紹魏金斯基去上海見陳獨秀。

陳獨秀熱情極高，說幹就幹，在上海首先找了一些留日生，其中有周佛海（1897～1948）、田漢（1898～1968）、李達（1890～1966），還發展了當時在滬的施存統（1899～1970）、沈雁冰（1896～1981）、沈玄廬（1882～1928）。[5]

張國燾回憶錄中，上海小組成員則為——

陳獨秀、李達、李漢俊、陳望道、沈定一（玄廬）、邵力子、施存統等七人。戴季陶因國民黨籍的關係，沒有正式加入組織。楊明齋由俄共黨籍轉入中共為黨員，是和沈雁冰、俞秀松等人的參加一樣，都是在第一次正式會議以後的事。[6]

兩相對照，張申府其時不在上海，提供的名單準確度不高。張國燾因參與其事，提供的「上海小組七人名單」相對準確。應該說，茅盾是中共最早黨員之一，但非最初「上海小組」七成員。

還有人說李震瀛（1900～1938）、陳公培（1901～1968）等人也是上海共產黨小組發起時首批黨員。陳獨秀告訴張國燾，上海小組正式成立會上，每個參加者都正式表達加入組織的意願。《星期評論》主編戴季陶（後為國民黨理論支柱）表示自己與孫中山關係深切，不能成為中共黨員，還哭了一場，說內心很相信共產主義，很想加入，但不能如願以償。邵力子則正式加入。《時事新報》主編張東

---

[5] （美）舒衡哲：《張申府訪談錄》，李紹明譯，北京圖書館出版社2001年版，頁108。

[6] 張國燾：《我的回憶》，東方出版社（北京）1998年版，第1冊，頁101。

蓀（1886～1973）在醞釀之初也一度是活躍分子，但接觸到組織原則與政治綱領後退出。張國燾回憶錄認定中共最初誕生於上海，1920年5～6月間商談籌備，8月下旬正式組建「上海小組」。

據張國燾回憶錄，李大釗對立即建黨有不同意見，認為暫時不應過問實際政治。1920年7月，陳獨秀與張國燾在上海具體討論建黨細節，長談中對具體而又重要的黨綱政綱，深感茫然——

我們雖否定了李大釗先生所謂暫不過問實際政治的說法，但經多方推敲，仍然難於確定一個最小限度的政綱，其內容主要是對於現實政治各方面的應有態度。只因我們對於馬克思所說的「工人無祖國」尚不能坦然接受，也還弄不清楚無產階級革命與民族獨立革命、民主革命之間的微妙關係。在無可奈何之下，陳獨秀先生這樣表示：我們不必做中國的馬克思和恩格斯，一開始就發表一個《共產黨宣言》；我們只是要做邊學習邊幹的馬克思主義的學生，現在可以先將中國共產黨組織起來，黨綱和政綱留待正式成立以後再去決定；我們並非不過問現實政治，而是不在實際上從政，如黨員擔任政府官吏等等。因此，黨綱與政綱並沒有詳細擬定而暫時擱置下來了。[7]

陳獨秀與張國燾的討論中，只是確定一些基本原則，如不採用黨魁制而採用較民主的委員制，不吸收政治背景複雜或人格有缺陷者加入等。

北京小組

北京建黨稍晚於上海。1920年8月底，張國燾自滬回京，向李大釗彙報上海小組成立情況。李大釗聽後認為在北京也應發動起來。張國燾說是他與李大釗「請北大一位講師張申府同為發起人。」[8]張申

---

[7]　張國燾：《我的回憶》，東方出版社（北京）1998年版，第1冊，頁102～103、95。

[8]　張國燾：《我的回憶》，東方出版社（北京）1998年版，第1冊，頁105。

府則說1920年9月底，自己與李大釗在尋找發展「第三名黨員」，首先想到五四運動中嶄露頭角的青年女性劉清揚。

劉在天津組織女界愛國同志會，領導天津青年團體「覺悟社」，1919年代表天津學聯到上海出席全國學聯成立大會。1920年6、7月間，她又參加學聯組織與張國燾等人下南洋募捐。1920年9月，當劉清揚到達北京，李大釗、張申府在北大圖書館主任室找她談話，動員她加入共產黨。劉清揚個性獨立，認為對黨組織還不太清楚，要看一看，沒同意。李大釗、張申府認為入黨之事不能勉強，只能等劉有了認識與覺悟後再說。這樣，李大釗再去找自己學生張國燾，因為張國燾在五四運動中表現積極，熱情很高，可能性較大，這樣「除了大釗和我，他成了北京的第三個黨員。」

張申府說北京小組成立時間為1920年10月，此後李大釗發展一批北大學生——高語罕（1887～1948）、劉仁靜（1902～1987）、鄧中夏（1894～1933）、羅章龍（1896～1995）[9]，還包括無政府主義者黃凌霜、陳德榮、張伯根，這批無政府主義者因不同意無產階級專政，同年11月退出中共。[10]

張國燾回憶錄中卻說北京小組第一次會議召開於1920年9月中旬，到會者九人——李大釗、張國燾、羅章龍、劉仁靜、黃凌霜、陳德榮、張伯根等。9月底，社會主義青年團第一次會議在北大學生會辦公所舉行，到會者約40人，著名者：張國燾、鄧中夏、羅章龍、劉仁靜、何孟雄等。無論如何，從時間上，「北京小組」的組建略晚於「上海小組」。

張申府認為北京建黨設想與創始成員要早於上海，最早的兩名中共黨員應產生於北京——李大釗與自己，不是李大釗與張國燾來「發展」自己，而是自己與李大釗去「發展」張國燾。但根據張國

[9] （美）舒衡哲：《張申府訪談錄》，李紹明譯，北京圖書館出版社2001年版，頁109。
[10] 張國燾：《我的回憶》，東方出版社（北京）1998年版，第1冊，頁105。

燾赴滬日期，應該是李大釗與張國燾去找張申府，而不是倒過來。在此，張申府如果不是回憶有誤，便是有點「貪功」。

1921年1月，劉清揚成為張申府情侶，與張申府同船赴法留學，並由張申府介紹入黨。2月，兩人再介紹周恩來加入，這樣留學生中有了三位黨員，成立中共旅歐支部。這只是一小群志同道合的知識分子自由組合，參加者並沒有放棄舊有的組織與思想。其實，張申府的思想一直十分雜蕪，在社會主義、共產主義與無政府主義之間跳來竄去，還提出「列寧、羅素、孔子，三流合一」，他畢生致力於將中國傳統哲學與西方最新理念結合起來，嘗試將儒家人文主義和羅素的數理邏輯建立共同立足點，以便東西新老文化能夠達到他所希望的交融合流。張申府這一學術大方向還是正確的，「三流合一」在學界後輩中得到某些呼應。

中共建黨初期，規模很小，局限於知識分子圈圈，真正發展要到1924年以後的大革命，獨立發展則在1927年「四·一二」後。至於中共增員幅度最大時期，乃是抗戰時期（1937～1945），三萬餘黨員躍升120萬。[11]

張申府退黨

1920年9月20日，張申府致函少年中國學會——

吾的根本主張是廢國、滅產、絕婚姻……對社會的主義自然要絕對的信奉。共產主義是社會主義的精華，對於共產主義自然要絕對的信奉。……社會主義與資本主義之間，更沒有第三者。……吾絕對信奉如要把現狀改換，只有換改一個社會主義（共產主義）的社會。[12]

---

[11] 中共中央文獻研究室編：《毛澤東文集》第三卷，人民出版社（北京）1996年版，頁139。胡喬木：《中國共產黨的三十年》，人民出版社（北京）2008年版，頁56。
[12] 張申府：〈給少年中國學會的信〉，原載《少年中國學會會務報告》，

　　按其思想，實在是一個澈底的共產主義者。他的退黨，在於他的性格與「知識分子脾氣」。

　　張氏退黨，起因於1925年1月上海舉行的中共「四大」，要求以個人身分加入國民黨並接受國民黨領導。張申府在這一點上與張太雷、彭述之、蔡和森等發生嚴重分歧，爭論激烈。張申府知識分子脾氣發作：「贊成我多的，我就幹；贊成我的是少數，我就滾蛋。」[13] 扔出此話，見自己確是少數，張申府甩手而出，盟友周恩來隨他離場以示支持。但周恩來在門外勸阻張不可因一時衝動而退黨，必須遵從黨紀——返回會場商討共同立場，適當妥協以求轉寰。張申府不肯回頭，怒然拔步，周恩來則返回會場。張申府晚年回憶——

　　我終於離開，周恩來卻繼續留下去。我想我是一個寧折不彎的人。……周恩來就不同，他是彎而不折。[14]

　　1978年，張申府回憶中共「四大」為一篇黨的綱領發生爭論——

　　我認為那篇綱領，是絕對不妥的。有些年輕黨員乃說我幼稚可笑。我一氣之下，表示退黨。後來我到北京，大釗、世炎等勸我不要脫黨。[15]

　　此後，張申府接受羅素思想，1928～29年組織第三黨，要求獨立國共兩黨之外，獲得自由政治空間。1925～26年，張申府撰文——

　　我現在所要努力，究不在單純的赤化上。我相信要換世界，須

　　1920年9月出版。參見中國社科院現代史研究室、中國革命博物館黨史研究室編：《「一大」前後，中國共產黨第一次代表大會前後資料選編》（一），人民文學出版社（北京）1980年版，頁144。

[13]　張申府：〈中國共產黨建立前後情況的回憶〉，載中國社科院現代史研究室、中國革命博物館黨史研究室編：《「一大」前後，中國共產黨第一次代表大會前後資料選編》（二），人民文學出版社（北京）1980年版，頁554。

[14]　（美）舒衡哲：《張申府訪談錄》，李紹明譯，北京圖書館出版社2001年版，頁17。

[15]　張申府：〈中國共產黨建立前後情況的回憶〉，載中國社科院現代史研究室、中國革命博物館黨史研究室編：《「一大」前後，中國共產黨第一次代表大會前後資料選編》（二），人民出版社1980年版，頁554。

改人性與變制度。我是在改人性方面努力，要從人性上做點改人性的預備，從旁幫那直去變制度的。[16]

我脫離共產黨，因為我覺著我不適宜集體生活。我是無政府主義者，是羅素的信徒。沒有人可以破壞我的決心，批判性思想是我的避難之地。[17]

但第三黨的活動並不如意，退出政界的張申府轉入思想界，1930年代初為清華哲學系教授。1935年，日寇既得東北再窺華北，國勢日危。張申府與劉清揚、姚克廣（依林）、孫蓀荃等共同發動北平的「一二‧九」運動，張申府任大遊行總指揮，1936年3月被捕，出獄後被清華解聘。抗戰勝利後，張申府代表民盟出席政協。1946年國民黨召開「國大」，張申府拒絕出席。1948～49年，張申府本有許多機會去香港，但他實在捨不得北京這塊「牽繫其根」之地，留了下來。

1949年後，一向以天下為己任的張申府被禁止發表文章和從政。此前，他之所以改名（「崧年」一名已用20年）——

因為有許多官宦人家的兒子都用了這個名字。我是喜歡有分別的人，於是我再起了一個名字：申府，這是參照古時一個以天下為己任的大官的名字起的，意思是治理國家。[18]

不能參政，十分憋屈。章士釗為他求毛澤東緩頰，老毛未允，說了一句：「當初他是我的頂頭上司」。張申府認為這是毛還惦記著1918年與1945年的兩件事。1918年暑假，北大圖書館長李大釗回昌黎老家休假，助教張申府代主館務，正值毛澤東入館任見習書記。張申府拿一份書目交毛繕寫，毛寫完後交上，張一看，全寫錯了，退毛重寫。1945年，毛澤東飛渝談判，請張申府吃飯，席間張拿出自己的一

---

[16] 張申府：〈報凱明先生〉，載《京報‧副刊》1925年8月19日。轉引自（美）舒衡哲：《張申府訪談錄》，北京圖書館出版社2001年版，頁188。

[17] 張申府：〈自白〉，載《京報‧副刊》1926年3月14日。轉引自（美）舒衡哲：《張申府訪談錄》，北京圖書館出版社2001年版，頁190。

[18] （美）舒衡哲：《張申府訪談錄》，北京圖書館出版社2001年版，頁24、29。

本著作贈毛，毛見扉頁上題詞「潤之吾兄指正」，頓露不悅。毛澤東認為張申府此時已不該與自己「稱兄道弟」。

1949年3月25日，民盟成員宋雲彬（1897～1979）在日記中評張申府——

張之大病在不肯忘其過去之革命歷史。彼與毛澤東氏在北大圖書館有同事之雅，周恩來加入中共，亦由彼介紹，遂以革命先進自居。……張申府於政協失敗後，不惜與國民黨特務周旋，甚且假民盟之名向各處捐款、以飽其私囊。彼苟不忘其過去之革命歷史，豈肯出此。[19]

可見，張申府其時口碑不佳，處境尷尬。1949年2月，周恩來派秘書齊燕銘安慰張申府，每月送30元生活費。北京市長彭真亦請張申府吃飯，席間替他惋惜：「你要是不脫黨就好了。」9月2日，張申府在北京副市長張友漁安排下，入北京圖書館任職，直至辭世。[20]張申府晚年說自己一生摔了三次大跟斗——1925年退出中共、1948年被逐民盟、1957年被劃「右派」。

三好男人

1980年3月，87歲的張申府向美國女學者舒衡哲坦認自己是「三好男人」——好名、好書、好女人——

您知道，我有三個弱點，這就是我終生追求的三個愛好：書本、女人和名譽。1920年代我刻了一個章，就是刻了這三好。這三好我從沒有放棄。我愛書，1948年我為這付出了很大的代價。愛女人給我的麻煩就更多，像劉清揚和其他女人。這三好使我難為情，但我不能自拔，沒有辦法。到現在還是這樣。[21]

19　宋雲彬：《紅塵冷眼》，山西人民出版社2002年版，頁115。
20　章立凡：〈金劍已沉埋，壯氣蒿萊〉，載《社會科學報》（上海）2004年12月16日，第6版。
21　（美）舒衡哲：《張申府訪談錄》，北京圖書館出版社2001年版，頁20。

　　1926年3月，張申府在那篇〈自白〉中談及與劉清揚的同居，觀點至今十分前衛──

　　我和劉清揚的關係並非什麼新鮮的事情。今天只有在中國才不能夠承認一個已結婚的人還可以有愛人……我的意見是，性交、結婚和愛情是三樁不同的事兒。[22]

　　舒衡哲認為張「是他那一輩最有國際視野的知識分子之一」。

　　說來令人驚訝，武昌首義後，入讀北京順天高等學堂的張申府，言出驚人。一篇命題作文〈擬官軍諭武昌城內叛兵繳械免罪檄〉，要求學生以清軍平叛將官身分寫一篇戰前檄文，測驗學生對十九世紀國史的認識，特別是洪楊髮逆引起的社會動盪。18歲的張申府當時不可能有革命意識，他從儒家立場出發，嘲笑「造反即英雄」，表述了以下內容：革命者並不具有代表人民利益的天然性，甚至並不比當權者更能代表人民利益。[23]雖說有點「瞎貓碰死耗」的偶然性，但也確實裹帶十分深刻的歷史內核，表明青年張申府的思想潛質，是他日後之所以步入哲學研究的「內因」。

2006年秋於滬‧三湘

原載：《南方都市報》（廣州）2014年7月22日

---

[22]　張申府：〈自白〉，載《京報‧副刊》1926年3月14日。轉引自（美）舒衡哲：《張申府訪談錄》，北京圖書館出版社2001年版，頁190。

[23]　（美）舒衡哲：《張申府訪談錄》，李紹明譯，北京圖書館出版社2001年版，頁24、30。

五四工讀互助運動之興亡

　　1919年底～1920年春，五四新文化運動進入高潮，京滬等城一度出現「工讀互助」運動。從思想醞釀到正式籌款成立，前後近半年。打頭的北京工讀互助團第一組，僅僅維持兩個多月便告解體。1920年上半年，該運動在全國各大城市相繼熄火。這一原本很有意蘊的「共產」預演，不僅當時未能引起知識界警覺，近百年來亦未得史學界開掘總結，未能對烏托邦的社會改造方案拉響警報。如今回首這一運動，可看出「大鍋飯」之所以燒不起來的一系列深層次原因。

運動初興

　　第一次世界大戰結束前後，勤工儉學風行全國，一些無力遠赴法國的貧家學子，或不願去國的中產子弟，仿習歐美，在京滬津寧漢穗等城辦起「工讀互助團」，浙江、湖南平江等地亦有回應。1919年12月4日，少年中國學會執行部主任王光祈，在北京《晨報》發表〈城市中的新生活〉，提出組建工讀互助團。「不到二、三日，便有數十位同志來信願從事此種生活，一星期後，外省亦有許多同志來信討論此事。」[1]

　　王光祈（1892～1936），川籍學子，1912年畢業於成都高等學堂分設中學堂，1914年赴京，入中國大學攻讀法律，兼職清史館，先後擔任《四川群報》駐京記者、《京華日報》編輯。1918年與李大釗、曾琦等七人發起「少年中國」學會（成員最多、影響最大的五四社團），1919年7月1日成立大會，王光祈被推執行部主任。「少年中

---

[1]　王光祈：〈工讀互助團〉，載《少年中國》（北京）第1卷第7期（1920年1月15日），頁42。

國」學會社員108人，知名者毛澤東、鄧中夏、左舜生、張聞天、惲代英、高君宇、李達、繆伯英、蔡和森、趙世炎、許德珩等。

王光祈發願宏大，工讀互助團有明確理論：「人類分為三個階級——知識階級、勞動階級、資產階級。理想的無階級社會該是知識階級同時便是勞動階級，勞動階級同時便是資產階級。」而達到這一勝境的途徑只有：知識階級中有覺悟的青年到農村與工廠去，將知識傳授給勞動階級，有創造力的華僑應興實業辦教育。如此這般，可消弭階級。1919年底，王光祈發表〈城市中的新生活〉，建議組織「男女生活互助社」，幫助青年脫離頑固的家庭壓迫。[2]

該團旨在幫助青年半工半讀，維持生活與學業，成功離開「舊家庭」，達到教育與從業相結合——「人人做工，人人讀書；各盡所能，各取所需。」王光祈的宣言是「平和的經濟革命」，一種「城市中的新生活」；每天做工六小時，讀書三小時，其餘時間娛樂及自修。[3]上海工助團也為掙扎於底層的青年尋找出路：「替一般埋沒於舊社會惡制度底下的青年，另造一種新組織新生活。」[4]

1919年底，王光祈奔走一月，得到李大釗、蔡元培、陳獨秀、胡適、周作人、張申府、高一涵、陶孟和、羅家倫等16位社會名流贊助，募款一千，在京創建第一個工讀互助團。該團主要規定為四：一、團員每天須做工四小時；二、團員衣食住宿，均由團體供給；三、團員所需教育費、醫藥費、書籍費，由團體供給，書籍報刊為團體公用；四、工作所得收入歸團體公有。

1920年3月，湘籍學子彭潢、毛澤東在上海發起上海工讀互助

2　鄭學稼：《中共興亡史》，中華雜誌出版社，頁490。轉引自王章陵：〈匪區學校工讀制度之研究〉，載《匪情月報》（台北）第14卷第1期（1971年2月28日），頁63。

3　王光祈：〈工讀互助團〉，載《少年中國》（北京）第1卷第7期（1920年1月15日），頁42。

4　中共中央文獻研究室、湖南省委《毛澤東早期文稿》編輯組編：《毛澤東早期文稿》，湖南出版社出版1995年3月第2版，頁678。

團，在《申報》刊載〈上海工讀互助團募捐啟〉。上海團的章程略有差別：一、團員每天做工六小時，若生活費尚不足支持，由團員公議增加做工鐘點；二、共有四項工作：平民飯店、洗衣店、石印、販賣商品及書報，所得均歸團體；三、會計等事務員每月選舉一次；四、凡怠工並經三次集體勸告無改進者，即請其出團。[5]

運動初興，震動全國，各地來函數百封，報名者猶如過江之鯽。好奇、衝動、喜好嘗試……乃青年普遍特點。運動發起人（主要為王光祈）對入選「團員」有一番相當審慎的選擇。[6]北京工讀互助團成立後，滬津寧漢穗及長沙、杭州、揚州等城也陸續成立各種名稱的工讀互助團。1920年5月，北京大學校刊上有人呼籲將此運動推廣到中學生。[7]

然僅僅半年，聲勢浩大的工讀互助運動便無聲無息消亡了。1920年，王光祈赴德留學。陳獨秀、李大釗、惲代英、毛澤東、施存統……紛紛熱衷建立共產主義小組。

思潮來源

克魯特泡特金的互助理想社會主義（無政府主義）、托爾斯泰的泛勞動和人道主義，乃工讀互助運動的思想濫觴。這一思潮希望通過協作互助、平等勞動改變現實，進而對社會實現和平的漸進式改造，建立一種全新的「各盡所能、各取所需」、協力與自由、互助與獨立的社會組織──「新村」。

[5]　〈上海工讀互助團募捐啟〉，載《申報》1920年3月7日。參見《毛澤東早期文稿》，湖南出版社1995年3月第2版，頁676～678。
[6]　王光祈：〈為什麼不能實行工讀互助主義〉：載《新青年》（北京）第7卷第5號（1920年4月1日），頁14。
[7]　鄭年：〈提倡「工讀互助」在中學裡面實行的辦法〉，載《北京大學日刊》1920年5月6日，第2版。參見《北京大學日刊》（第5冊），人民出版社（北京）1981年版（影印本）。

中國工讀互助團運動的直接源頭為日本的「新村運動」。1918年12月，日本著名作家武者小路實篤（1885～1976），在他主辦的《新村》雜誌上發表一首詩，對中國有人認同他的新村主義表示狂喜。是年，武者小路實篤在日本九州開展新村實踐活動，周作人極為關注，1919年7月赴日實地參觀，將其引入中國，促成新村主義於五四前後在中國風行一時。

1918～19年，周作人撰寫多篇文章介紹新村主義，如〈日本的新村〉、〈新村的理想與實際〉等——

主張泛勞動，提倡協力的共同生活。一方面盡了對於人類的義務，一方面也盡了各人對於各人自己的義務；讚美協力，又讚美個性；發展共同的精神，又發展自由的精神。實在是一種切實可行的理想，中正普遍的人生的福音。[8]

周作人對新村的熱情並非一時之興。一戰後，時局動盪、社會迷茫、思潮叢生，周作人擔憂暴力變革將帶來亂象，但又希望能找尋到解決時弊的新式改造道路。新村主義構建的個人與集體、獨立與互助、腦力與體力、物質與精神、肉與靈的融合模式，周作人認為「順了必然的潮流」、又可避免「將來的革命」，恰好契合他的需求。1920年2月，周作人在《新青年》登載啟事——

凡有關於新村的各種事務，均請直接通信接洽。又如有欲往日本實地考察村中情形者，本支部極願介紹，並代辦旅行的手續。

「支部」，即新村中國支部，所在地即周氏兄弟居住的北京八道灣胡同十一號。

1920年，在周作人介紹下，北大學生遊日團、北京高師工學會成員，訪日期間參觀新村東京支部，極大鼓勵了日本新村運動。1920年，留日生王拱璧（1886～1976）在河南老家（西華縣孝武營）建立「青年村」，開展新村運動。王光祈的北京工讀互助團，即分娩於這

---

[8]　周作人：〈日本的新村〉，載《新青年》第6卷第3號，頁266～278。

一時代氛圍之下，也可以說日本新村運動在中國的「著床」。

「團員」施存統認為「工讀互助」乃推動社會改革途徑——

對於工讀互助團抱有莫大底希望，希望將來底社會都變成工讀互助團！就是成為一個工讀互助的社會。

終極目標是改造社會，實現世界革命。首先在「團」裡實行：一、脫離家庭；二、脫離婚姻；三、脫離學校；四、絕對共產；五、男女共同生活；六、暫時重工輕讀。胡適稱這些宗旨為「武斷地解決問題」。[9]

北京團

北京工讀團成立後分四小組。第一組北京大學附近，騎河樓鬥雞坑七號；第二組北京專門工業學校、高等法文專修館、北京師範學校附近，西城翠花街狗尾巴胡同五號；第三組女高師附近東城北河沿，團員全是婦女，稱「女子工讀互助團」；第四組在景山街東松公府夾道八號。[10]

1919年秋，浙江第一師範二年級生施存統撰文〈非孝〉，提出打倒「不合理的孝和行不通的孝」，引發軒然大波。受到打壓的施存統與三名同學從杭州趕赴北京，加入工讀互助團。

第一組成員施存統理解的工讀互助運動——

工是勞力，讀是勞心，互助是進化。工讀互助，是人的生活；工讀互助團，是做人的團體。我們以為要做人，就要入工讀互助團。……一邊勞力，一邊勞心；終生工作，終生讀書……

9 存統：〈「工讀互助團」底實驗和教訓〉，載《星期評論》（上海）勞動紀念號，1920年4月，頁1。
10 〈北京工讀互助團第二組之進行〉，載《晨報》（北京）第415號，1920年2月15日。

施存統反復強調，這是個「終身以之」的團體，「我即是團、團即是我」（無限將來都從這兩句話裡表見）；「團的利害，就是個人的利害」。玄廬的讚美詩——

1920年前／額汗眼淚化餘錢／1920年後／富貴功名不如狗……工即是學，學即是工。[11]

富家子俞秀松（父親為秀才）離家出走，抵達北京後，即入第一組，1920年3月4日致函父母——

我來的目的是：實驗我底思想生活，想傳播到全人類，使他們共同來享受這甘美、快樂、博愛、互助、自由……的新生活，才算完事！[12]

與家庭決裂的快感，個體理想的書寫，工讀互助團員們青春熱情，氣血賁張，滿懷激情地投入陌生清新的生活。第一組的團員洗衣服、製作信紙信封，儘管「收入都很少」，他們還是夜以繼日、不知疲倦。很快，第一組的「儉潔食堂」也開張了，他們驕傲地貼上對聯：「寧流額上汗，毋染手中血」。

第一組十三名青年的集體生活，起初異常融洽，相互視為同志，每週至少開會一次，討論工讀互助運動的未來。傅彬然回憶——

曾經把團員的衣服都集中起來，分類放置。只要誰愛穿，誰都可以自由撿來穿。這是我們對所憧憬的「各盡所能、各取所需」的美好理想的嘗試……

他們告誡自己：獻身、實踐、改良、創造，要成為這個「萬惡社會的保險團體」，成為未來「少年中國的模範團體」。他們告別過去，兢兢業業充當起伙計、跑堂、業餘教師、手工匠人乃至洗衣工、洗碗工，忘記自己曾是少爺、洋學生、中產子弟。

---

[11] 玄廬：〈工讀互助團〉，載《星期評論》（上海）1920年2月8日，頁4。
[12] 俞秀松：〈寄給家人照片後面的附言〉（1920年3月4日於北京），載《紅旗飄飄》第31集，中國青年出版社（北京）1990年版，頁233。

他們經過三番五次討論，擬定宏大計畫與具體步驟——

第一步鞏固團體底基礎……第二步擴張我們底團體，實行主義的宣傳。第三步聯絡各處的同志，結成一個大團體，實行世界革命。[13]

第二組的內容有五：平民消費公社、平民實習學校、平民洗衣局、平民工廠（小型作坊式）、食堂。1920年2月15日在《晨報》上宣佈——

精神方面非常團結，財產物飾之類均不分彼此，團內亦無繁瑣規則，行動以不礙良心及人格為準繩，此皆可為吾人效法也。[14]

當時各地生活費、學費差異較大。廣州大學生一年需要八九百元，上海四五百元，北京二三百元。專科生畢業修學四年，大學本科畢業六年，以最低的北京計算，也要1500～2000元。[15]中學生每年學費亦在六七十元。[16]北京組織「工讀互助團」成本最低，按說成功概率甚高。「工讀互助團」最初預算每人每月10元：房租1.5元、伙食3元、學費2元、衣服1元、書籍1元、醫藥費1.5元。後北大特准免費旁聽、圖書館亦對團員免費開放，每月人均七元即可。[17]

共產分歧

許多參與工讀互助運動的青年，純粹湊熱鬧。以第一組為例。1920年1月20日，《新青年》刊載十五位成員名單，章鐵民、張樹

---

[13] 存統：〈「工讀互助團」底實驗和教訓〉，載《星期評論》勞動紀念號（上海），1920年4月，頁1。

[14] 〈北京工讀互助團第二組之進行〉，載《晨報》（北京）1920年2月15日，第3版。

[15] 陳東原：〈顧孟餘氏工讀互助論〉，載《晨報》1922年11月27日，副鐫。

[16] 鄭年：〈提倡「工讀互助」在中學裡面實行的辦法〉，載《北京大學日刊》1920年5月6日，第2版。

[17] 王光祈：〈為什麼不能實行工讀互助主義〉：載《新青年》（北京）第7卷第5號，1920年4月1日，頁14。

榮、吳名世、（何）孟雄、煥業、施存統、（俞）秀松、黨家斌、俞鴻、周方、彬然、百棣、張伯根、仰煦、周昌熾。僅僅兩天，《晨報》又一則新聞，「家斌、周方二人，現已出團，故不列入……」

第二組團員十一人：王恕、郭會楷、張衡沛、張純、劉晦、劉豪、羅漢、李實、匡僧、歐遜、訾久。[18]

1920年2月4日，第四組租定東城松公夾府道八號，先成立消費社隨即籌備織襪廠，不日即可開工，並蒙蔡元培允許入北大旁聽。這一組團員原十人，[19]因一人赴法，是為九人：張俊傑、賴慶祝、杜大學、李深蔭、趙鴻恩、張遂能、劉鑫、蒲照魂、吳時英。[20]

矛盾很快來臨，頻頻引發衝突。《工讀互助團簡章》明文規定「收入歸公」，團員最初對此並無分歧。但組團之後，一些成員不時收到家裡匯款，這部分收入該不該歸公？要他們繳公，這幾人不太願意。但不歸公，工讀互助意義何在？幾名團員兜有餘資，大部分團員節衣縮食，口袋空空，貧富不均，有失平衡，「互助團」如何維持下去？幾筆家長匯款，引發小組關於「共產」的爭論。

爭論結果：一、大部分成員決議共產，認為家中匯款應繳公；二、五位主張不合者要求退團。五人退團前夕，「團體非常緊張，差不多要破裂的樣子」。王光祈非常著急，「跑到我們團裡來，向我們幾個主張激烈點的人疏通……主張不要太趨極端。」[21]施存統等人認為，「共產」關乎工讀互助理想之根本，萬難遷就。

脫離家庭

「共產」風波後，接踵而至的是「脫離家庭」。

---

[18] 〈北京工讀團消息〉，載《新青年》（北京）第7卷第3號，1920年2月1日。
[19] 〈工讀互助團將設第四組〉，載《晨報》第394號，1920年1月24日。
[20] 〈工讀互助團第四組報告書〉，載《晨報》第418號，1920年2月18日。
[21] 存統：〈「工讀互助團」底實驗和教訓〉，載《星期評論》（上海）勞動紀念號，1920年4月，頁3。

　　堅持不散的工讀互助團成員認為：為什麼會發生「共產」之爭？根子在於老朽腐爛的舊家庭制度，不脫離舊家庭，團體將時刻籠罩在它的陰影下。不破壞舊家庭制度，美好的工讀互助社會就難於產生。施存統認定：「家庭制度是萬惡之源，非打破不可，脫離是打破之先聲。」由此引發一場曠日持久、「極傷感情」的爭論。爭論尚未結束，又一人退團。全體決議脫離家庭後，又兩人退團。

　　八名成員退團前後，另有六名青年先後加入第一組。這樣，第一組仍有十名成員，觀點上「全體一致」。第一組中有後來聲名赫赫的中共黨員施存統、俞秀松、何孟雄、繆伯英（何孟雄妻）。

　　接著討論婚約，認為「離婚的離婚，解約的解約」；討論學校問題，「凡是從前在學校裡的都退出來改為旁聽生」；男女共同生活問題，女團員繆伯英的態度比大多數男青年還要激進。施存統回憶——

　　這幾個問題解決之後，精神上很有幾天愉快。我們那時以為我們底無政府、無強權、無法律、無宗教、無家庭、無婚姻的理想社會，在團裡總算實現一部分了，所以精神上非常快樂。[22]

經濟危機

　　一兩個月後，經濟問題成為工讀互助團的普遍危機。施存統留下了一份饒有意味的帳單，折射出工讀互助團的必然命運。

　　第一組「勤工」營生為五：放電影、洗衣報、印信封、辦食堂、英算專修館。電影股四人，1月20日領取130元開辦費，在各大高校輪流放映。這份營生頗讓團員興奮。電影符合青年性情，而且很輕鬆，「不過只管收票賣票的事情」。最初生意興隆，「在女子高等師範演了三次，承他們同學的好意，高興來看，每次賣了二百左右張

---

[22] 存統：〈「工讀互助團」底實驗和教訓〉，載《星期評論》（上海）勞動紀念號，1920年4月，頁3。

票。」此後，生意時好時壞。寒假前夕，「一連好幾天生意冷落」。一個多月後結帳，除收回130元成本，盈餘僅30元。這還主要靠女高師的連映三場，靠女生捧場。此後，生意清冷，連連賠本，於是匆促開會，議定電影股解散。

接著被停掉的是印刷業務。分信紙信封兩種，「做的人一個二個不一定」，利潤微薄，不時滯銷；一個多月「大概賺三元」、還不夠飯錢，只得「辦理結束」。

最讓人啼笑皆非的是洗衣股。洗衣股投資40元，四個人，每天做工五小時，最初只能洗自己的衣服，三四天收了「還不到二十件衣服」。無奈，施存統只好去找學生宿舍的齋夫（門房），讓齋夫們幫忙代收。齋夫幫洗衣局收衣服，每件得2%報酬，工讀團加至3%，「我們以為這樣一定可以有衣服洗了，那知仍舊不然！」齋夫轉身以工讀團的3%向洗衣局要價，「他一定向洗衣局要求百分之四或百分之五！」施存統去齋夫房收衣服，竟和洗衣局收衣的狹路相逢，既難過又鬱悶。洗衣股辦了兩周，收入僅七十幾枚銅子，而且，「奪平民的生計，究非我們底本心。平民是我們很親愛的朋友，斷無損害親愛的朋友底道理。」工讀團的住地也不適合洗衣，沒有晾曬場所。七七八八一來，洗衣股「理所當然」地停辦歇業。

更大的危機是食堂股也辦不下去了。食堂在北大沙灘附近，以北大師生為主要客源。一開始，三間房、五張桌的「儉潔」食堂生意興隆。兩個多月後，擴大規模「另租兩間房子，增添五張桌子」。可「生意既不發達，開銷又比以前大」。十幾天後，食堂工作的八個人，「連這八個人底飯都沒得吃！」「平均每天十二個團員在食堂裡吃飯，都要拿出大洋一元五角。」即每天虧墊1.5元。

施存統：「食堂無異是我們底根據地」，「差不多我們這回失敗，形式上都是它的緣故。」[23]直到此時，施存統還沒有發現食堂失

23　存統：〈「工讀互助團」底實驗和教訓〉，載《星期評論》（上海）勞動紀念號，1920年4月，頁1~3。

敗的真正原因。食堂大部分收入來自學生的「包飯」，進店顧客很少，擴大店堂規模，徒增開支，無助生意。王光祈很詫異——

據一月以前我在北京的觀察，食堂營業萬無折本之理，此次虧折，實出意外。[24]

五種營生中最賺錢的竟是僅兩名團員的英算專修館，每月二三十名學生，收入四五十元。但兩名從業團員的感受：「究非我們所願做的工作呵！」

第二組的「平民消費公社」，以非贏利為宗旨：「欲使一般平民之正當消費不受貪鄙無厭之資本家所壟斷」，絕不售賣妨礙健康的煙酒藥物，凡消費兩元以上者可電話通知，送貨上門。饒是如此，仍無法擴大營業。

無奈散伙

1920年3月23日，因無法維持生活，「團體已不能一日存在！……萬難支持」，工讀互助團第一組解散了。施存統——

這個時候，差不多大家都對於這個團體沒有十分感情，除出一二人以外，都不願去維持它。三月二十三日開一個會，議決各人自由另找工作。工讀互助團底主張，從根本上推翻！[25]

不到三月的工讀互助團宣告失敗，3月26日俞秀松回滬。[26]

第一組的解散，再次震動全國。4月1日，《新青年》第七卷第五期，王光祈、陳獨秀分別發表文章，探討第一組失敗根源。在〈為什麼不能實行工讀互助主義？〉的標題下，王光祈以副標題表達見解：

---

[24] 王光祈：〈為什麼不能實行工讀互助主義〉：載《新青年》（北京）第7卷第5號，1920年4月1日，頁15。

[25] 存統：〈「工讀互助團」底實驗和教訓〉，載《星期評論》（上海）勞動紀念號，1920年4月，頁3。

[26] 俞秀松：〈給駱致襄〉（1920年4月4日），載《紅旗飄飄》第31集，中國青年出版社（北京）1990年版，頁236～237。

「是人的問題，不是經濟的問題」。

　　王光祈列舉了種種問題，人浮於事、浪費較多、經營不善、感情不洽、「互相懷疑」、精神渙散、一些人「不肯努力做工」、一些人不瞭解工讀互助團「深厚遠大的意思」……他反思自己的責任：雖經審慎挑選，但知行合一的團員「實不多見」、「今日演出此種現象，完全是我當日急於組織成功的罪惡！」

　　1920年5月正式成立的上海團，主要團員彭潢、毛澤東、羅亦農、袁達實、張文亮等，租居上海民厚里幾間房，共同做工共同讀書、有飯同吃有衣同穿。6月，彭潢、毛澤東回長沙，該團終止。[27]

易群先事件

　　最令施存統耿耿於懷的，乃是他一語未及便令第一組「感情大壞」的易群先事件。易群先乃國會議員易龑龍之女，反對父親安排婚姻，出走北京參加工讀互助團。她漂亮、活潑、大膽，「差不多每個團員都喜歡她」。一天，易群先告訴施存統，她與何孟雄自由戀愛了。這句話引起軒然大波。

　　施存統後來說，他對此「又驚又喜」。幾天後，幾名團員連夜開會，以妒怒交加的態度逼迫何孟雄承認錯誤。這對情侶不服，易群先避走天津。幾名團員決議驅逐何孟雄、施存統、陳公培。

　　王光祈認為這是「人的問題」的明證。1920年3月28日，陳獨秀也撰文認為是「人的問題」，他轉引第一組一位成員來信——

　　北京第一組的失敗，千萬不要使旁的工讀互助團說什麼辦不得；老實說，實在是人的問題，只可說第一組的人失敗了，並不是工讀互助團不能辦。[28]

---

[27] 中共中央文獻研究室、湖南省委《毛澤東早期文稿》編輯組編：《毛澤東早期文稿》，湖南出版社1995年3月第2版，頁678。

[28] 獨秀：〈工讀互助團失敗底原因在那裡？〉：載《新青年》（北京）第7

分析敗因

從表面看，原因很簡單：依靠募捐發起，失去財力散伙，工讀互助團無法依靠自身運作維持，失去經濟支撐，只能解散。但深層次的原因卻在於麻煩的以共產為核心的價值觀。理想化的設計勢必碰撞多棱面的人性，「共產」未能通過實踐檢驗。但絕大多數運動參與者、贊助者歸敗因於人事。王光祈總結——

這次失敗，就是不善經營、不善計算、不善辦理，別無他故。所以我認為不是經濟問題，而是人的問題。[29]

檢討局限於團員個人的主觀因素，未能透過現象看本質，挖掘出「共產」設計這一核心敗因。

工讀互助團發起不久，胡適就持懷疑態度。一次演講中，胡適批評工讀互助運動「名實不符」。他說，十七名發起人中——

有幾個人的目的並不注重工讀，他們的眼光射在「新生活」和「新組織」上。因此只做了一個「工」的計畫，不曾做「讀」的計畫……

胡適的批評對象是王光祈、陳獨秀。胡適認為，這是計畫的「根本大錯」。因為「工作的時間太多……沒有做學問的機會」，工讀變成「挨役」、「只有做工的苦趣，沒有工讀的樂趣」；「但他們對於家庭、婚姻、男女、財產等等絕大問題，都早已有了武斷的解決，都早已定為成文的戒約了」。

胡適說美國至少有幾萬人過著工讀生活，極平常極現實——

工讀主義只不過是靠自己的工作去換一點教育經費，是一件極平常的事……算不得什麼「了不得」的新生活

用不著掛什麼金字招牌……如不能使團員有自修求學的工夫，那麼，叫他泛勞動主義也罷，叫他新組織也罷，請不要亂掛「工讀主

卷第5號，1920年4月1日，附錄〈工讀互助問題〉，頁17。

[29] 王光祈：〈為什麼不能實行工讀互助主義〉：載《新青年》（北京）第7卷第5號，1920年4月1日，頁15。

義」的招牌。

胡適還分析——

米可以合買，房可以合租，廚子可以合雇。但共產盡可以不必。為什麼呢？因為我也許願意用我自己掙來的錢去買一部鮑生葵的美學史，但是你們諸位也許多用不著這部，我還是買呢？還是不買呢？最好是許團員私有財產。[30]

王光祈、陳獨秀、胡適等還在工讀互助團範圍內探討敗因。施存統則認為敗在「感情不洽」，俞秀松再添三因：「工作不盡力、不肯協力商量辦法、消費的辦法」。[31]陳獨秀認為失敗在於：「我相信他們這回失敗，完全是因為缺乏堅強的意志、勞動習慣和生產技能三件事；這都是人的問題，不是組織的問題。」[32]

但戴季陶、施存統則認為工讀互助團的失敗乃是社會黑暗，無法容忍青年的改良式嘗試，將社會改革推向更宏大的範圍。1920年4月1日，這位深研馬克思主義、翻譯《資本論解說》的國民黨理論人物，於《新青年》發表〈工讀互助團與資本家的生產制〉，以「剩餘價值」為基礎解析工讀互助團的敗因。

戴季陶認為工讀互助團的失敗根源在於財產私有制、資本家生產方式；資本主義大機器生產壓迫著大多數人群，工讀互助團成員生活困難；做工時間不斷增加，四小時到六小時、八小時，乃至十小時，只「工」難「讀」；不僅不能以「工讀互助」作為改造社會的方式，也不能達到「半工半讀」之目的。戴季陶還認為在現實中，「獨善其身、獨善其家、獨善其國，都是不可能的事情」。戴季陶號召有

---

[30] 胡適：〈工讀主義試行的觀察〉，載《新青年》（北京）第7卷第5號，1920年4月1日。參見歐陽哲生編《胡適文集》（二），北京大學出版社1998年版，頁559～563。

[31] 存統：〈「工讀互助團」底實驗和教訓〉，載《星期評論》（上海）勞動紀念號，1920年4月，頁4。

[32] 獨秀：〈工讀互助團失敗底原因在那裡？〉，載《新青年》（北京）第7卷第5號，1920年4月1日，附錄〈工讀互助問題〉，頁16。

志青年「投向資本家生產制下的工廠去！」因為——

時間問題、工銀問題、幼年保護問題、婦女保護問題、社會的保險、勞動者住宅、教育、娛樂、慰安，這些問題的各個解決，都是只有靠勞動者的團結與奮鬥才可以解決得來的。[33]

即只有依靠工運才能從根本上解決問題。中共仇為國民黨「極右」的戴季陶，左得如此可愛呢！

22歲的施存統發表了萬字〈「工讀互助團」底實驗和教訓〉，施存統的這篇文章後被反復轉載、不斷引用。施存統認為「散伙」的直接原因是「群先離團、外面攻擊、適之演說，於是感情大壞、精神愈散，團體已不能一日存在。」和戴季陶一樣，施存統將失敗歸因於社會——

現社會的組織是資本主義的組織，一般平民都做資本家的奴隸；

凡是在資本主義的社會組織底下……都要直接間接受經濟的壓迫。

施存統甚至說賺了一些錢的電影股，承蒙「女師」姑娘們的好意，但「她們的錢是哪裡來的？」英算專修館學生大多是富家子弟，還不是替資本家做工！不管願意不願意，承認不承認，活在這個社會、這種秩序裡，都參與乃至贊助著資本主義的運轉！

他的歸結是——

我們並不因此懷疑共產主義。我們因此更信共產主義。……我們最敬愛的朋友，不要因為我們一時的失敗，就去懷疑神聖的主義！

我們如果有能力把資本家所掠奪去的資本收得回來，那才不至於受經濟的壓迫。

從這一次的工讀互助團的試驗，我們可以得著二個很大的教訓……（一）要改造社會，須從根本上謀全體的改造，枝枝葉葉地一部分的改造是不中用的。（二）社會沒有根本改造以前，不能試驗新

---

[33] 季陶：〈工讀互助與資本家的生產制〉，載《新青年》（北京）第7卷第5號，1920年4月1日，附錄〈工讀互助問題〉，頁8～11。

生活。不論工讀互助團和新村。

如果要免除這些試驗新生活的障礙……惟有合全人類同起革命之一法![34]

施存統致函馬哲民──

要拿工讀互助團為改造社會的手段，是不可能的。要想在社會未改造以前試驗新生活，是不可能的。要想用和平的漸進的方法來改造社會的一部分，也是一樣的不可能的。……改造社會要用急進的激烈的方法，鑽進社會裡去，從根本上謀全體之改造。[35]

俞秀松回滬後宣稱──

我此後不想做個學問家（這是我本來的志願），情願做個「舉世唾罵的革命家」。

俞秀松在陳獨秀的安排下，先入《星期評論》雜誌，一週後，為「打破知識階級的觀念」，他改名換服到虹口厚生鐵廠，一面做工一面教學，宣傳赤色思想，走與勞動人民相結合的道路。[36]

「點滴」的失敗，提煉出必須全面推進社會改革。社會改造當然得從點滴開始，明明應尋找「點滴」失敗的客觀原因，挖掘不符合人性人情的悖謬，先找找自身問題，反而「槍口對外」，責怪社會不配合自己，倒過來從社會客觀方面尋因。邏輯能力如此謬弱，思維層次如此低下，當然說明五四一代學人的不成熟，也是二十世紀中國的大不幸。

僅須摘選一段五四言論，便可窺知當年左士思想層次之低、立論之偏──

現在中國的社會，是受教育的人不能做工，做工的人不能受教

[34] 存統：〈「工讀互助團」底實驗和教訓〉，載《星期評論》（上海）勞動紀念號，1920年4月，頁1～4。
[35] 〈存統復哲民〉，載《民國日報》（上海）1920年4月11日，「覺悟」副刊。
[36] 俞秀松：〈給駱致裏〉（1920年4月4日），載《紅旗飄飄》第31集，中國青年出版社（北京）1990年版，頁234～237。

育。受教育的人不能做工，所以教育幾成一種造就流氓的東西；做工的不受教育，所以職業幾成一種造就奴隸的東西。[37]

指教育「造就流氓」，指做工「造就奴隸」，如此歪斜偏激的視點，能夠走向正確麼？能夠得到正確結論麼？

羅亦農等在上海《時事新報》發表〈滬濱工讀互助團的解散宣言〉：在有階級的社會裡，搞「新村」是改良主義的幻想，如不推翻剝削階級的制度，永遠達不到世界大同的境界。1920年8月22日，陳獨秀約集俞秀松、葉天底、袁振英、金家鳳等八人在上海霞飛路漁陽里六號發起社會主義青年團。[38]

一場小範圍的共產嘗試失敗，竟成為必須進行更大範圍紅色革命的論據，如此不成邏輯的「邏輯」，極左思潮就這樣從思想文化漸漸放射發酵，從形而上走向形而下，推聳赤潮湧動掀騰。

歷史證明胡適是正確的，工讀互助運動的失敗，實乃「宗旨」之誤。「互助」固然不錯，也可行，然「共產」違悖人性人情，現實尚不具備均產的可能性。人心趨利，公產勢必形成「短板效應」——向最低凹處看齊，壓抑各種積極性。人性本私，大多數社會成員不可能「高尚奉獻」、不願因「共產」而失去種種自由。同時，個人素質、能力不均等個體差異亦不可能支援終端的「共產」。更重要的是人類社會已找尋到一條更高明更合理的發展通道，既產生效率又兼顧公平：通過累進稅制、遺產稅、慈善義捐，既鼓勵強者積極創造財富，又兼顧弱者分享社會發展均值。

共產制只是一種原始幼稚的設計方案，既膚淺又無實際操作的客觀可能性，還大幅降低生產效率，連帶著破壞原本相對和諧的人際

---

[37] 〈介紹上海工讀互助團・上海工讀互助團募捐啟事〉，載《星期評論》（上海）1920年3月7日。

[38] 李文宜：〈亦農，懷念你閃光的26個春秋〉；邵水榮等：〈不願跪著生，寧願站著死的葉天底〉；載《紅旗飄飄》第31集，中國青年出版社（北京）1990年版，頁133、123。

關係。這麼一點點認識，這麼一小步，中國思想界竟走了近百年，相當一部分左士至今尚未走出來哩。

尾聲餘響

1920年12月，周作人不得不失望承認「新村不易普及」。1921年後，周作人與日本《新村》的聯絡日漸減少。1924年，《新村》雜誌雖仍列入北京支部，但周作人已心灰意冷，表示新村主義不過是個「薔薇色的夢」。施存統勤工儉學去了法國。王拱璧河南家鄉的青年村，堅持六年後於1926年宣告失敗。

1925年夏，少年中國學會在南京舉行年會，已分裂成國家主義與共產主義兩派。與會者方東美記述──

雙方爭到激烈，拳不停揮，口沫四濺，各以殺頭相威脅。當時若手槍在手，恐已血流成河矣。[39]

臨分手，鄧中夏對左舜生說：「我們以後疆場上相見吧。」南京年會成為少年中國學會的「葬禮」。工讀互助團不少成員加入中共，施存統還是PY（共青團）創建人、中共旅法支部創始人之一。少年中國學會大部分成員都選擇了中間道路，也有一些人成為中共要角──毛澤東、趙世炎、張聞天、惲代英。王光祈則堅持努力促進各項社會事業，希望國民精神與物質上都得到滿足，最後走上音樂救國的道路。[40]施存統後右轉，發表自白書，正式脫離中共，以教書、翻譯為生，1945年參與創建「中國民主建國會」，1949年後一度出任中共政府勞動部副部長。

---

[39] 周寶三編：《左舜生先生紀念冊》，台灣文海出版社（台北）1981年版，頁45。

[40] 任魯萍：〈少年中國學會的分化及其歷史啟示〉，載《中共黨史研究》（北京）1992年第4期，頁18。

　　1920年4月1日，王光祈以上海《申報》、《時事新報》及北京《晨報》特約通訊員身分遠赴德國，開始研究經濟學，1922年改學音樂，考入柏林大學音樂系，1934年獲波恩大學博士學位，博士論文〈中國古典戲劇〉。1936年1月12日，王光祈突發腦溢血驟逝波恩。南京追悼會上，徐悲鴻畫像，蔡元培致悼詞。1938年，骨灰輾轉回到成都。1941年冬，李劼人葬王光祈骨灰於成都東郊沙河堡菱角堰側。1983年10月，王光祈墓碑遷入四川音樂學院，建立碑亭。[41]

　　　　　　　　　　　　　　（與2011級碩士生厲彥美合作）

　　　　　　　　　　　　　　　　2013年1～3月於滬・三湘
　　　　　　　　　　　原載：《世紀》（上海）2014年第1期

---

[41] 張陽普：〈毛澤東惦記中的王光祈〉，載《黨史文苑》（南昌）2008年第23期，頁37。

國民黨成立大會花絮

　　1912年8月25日，南北和議已成，同盟會領導人認為憲政之局既定，唯求運用於現實，希望改組同盟會，去掉暴力革命與祕密結社的色彩，化為正規現代政黨，與社會接近，爭取民眾，多得選票。故將中國同盟會改組為國民黨，在北京召開成立大會，會場地點虎坊橋湖廣會館劇場。19歲的梁漱溟先生參加了這次成立大會，記下了大會有關事件。

　　此次改組更動同盟會宗旨，將原本「本會以鞏固中華民國，實行民生主義為宗旨」，改為國民黨黨章的「鞏固共和，實行平民政治」，刪除「民生主義」，舊日同志多為不喜，孫中山亦不願意。加之其他一些原因，同盟會內部爭執較大，大會之前即有人蓄意砸場鬧會。成立大會原定京滬兩地同時舉行，滬會因分歧不和而散，京會則因孫中山、黃克強兩位重要人物出席坐鎮，而得終局。

　　除了刪除「民生主義」引發分歧，還有一大鬥爭焦點，即同盟會原吸收女同志入會，這次出於拉選票的現實考慮（參加普選者絕大多數為男性），加上其他方面的形格勢禁，國民黨新黨章規定不收女黨員。北京成立大會上，當場就有女同志唐群英、沈佩貞、伍崇敏等起而質問，直奔主席台向宋教仁尋毆，鬧得幾乎不可開交。梁漱溟記載──

　　幸賴總理臨場講演，以靖秩序。時值盛夏，天氣炎熱，總理話已講完，左右頻請續講，以致拖長數小時之久，汗流滿面。

　　如果不是孫中山在台上講話，反對者就要砸場了，不得已，只好有勞總理揮汗「彈壓」。大會從早晨八時開幕，到勉強散票選舉，再將選票收齊，已近天黑，開了整整一天，十分艱難。剛剛起步的民

主，從同盟會到國民黨的轉型，第一批民國政治精英，「實習」得相
當不易，還是得靠孫中山的「人治」。

梁漱溟記載——

當時主持改組者，蓋以為憲政之局已定，只求善於運用，遠如
歐美之產業發達，近如日本之經濟建設，皆不難循序而進。此時只須
實行社會政策，足防社會問題未來，無唱社會主義之必要，而運用憲
政則在政黨。故改組即在泯除暴力革命祕密結社之本色，而化為憲政
國家之政黨，俾與一般社會相接近，以廣結同志多得選民也。[1]

不久，那位袁大總統撕毀約法，想穿龍袍坐龍椅，而當時的社
會現實似乎也還存在復辟基礎，憲政之局無法維持，國民黨「善於運
用憲政」的美好希望成為一廂之願，這才發生必須推翻袁氏的「二次
革命」及其後一系列事件，並最終形成推翻北洋軍閥為目標的大革
命。現代國史沒有朝著國民黨成立大會所設定的方向運行，並最終引
出「走俄人之路」的中共。

2001年3月13日於滬・三湘
原載：《羊城晚報》（廣州）2001年7月9日

---

[1] 梁漱溟：《梁漱溟自述》，灕江出版社（桂林）1996年版，頁35。

國民黨的「左」

我們這撥「50後」，從小被灌輸共產黨為「左」，國民黨乃「右」；「左」為革命的紅色，「右」為反動的白色。如此這般，形成天經地義般強大思維定勢。長成後，讀書稍多，方知事情絕非赤紅雪白那麼鮮明，歷史真相原來複雜得很，中共的簡單歸納不僅幼稚，實為別有用心。近日展讀《蔡孑民自述》，嚇了一跳：國民黨怎麼也「左」得那麼可愛！而且是「白色恐怖」籠罩的1930年代。

1930年4月，南京立法院召開第二次全國教育會議。一次聚餐會上，國民黨元老、立法院長胡漢民（1879～1936）向眾人提出三個問題，要求與會者發表意見——

第一、要不要姓？若要，從父姓還是從母姓？第二、要不要婚姻？若要，早婚或晚婚有無限制？第三、要不要家庭？若要，大家庭還是小家庭好？

三個問號三個設想，至少提前100年，甚至超前500年。不料，出席該會的蔡元培一本正經回答——

第一、不要姓，用父姓不公道，用母姓也不妥當，可設法用別的符號代替。第二、不要婚姻。在理想的新村裡，有一人獨宿或兩人同寢的房間。當兩人要同居時，須先經醫生檢查與登記日期，以便確認生出子女的歸屬。第三、不要家庭。不得已而思其次，小家庭比大家庭好。[1]

閱讀至此，啞然失笑。往深處一想，斂然凝笑，暗暗搖頭。

從思想根源上，胡漢民之所以會提出三個比共產主義還要共產主義的問號，顯然來自辛亥以後流播甚廣的無政府主義思潮——懷疑

---

[1] 蔡元培：《蔡孑民自述》，江蘇人民出版社1999年版，頁196。

一切現實既成，追求絕對自由，標榜澈底解放。對一切傳統與現實取絕對否定之態，乃所有「左稚」之通弊。在大變革時代湧現這樣那樣枝枝杈杈的左傾偏差，亦不奇怪。只是，高層精英如此慎重嚴肅地提出三個偏歧甚巨的問號，又一致贊同，像煞有介事討論起來，彼岸願景此岸化，確然可謂大事不妙矣！

　　窺斑見豹，從這三個問號以及蔡元培的答覆中，能清晰感受到其時湧動於國民黨上層的極左思潮──認定能夠急劇變革社會。如此這般，產生下列聯想便十分自然了：如果不是抗戰，國民黨會不會就此一直「左」下去，直至也爆發文革？雖然歷史不能假設，但可以尋根溯源。至少，1950年代後期中共的大躍進、1960年代的文革不會是無源之水無本之木吧？追究「左」源，五四時期、1930年代左傾思潮實在也是不得不去的一個車站。而且，還得出一個擲地有聲的結論：「左」並不僅僅來自共產黨，也緣自國民黨。

2001年9月20日於滬‧國權北路

原載：《世紀》（上海）2007年第1期

「二七」大罷工真相

　　本人最早從影片《風暴》與聞「二七」大罷工，長成後亦僅知其概，未得其詳。近讀《包惠僧回憶錄》、羅章龍的〈回憶「二七」大罷工〉以及其他相關回憶錄，略窺廬山真貌，得知這次大罷工來龍去脈。史料龐雜，只能撮精述要。

中共初期──全力工運

　　1921年7月中共「一大」後，按照馬列原則，全力從事工運。8月11日在上海成立勞動組合書記部，張國燾兼總部主任，南方支部主任譚平山，北方支部主任羅章龍。1922年1月，張國燾將「中國勞動組合書記部」設在上海北成都路一幢靠街屋內，掛出招牌。受英租界捕房查詢，張國燾撤下牌子，遣散一些辦事員，自己去了北京。[1]

　　共產黨定位「工人階級先鋒隊」，工人又是所謂受壓迫最深、最有反抗意願，首事工運便是合乎邏輯的政治取向。就當時實際情況，大革命尚未掀起，農運還不可能成為政治運動主要目標，分散落後的農民也無法像大中城市的工人那樣集中組織。京滬穗鄂湘魯等地的中共「一大」代表，均以積極從事工運為職志。

　　中國勞動組合書記部成立至1923年2月7日，乃二十世紀中國工運惟一高潮。南方的海員組織與北方的鐵路組織，形成全國工運兩大洪流，吸收不少工人入黨。

---

[1]　李達：〈關於中國共產黨建立的幾個問題〉，載中國社科院現代史研究室、中國革命博物館黨史研究室編：《「一大」前後，中國共產黨第一次代表大會前後資料選編》（二），人民出版社（北京）1980年版，頁2。

　　李大釗1921年赴洛陽與吳佩孚會談，吳即通電「勞動立法，保護勞工」，工運得到當局承認，可合法進行。1921年12月，漢口租界五千餘黃包車夫罷工，反對車行老闆加租，施洋律師出面調停，資方接受要求，賠償車夫罷工時期損失，罷工勝利結束，並用賠償費成立人力車夫工會。[2]

　　一時，各地工潮紛湧，洶洶成為潮流。1921年下半年起，中共北方區委開始組織八條鐵路罷工——隴海、津浦、粵漢、京綏、京奉、道清、京漢、正太，一般都取得成功，形成全國性影響。不久，又組織堅持25天的開灤煤礦大罷工。

　　1922年9月14日爆發的江西安源路礦大罷工（1.3萬工人參加），三天取得勝利，路礦當局被迫接受13項要求。1923年安源黨員80人，「成為中國共產黨最大的一個黨支部」。[3]

　　1922年3月初，京漢鐵路江岸工人俱樂部舉行成立大會，地點在距漢口約15里的劉家廟小鎮。鄭州、信陽、駐馬店、廣水等各站各廠均派工人代表祝賀，粵漢鐵路徐家棚總站工人俱樂部、漢口租界人力車工會、漢口英美煙草公司工人均派代表到場。中共「一大」代表李漢俊以漢口市政督辦公署總工程師身分出席，另一位「一大」代表包惠僧以中國勞工組合書記部代表出席。第一位發言的是洋人——江岸總段法籍廠長，操著不熟練的漢語講了半小時，介紹法國與歐洲各國工會活動，論述中國成立工會之必要。大會氣氛十分祥和。此前，江岸各廠工匠小工全體加入俱樂部，踴躍繳納會費。

　　京漢鐵路江岸工人俱樂部的成立，乃「二七」工運的開場曲，主要發動者為包惠僧、項英、楊德甫、吳汝明。俱樂部進行各種娛樂，開辦夜校。一向被人看不起的小工與工匠、工務員、工程師坐在一起開會，一起下棋唱戲，無形中提高了他們的地位，小工們對俱樂

---

[2]　包惠僧：《包惠僧回憶錄》，人民出版社（北京）1983年版，頁372、383。
[3]　〈李立三自述〉，載《李莎回憶錄》，李英男、姜濤編譯，外語教學與研究出版社（北京）2009年版，頁353。

部十分崇仰，俱樂部對小工的凝聚力也最強。

　　江岸工人俱樂部成立後，中國勞工組合書記部長江支部書記包惠僧，自南而北發展各地工人俱樂部，同時籌備京漢鐵路總工會。俱樂部畢竟不等於工會，只是工會前身與基礎。當時，工人沒有集會結社自由，法律也無工會法，能否集會結社成為重大政治鬥爭。再則工人覺悟很低，封建幫派意識濃厚，內部很不團結。中共認為組織工會有利於工人消除幫派意識，提高階級覺悟。組織者用「工人無祖國」啟發工人的階級覺悟，希望達到團結工人，瓦解幫派。

　　江岸以北的廣水、信陽、駐馬店、郾城、許昌各站陸續成立工人俱樂部，長辛店工人俱樂部亦於1922年4月成立。鄭州以北、長辛店以南的琉璃河、高碑店、保定、正定、順德、彰德、新鄉各站也在積極組織發動。工會的實質性作用之一是調解工人之間糾紛，消弭各幫派之間衝突。如林祥謙、張連光屬福建幫，楊德甫、周天元屬湖北幫，黃桂榮、曾玉良屬江南幫。

籌備總工會

　　1922年7月底，中共「二大」在上海召開，隨即在鄭州召開京漢鐵路總工會籌備會，會期三天，出席者張國燾、包惠僧、吳汝明、林育南、許白昊（《勞動週刊》記者）；各站工人代表：江岸楊德甫、張連光；鄭州凌楚藩、劉文松；長辛店王俊、史文彬；新鄉張德惠及其他各大站代表。議決總工會籌備會負責人：委員長楊德甫，副委員長凌楚藩、史文彬，總幹事項德隆（項英，1898～1941），副總幹事吳汝明，全路15個大站均設籌備委員，並起草總工會章程草案，由各籌委帶各廠站徵集工人意見。會後，包惠僧奉調北京交通部，離開武漢，不要他過問京漢鐵路工運。

　　半年後，全路16個大站均成立工會，小車站也成立工會小組或工會委員會。1922年底，總工會籌委會在江岸舉行，決定1923年2月1日

舉行京漢鐵路總工會成立大會，總工會設在全路中心鄭州，成立大會亦定於鄭州舉行。

1923年1月，李大釗出席中共北方區委會議，總結北方鐵路、礦山罷工的經驗教訓，決定今後鬥爭方向。鑒於過去罷工多偏重經濟，要求以後應注重政治，將鬥爭矛頭引向反帝反軍閥、爭取組織工會自由權利等，將政治鬥爭口號提到首位，並希望於適當時機全國範圍採取一致行動。李大釗南下時，羅章龍送行握別：「這次鄭州開會（京漢鐵路總工會成立大會），洛陽西宮想無意外？」李大釗深思片刻：「吳子玉近來正在忙著裝點門面、籠絡人心，想不致做出什麼毀壞自己聲譽的事吧！如果有什麼事，你去找白堅武談談。」白堅武（1886～1937），李大釗同學、吳佩孚政務處長、主要幕僚。李大釗對吳佩孚的估計比較樂觀。

1923年1月中旬，掛出京漢鐵路總工會的牌子，正式對外辦公，而且事前得到京漢鐵路管理局長趙繼賢同意，答應由江岸掛專車接送出席成立大會的鄭州以南代表，鄭州以北的代表由局方發放雙程免票券，撥頭等、二等車廂接送。一切安排妥貼，全路工人一片歡欣，鼓舞雀躍，專等成立大會召開。總工會籌委會還在京滬漢粵各大報刊登大幅廣告，邀請各團體來鄭州參加成立大會。1923年1月25～30日北京《晨報》、上海《申報》均刊出成立大會的時間、地點。

吳佩孚不同意開會

此時，吳佩孚的態度發生變化，吳同意成立總工會卻不同意召開成立大會。包惠僧認為可能受後台英國指使，羅章龍的分析更具體。洛陽工會黨團截獲保定、北京給吳佩孚的密電，其中曹錕、交通系等認為——

近來書記部工會聲勢日增，過激氣焰囂張，各路罷工影響鐵路秩序極巨……據報有潛謀不軌情事，市面人心惶惶，一夕數驚……

應該當機立斷，嚴令制止；並查合該部首要分子歸案究辦，以遏
亂萌。

交通系首腦偕京漢、京綏等路局長赴洛陽西宮，請求吳佩孚制
止赤化——

赤黨一聲呼嘯，全路為之震驚，此等聲勢，真要強過幾師雄
兵。……書記部狼子野心，目前集中鄭州、開封一帶的代表近千人，
均系來自南方的革命黨人……

吳大驚，曹琨也屢電吳佩孚增兵京漢線各站，沿線軍警超過二萬。

1月26日，羅章龍召集京漢鐵路總工會黨團會議，討論應付曹
吳。黨團成員包括北京、鄭州、武漢三處中共黨員。黨團書記羅章
龍，成員史文彬、許白昊、林育南、李大漢、項德隆（項英）、吳雨
銘、李求實、康景星、葛樹貴。[4]

1月28日下午，鄭州警察局長黃殿辰親率武裝警察到總工會宣佈
吳佩孚命令，禁止京漢鐵路總工會2月1日召開成立大會。工會方面因
已得京漢鐵路管理局同意，認為事情尚有轉圜餘地，不為所動，仍加
緊大會各項籌備。29日，吳佩孚又電令鄭州駐軍靳雲鵬師長切實監視
京漢鐵路總工會，不准舉行集會。隴海線工運負責人李震瀛當時也在
鄭州，他見過吳佩孚，認為——

吳佩孚的事好辦，只要同他見了面，我們的態度軟一點，他會遷
就我們的。我們派幾個代表到洛陽去一趟，或有轉圜的希望。

於是，推定總工會委員長楊德甫、副委員長凌楚藩、史文彬及
李震瀛、李煥章五人赴洛陽見吳佩孚。

1月30日，五位代表專車離鄭，鄭州軍警將代表姓名及求見事項
電告洛陽吳佩孚。五代表抵達洛陽，吳佩孚的巡閱使署副官已在車站
迎候，直接送見吳佩孚。吳佩孚很快出見五位代表——

---

[4]　羅章龍：〈回憶「二七」大罷工〉，載全國政協文史資料委員會編《文
　　史資料選輯》第66輯，中華書局（北京）1979年版，頁5～7。

　　京漢鐵路的員工，都是我的部屬，難道說你們還不知道我一向是視部屬如子弟的嗎？只要與你們有好處的事，我哪一樣不同意呢？現在民氣是囂張了，北京的學生打了教育部，據報還有人要推翻黎大總統，我是軍人，我有保衛國家維持治安的責任，我不准在我的防地內有任何騷亂，你們把各處的人都邀集在鄭州開會，你們能夠保證這些人中沒有壞人嗎？我已下了命令不准開會，我還能夠收回成命嗎？軍令如山，你們不知道嗎？我准你們成立工會，就是不准你們開甚麼成立大會，免得動搖人心，招致叛亂。

　　吳佩孚這番話有理有節，並無不妥。今天中共當局不也如此阻止老右派、老知青、「天安門母親」聚會麼？66年後的中共禁得，吳佩孚那會兒為什麼禁不得？更何況吳佩孚的理由還大於今天的中共。京漢鐵路總工會可是真正有組織的大規模聚會。老右派老知青、「天安門母親」的聚會不過是小型聚餐聚議聚奠，根本構不成對「秩序」的威脅。

　　五代表方面楊德甫、凌楚藩、李震瀛相繼發言，語氣十分委婉，骨頭卻很硬。主要內容為三：一、根據約法，人民有集會結社自由；二、根據吳大帥政治主張，即「勞動立法，保護勞工」通電，不能出爾反爾；三、大會籌備已久，管理局已經同意，各地代表大部分已到鄭州，箭在弦上，成不得不發之勢。

　　吳佩孚見頂了牛，代表們用約法與通電暗示開會的合法性，臉色不悅——

　　這些道理我還不懂嗎？你們不能不顧及我的威信，我的話已經說盡了。你們若說一定非開會不可的話，那我可就沒有辦法了。

　　說畢，吳冷笑數聲起身離去。五代表退出後，匆忙趕回鄭州。

出現分歧

　　總工會此時呈三種意見：一、楊德甫認為吳佩孚在群眾壓力下同意京漢鐵路總工會成立，已屬勝利，雖然召開成立大會合法，但為息事寧人敷衍吳佩孚的面子，成立大會可以改變，節目少一點，時間短一點，早開早散，盡可能避免與軍警發生衝突。這一意見得到不少人贊同。二、凌楚藩主張既然批准成立工會，又不准開成立大會，自相矛盾，且會期已到，交涉還沒辦好，可以改期開會，延緩一二天，再派代表分赴各地請願，同時派代表與吳再行交涉。這一意見也得到部分支援。三、項英則主張組織工會就是武裝自己，求得解放本來就要支付代價，吳佩孚、靳雲鵬、趙繼賢、馮沄、黃殿辰及大小官員都是壓迫我們的人，乃是解放事業的障礙，如果成立工會都要得到他們的批准，以後還得乖乖聽話，那麼工會還有什麼作用？

　　項英大聲疾呼——

　　我以為今天要考慮我們自己的決心和估計自己的力量，如果我們有決心有力量，工會的招牌已經掛出了很久，事實上工會是已經成立了，根據既定事實來開成立大會，還有甚麼話說呢？誰說一個「不」字，誰就是我們的敵人，我們就同他幹。如果不這樣，我們就把工會的招牌摘下去，大家散攤，不就完了嗎？

　　項英最後眼圈發紅，雙手發抖，幾乎掉下眼淚。

　　與所有群眾運動一樣，總是最激烈最強硬的意見占上風。副總幹事吳汝明及李震瀛發言支持項英，武漢工團聯合會法律顧問施洋、主任秘書林育南、漢冶萍總工會代表許白昊（1899～1928）、漢口煙廠工會代表也支持項英。施洋高呼：「京漢鐵路總工會萬歲！」「無產階級勝利萬歲！」在場代表及群眾跟著呼喊，聲震屋瓦，鬥爭情緒頓時高漲。於是，決定不計一切代價，按原計劃舉行成立大會。

　　截至1月31日，抵達鄭州的與會代表：京漢鐵路16個分會65人，

各小站工會小組代表數十人，京奉、津浦、正太、京綏、隴海各段各廠代表60餘人，各地30多家工會代表共300餘人，武漢學聯學生代表及新聞記者30餘人。大部分代表都住在鄭州市中心五洲大旅館，會場也在市中心花地崗五慶里普樂戲園，但已遭軍警稽查處封閉。羅章龍說「二七」前全國聚鄭代表500餘人。

鄭州大會

2月1日拂曉，鄭州全城軍警戒嚴，沿街排列武裝士兵，荷槍實彈。工會認爲根據約法組織工會，召開成立大會合理合法，軍警當局奈何不得。10點，各地代表手捧對聯、匾額、銀盾等各項禮物，向會場進發，兩路人馬匯集普樂戲園門口。因會場封閉，幾次派人與警察局長黃殿辰交涉未果，鄭州各廠工人也都歇工跑來看熱鬧，人數越聚越多。11時，項英率糾察隊發一聲吶喊，三拳兩腳，撞開貼有封條的大門，躍上主席台宣佈開會。先由主席史文彬宣佈京漢鐵路總工會正式成立，會眾歡呼震耳欲聾。不久，兩連軍警包圍會場，警察局長黃殿辰跳上主席台高聲宣佈：「奉巡帥令，禁止你們開會，限你們五分鐘內自行解散，有反抗者以軍法從事。」

台上工會諸人圍著黃殿辰理論，台下高呼口號：「維持約法！」「人民有集會結社的自由！」「京漢鐵路總工會萬歲！」一呼百應，聲掀屋瓦。軍警雖上了刺刀，畢竟只在威脅。對峙至下午四時，工會只得宣佈散會，代表分途奪門而出，對聯、匾額、銀盾被軍警搗毀淨盡。回到旅館，旅館也住滿軍警；上菜館，菜館坐滿軍警；到總工會，仍然擠滿軍警。吳佩孚對總工會實行「堅壁清野」。連訂好的萬年春菜館的飯席，亦不准開席。2月2日黎明，鄭州總工會被軍警查封，各地代表相繼離開鄭州。

成立大會流產，各方代表及鄭州各廠工人被軍警圍困，矛盾加劇，情緒對立，楊德甫等溫和派也對吳佩孚不抱希望。總工會召開緊

急會議，決定改變鬥爭方法，向當局反擊，展開政治罷工。決議如下：一、將總工會遷至武漢江岸（江岸工人多，工會組織健全，以項英為首的工會核心較鞏固）；二、全路總同盟罷工；三、確定楊德甫為罷工委員會委員長，凌楚藩、史文彬為副委員長，項英為總幹事；四、改組工人糾察隊，執行罷工紀律；五、罷工命令由專人及其他火車司機傳達，各地代表回各自崗位，對京漢鐵路總同盟罷工實力援助。罷工指揮機構是中共京漢鐵路黨團，由中共北方區委及勞動組合書記部負責人羅章龍、中共京漢鐵路總工會支部負責人史文彬、中共北方區委工委書記王仲一等三人組成領導小組。[5]

　　吳佩孚見已驅散各地聚集鄭州的工會代表，以為工潮平息，對全路各處並無警戒，大罷工因此得以組織發動。

總罷工

　　總工會領導人回到江岸後，立即開會決定全路於2月3日開始總同盟罷工，罷工命令由早班北上快車司機和加油工人分別送達。同時，發出罷工宣言，向北京政府國務院及交通部提出五項罷工要求——

一、撤換京漢鐵路管理局長趙繼賢、南段局長馮沄、鄭州警察局長黃殿辰。

二、路局賠償成立大會損失費6000元。

三、歸還對聯、匾額、銀盾等禮物，軍樂隊送還；佔據鄭州工會的軍隊立即撤走，鄭州軍警當局向工會道歉。

四、星期日工人輪流休假，工資照發。

五、農曆年關輪流放假一週，工資照發。

以上要求若不達到圓滿目的，全路工人誓死絕不上工。[6]

5　羅章龍：〈回憶「二七」大罷工〉，載全國政協文史資料委員會編《文史資料選輯》第66輯，中華書局（北京）1979年版，頁6、8～9。
6　包惠僧：《包惠僧回憶錄》，人民出版社（北京）1983年版，頁106。

　　小兒科級五項要求，掀動偌大總同盟罷工，僅僅為了撤換三個人與賠償六千塊錢、一點對聯、匾額等禮品，以及帶薪休假。這就是「二七」大罷工的全部訴求！即使如此，亦可通過其他途徑表達，不必採用極端的罷工。

　　罷工部署與罷工宣言及五項要求，1927年2月3日早晨以京漢鐵路總工會名義，分送郵電局及武漢各報發表。4日上午八時前後，正式罷工命令普遍送達各分會。上午九時起，京漢線各站各廠開始罷工，下午一時全路車輛停止淨盡，客貨軍車一律停運，全路機車由罷工總指揮部電訊控制，統一調動行動。總工會還發出「敬告旅客傳單」、「敬告京漢鐵路員司的通告」，說明京漢鐵路總工會的籌備及被封閉等經過。4日下午，各報為大罷工出號外。參加罷工人數按鐵路局名冊計為三萬。3日晚，羅章龍率罷工委員會五人、糾察隊15人乘專車由漢口北上，巡視沿線，於信陽、廣水、鄭州、安陽、石家莊、保定等站召集當地工會委員、糾察隊長等負責人，要他們加強團結、遵守罷工紀律、爭取最後勝利。「沿途所見，罷工秩序井然。」[7]

　　支持罷工最力的是武漢各工團與學校。在中共發動下，每日數十人至數百人川流不息來江岸慰問罷工工人。慰問工作由中共「一大」代表陳潭秋負責，共青團方面也有數人負責。2月5日，從早到晚各學校團體及女界慰問隊逐漸增多，各校準備發動同盟罷課、各廠醞釀同盟罷工，形成聲勢浩大的政治性罷工。

談判實況

　　鄂督蕭耀南、漢口鎮守使杜錫鈞、京漢鐵路管理局長趙繼賢、馮沄在請示吳佩孚後，派出二名代表到江岸工會商量復工條件。經過幾次會談，答應只要復工，罷工條件屬於路局職權範圍之內均可

---

[7]　羅章龍：〈回憶「二七」大罷工〉，載全國政協文史資料委員會編《文史資料選輯》第66輯，中華書局（北京）1979年版，頁10。

滿足，即第二、四、五條可滿足；路局職權範圍以外，分別轉呈交通部及巡閱使署核辦。兩位官方代表稱並不知道禁止召開成立大會與封閉鄭州總工會，同意總工會另行擇期舉行成立大會，賠償前次損失，其餘條件等復工後商議。此時，委員長楊德甫等溫和派認為這是路局方面好意，談判復工是解決問題的辦法。

　　同時，湖北督軍蕭耀南派參謀長張厚庵會同漢口鎮守使到江岸提出兩項條件：一、無條件復工；二、交出總工會負責人楊德甫等五人，脅從不問。張厚庵當即指揮軍隊占駐工廠，監視工會活動，迫令大智門車站賣票，並從工人家裡捉來兩名司機，強迫開車。糾察團馬上組織千餘工友，包圍軍警，奪回兩名司機。衝突中，軍警與工人發生格鬥，軍警抓去五名工人，再向工會交涉，要求用五名工人換兩名司機，工會不同意。張厚庵當天放回五名工人，約定第二天再談判，但留下一些士兵進駐工廠車站。

　　2月6日，總工會在江岸舉行集會遊行，除江岸全體工人，還有武漢各工團學校的慰問隊，總共約1.5萬人。施洋、許白昊、林育南及學聯代表、各報新聞記者發表演說，施洋的演說慷慨激昂，博得經久掌聲。會後遊行途經日租界、法租界、英租界到一碼頭。這一天，張厚庵未按約定前來談判。

　　京漢線是吳佩孚的經濟命脈，也是政治本錢。大罷工對他各方面都很不利。他又一直以親民儒將面貌出現，對待總工會以不撕破臉為限。因此，鄭州軍警與工人短兵相接、江岸張厚庵與工會負責人談判，並沒有決裂。包惠僧在回憶錄中說：「吳佩孚不下命令用屠殺來鎮壓工會，誰也不敢屠殺工人。」[8]

---

[8]　包惠僧：《包惠僧回憶錄》，人民出版社（北京）1983年版，頁110。

林祥謙之死

2月7日下午二時許，張厚庵再來江岸，隨從十餘人，臨時駐紮扶輪學校樓上，派一軍官通知工會派代表談判。因有約在先，工會方面毫無顧慮，林祥謙、項英等人前往。工會代表提出先撤走軍隊再行談判。張厚庵態度強硬：

國家的軍隊駐在國土上，哪裡要駐軍隊、哪裡不駐軍隊，這是軍事長官的職權，也許復工了這裡還駐軍隊，這是另外一件事，與罷工無關，還是先談復工的問題。

工會代表：不能無條件復工。

張厚庵：

你們的要求條件已送到北京，和轉到吳大帥那裡；你們的要求範圍太廣，涉及的主管部門太多，一時不能決定，現在只能答應你們已在各主管長官考慮中，京漢鐵路是國家南北交通要道，與國家政治、軍事、治安息息相關，必須馬上復工，越快越好，不然的話，如果出了什麼事，那只有由你們負責！……你們要放明白些，不馬上復工我們對吳大帥是交代不了的！

不等張厚庵說完，林祥謙說：

復工是全路工人的事，既然這樣，我們拿什麼叫全路工人復工呢？

張厚庵：你叫什麼名字？

林答：林祥謙。

張冷笑：你的責任很重，我還給你一個機會，迅速通知全體工人，叫他們馬上復工。

林：沒有那樣簡單容易。

張變色：我下命令恢復交通，你下命令復工，還有什麼別的話好說？

項英一看事態嚴重，委婉脫身：我們馬上召集大家開一個會，商量一下再來回報如何？

張：可以，快去。

工會代表退出來後，項英對林祥謙說：「你去通知各廠處的代表，我去通知糾察團到工會集合。」並示意林祥謙不要回工會，因林是罷工委員會江岸分會委員長，這一職務對外是祕密的。張厚庵在談話中看出林祥謙是罷工運動重要人物，冷笑中包藏惡意，項英想把林祥謙弄到比較安全的地方。

林祥謙正在遲疑，跟在他身後的一個軍官說：「你們幾位通知大家到工會開會，我陪林會長到工會去等你們。」林一看無法脫身，很憤慨地說：「光天化日之下，正正堂堂的集會結社，我們有罷工的自由。我只知道執行總工會的命令，服從群眾的意見，其他一切，我都不管。」林祥謙徑直回到工會，失去自由。

其餘人都散去，項英叫楊德甫暫避一時，楊說：「我暫到漢口居士林裡聽你們的消息。」項英便去找糾察團準備搶出林祥謙。

一會兒，車站上發出緊急集合號音，大家以為軍隊要撤退，豈料來了千餘士兵，工會四周佈滿全副武裝的軍隊，大有一觸即發之勢。第二次號音響起，這次是衝鋒號，軍隊散開，以作戰姿態衝進工會與各廠，逮捕工人，將林祥謙、李開元等13人及幾名火車司機由工會綁至江岸車站。林祥謙被綁在車站電線杆上。

一個軍官帶著幾個背大刀的士兵問林祥謙：你還不下復工的命令嗎？

林從容回答：我下命令給誰？

軍官指著火車司機：下命令給他們和糾察隊。

林祥謙很激憤，高聲說：你們蠻不講理，暗無天日，要殺就殺，老子無話可說。

軍官指揮大刀隊在林祥謙左肩砍了一刀，再問：上工不上工？

林抗聲說：不上！

軍官命令再砍一刀，怒聲喝斥：你到底下不下上工命令？

林忍痛大呼：上工要總工會命令，我的頭可斷，工不能上！

軍官令再砍一刀，此時林祥謙鮮血淺地，暈過去了，一會兒甦醒，軍官獰笑：「現在怎樣？」林操著福建口音大罵——

現在還有什麼可說，可憐一個好好的中國，就斷送在你們這些王八蛋手裡……

正在相持之際，項英率領工人糾察隊約百餘人衝進車站，都快撲到林祥謙身邊了，軍官一聲吆喝，軍隊再度發出衝鋒號音，槍聲四起，彈如雨下，劉家廟江岸車站立刻亂作一團，一片槍聲、喊聲、哭泣聲。電線杆上被綁的13人，除林祥謙被刀砍死，其餘12人及一部分糾察隊員倒在血泊中。

車站槍響之時，江岸工會門前亦發生屠殺。糾察團副團長曾玉良在林祥謙被抓走後，集合20餘名糾察團員前往搶救，受傷後抓住一持槍士兵，拳打腳踢，再用口咬，士兵亦受重傷。曾玉良膂力過人，衝打起來像一隻發狂老虎，旁邊官兵不敢近身，一名軍官拔出手槍，連發數響，曾玉良與持槍士兵同時中彈死去。江岸工會幾位值班者也被亂槍打死。

江岸血滿長渠屍橫遍地，37名工人身亡（包括林祥謙弟弟林元成），重傷27人，被捕百餘人，輕傷及失蹤者難計其數。武裝部隊會同路警在劉家廟工人宿舍區逐戶搜索工人，工人押進工廠，司機押上車頭，一部分工頭也出來為軍警服務。京漢路於次日開始復工。

2月7日下午3～5時，京漢鐵路全線各站廠，都發生軍隊武力鎮壓罷工，信陽、鄭州、新鄉、保定、長辛店逮捕很多工人。長辛店還開了槍。工人糾察隊在執行罷工紀律和拒捕中均有死傷。

長辛店：死難5人，負傷29人，被捕20餘人。

信陽：死難2人，重傷數人。

其他各分會當時難以調查統計，事後更不可能有確切資料。江岸與各地被捕工人在工潮平息後均得釋放，但數十人遭開除失業。施洋在漢口被捕，當即押解過江，武昌軍法審判處略加訊問，8日凌晨槍決於洪山，次日京漢鐵路恢復通車後才准收屍。

面對屠刀，中共指揮罷工機構認為——

如堅持和擴大罷工，其結果必致戰線擴大，造成更嚴重犧牲，於是經北方區委擴大會議反復討論，遂決定忍痛復工。會上曾有人主張絕不復工，堅決與敵人鬥爭到底。但是區委考慮到，這樣做事實上是辦不到的，會招致更大的損失，沒有採納。[9]

於是，發出復工通電——

全路工人從2月7日深夜至8日早晨才忍痛復工。[10]

正定花絮

2月8日，吳佩孚令第12混成旅長葛樹屏帶兵到正定督促復工。葛到正定後，先叫工會代表談判，僵持到半夜，軍警綁縛工人代表，要中共黨員、正定鐵路工人俱樂部委員長康景星（1891～1932）下令復工，康不從，士兵舉槍瞄準，正要射擊，康大呼：「且慢！我還有幾句話要向大家說。請等幾分鐘，等我把話說完，我說聲打你們就開槍。」然後長篇演講，滔滔不絕講了一個半小時——

你們當兵的，本來和我們工人一樣，同是無產階級，同是替人傭工，同是無自由受人愚弄，作人牛馬，你們不要忘了自家的生日。你們想想，你們每月所得不過六塊錢，你們便黑了心，不顧自己的人格，甘替軍閥作走狗。這是對的嗎？你們想想，保定軍閥的出身，比你們高了多少，他們竟是財產幾千萬、婢妾滿後宮，這也是應該的嗎？我們這些作苦工的，幾條窮命，在我們想來值得什麼？不過你們有槍不去向侮弄你們人格的軍閥——你們的敵人打，卻來打為人類自由而戰的我們。這未免太可笑了。……我現在把話說完了，你們要槍斃就來開槍吧！

9　羅章龍：〈回憶「二七」大罷工〉，載全國政協文史資料委員會編《文史資料選輯》第66輯，中華書局1979年版，頁11、13。

10　包惠僧：《包惠僧回憶錄》，人民出版社（北京）1983年版，頁119。

此前舉槍瞄準他的士兵面紅耳赤，氣呼呼又舉起槍，一軍官向前攔住他：「不能打他！」軍官向康景星豎起大拇指：「好樣的，好樣的，中國的人、中國的工人，個個都像你，像你這樣的志氣，有勇敢的精神，中國早就好！」[11]

事情放到今天，中共軍官會讓「暴民」發表如此長篇大論麼？會槍下留人麼？

餘波

開槍鎮壓後，中共派鄂人包惠僧、劉子通等上北京參眾兩院請願，聯合鄂籍議員胡鄂公、彭養光、范叔衡、白玉逾、吳昆等對吳佩孚、蕭耀南、趙繼賢提出彈劾，要求通過勞動法案，爭取工人集會結社及罷工自由。胡鄂公乃「今日雜誌」派首領，曾派人上莫斯科申請加入第三國際，被拒絕後加入中共，對彈劾案與勞動法案十分賣力。慮及北京政府需要吳佩孚支援，徵求連署人時，彈劾對象劃去吳佩孚。勞動立法案順利提出，但未得通過。

難屬要撫恤，入獄者要營救，失業者要接濟，工會力量畢竟薄弱，各地勞工組織尚處萌芽，募捐十分困難。教員、學生、記者、工人節衣縮食湊捐的一點錢十分有限，捐款主要來自第三國際各國共產黨和赤色工會，這部分捐款數目不少。由於缺少經驗，缺少必要監督，京漢鐵路南段善款負責人張德惠，北段負責人張連光，發放不公、貪汙浪費。張連光最後捲款五六千潛逃福建老家，銷聲匿跡。張德惠也拐走三千多現款，幾個月後錢用得差不多了，回來交了一篇假賬，報銷了兩千多塊，還差800多塊說自己用了，黨組織不再信任他，他便上津滬漢穗等地招搖撞騙，說「共產黨騙俄國人的錢」、「共產黨被俄國人收買」、「共產黨陷害工人，煽動罷工」。

[11] 吳大伯：〈二七罷工中的康景星〉。載中國革命博物館黨史研究室編《黨史研究資料》第4集，四川人民出版社1983年版，頁293～294。

　　陳獨秀在《嚮導》上專門寫了一篇〈我們對於造謠中傷者之答辯〉。京漢鐵路總工會委員長楊德惠等人也以為共產黨有錢不給他用。中共內部也發生互責，林育南認為張連光捲款潛逃乃項英用人不當，對項英提出過分責難，李之龍則為項辯護：「張連光是京漢鐵路工人推選出來的，就是用錯了他，也不是項英一人之責，我們都有責任。」兩人爭論起來，甚至打一架。

　　關押在保定監獄的「二七案犯」約三四十名，軍法處審訊多次，不得確實口供。罷工受誰指使？工會與書記部的關係？黨羽、幕後人物等等，入獄工人堅不吐實，只申辯工會擁護民主自由、約法允許罷工。入獄工友直到1925年直系軍閥倒台，才營救出獄。

　　包惠僧——

　　我黨負責這一次罷工運動的指揮調度的是項英……還有施洋、李之龍、許白昊、陳潭秋、廖乾五等，長辛店方面的是吳汝明。[12]

　　不過，「二七」大罷工的組織發動者、實際領導者，大革命後不是消極了（如包惠僧），便是過早辭世（施洋、項英、李之龍、許白昊、陳潭秋、廖乾五），還有不少叛徒，如鐵道大隊長劉文松1927年當了國民黨特派員、京漢鐵路「黃色工會」委員長。[13]中共一向要求歷史為現實政治服務，沒有「人」自然也就沒了「事」。「二七」大罷工的淡化，也就成了「歷史必然」。

　　1924年1月20日，張國燾以國民黨北京代表身分與會國民黨「一大」，入選中候委，但張國燾當天即返京，因須籌備「二七」一周年紀念暨全國鐵路工人代表大會。孫中山特意托張國燾捐給鐵路總工會2000銀元，以示致賀。[14]此後，各地工潮不斷，最大的兩次：1925年

---

[12]　包惠僧：《包惠僧回憶錄》，人民出版社（北京）1983年版，頁399～400、395。

[13]　吳大伯：〈二七罷工中的康景星〉。載《黨史研究資料》第4集，四川人民出版社1983年版，頁294～254。

[14]　陳旭麓、郝盛潮主編：《孫中山集外集》，上海人民出版社1990年版，頁301～302、421。

上海五卅大罷工，1925年6月為支援上海工運的廣東省港大罷工。

1924年11月，馮玉祥北京倒戈，曹錕、吳佩孚勢力南撤，「二七」罷工被捕者全部出獄。1925年初，京漢鐵路總工會在鄭州恢復，一些前委員（如康景星）仍任委員。[15]

記述與總結

1923年2月21日，羅章龍綜合京漢各站報告寫出〈二七大屠殺經過〉，載2月27日《嚮導》第20期，篇幅較短。旋接中央來信，囑詳記始末，羅花了20餘日整理出十萬字及相關資料照片，於北大印刷廠黨小組負責印刷，是為《京漢工人流血記》，1923年3月底初版5000冊，後由廣州重印多次，前後約印五萬餘冊，暢銷南北。國民黨時期多次銷毀，列為禁書。

1926年，包惠僧在廣州任國民革命軍教導師黨代表，寫有小冊子《二七工訊》。1953年，包惠僧寫下《共產黨第一次全國代表會議前後的回憶》，包括最詳盡的百萬字《二七工潮始末》。

包惠僧晚年總結——

京漢鐵路總工會的工人領袖，及中國共產黨在京漢鐵路總工會負領導責任的同志當時犯了對敵情估計不足、警惕性不高的錯誤，總以為同軍警打了幾個回合，也不過如此，吳佩孚不會對工會採用屠殺鎮壓的手段，過於樂觀過於輕敵，終於造成很大的損失！[16]

雖說工會方面有輕敵思想，一切以吳佩孚不會開槍為前提，但按現實力量對比，工會明顯處於下風，必須「有理」、「有節」。除了2月5日路局滿足部分條件，總工會就坡下驢答應復工，還能有什麼

---

[15] 吳大伯：〈二七罷工中的康景星〉。載中國革命博物館黨史研究室編《黨史研究資料》，第4集，四川人民出版社1983年版，頁294。

[16] 包惠僧：《包惠僧回憶錄》，人民出版社（北京）1983年版，頁399～400、110。

辦法制止吳佩孚動粗開槍？所謂合法鬥爭，即以當局接受為前提，一旦突破當局忍受底線，勢必動用一切手段。以京漢線實際所承擔的國家經濟權重，2月5日鳴金收兵、順坡下驢，從各方面都是最佳選擇。

「二七」慘案後，冀豫鄂等省工會被迫轉入地下。動搖分子楊德甫、羅海澄及周天元、黃子堅脫離工運。中共派往交通部任職的五同志──張昆弟、何孟雄、陳為人、安體誠、包惠僧，因鼓動工潮嫌疑免職。此五人確實為中國勞動組合書記部工作，分別擔任京漢、京奉、津浦、京綏、正太五路工人組合部工作。

至於慘案「偉大現實意義與深遠歷史意義」──

罷工運動雖然是失敗了，而工人的階級覺悟提高了，工人的戰鬥意志和信心增高了。

1986年8月30日，1932年江蘇省委宣傳部長楊尚昆回憶在上海搞罷工──

工廠罷工說起來就是起鬨，一個工頭打了人，就一個車間馬上停下來。工會也是共產黨的。這樣一鬨巡捕就來抓人。工廠的基礎垮了，恢復一段後，手就又癢了，就這麼惡性循環。[17]

中共要角對工運的評價也不高呵！

結語

轟轟烈烈的「二七」大罷工原來如此，實在沒什麼必須用鮮血捍衛的重大原則與不得了的經濟利益，不過開個會、撤換幾個人，當局態度相當寬容了，滿足所有提出的經濟要求，至少比當今中共開明。放在今天，哪一條鐵路發生罷工，中共政府會以「工人階級」利益為重麼？甚至會允許罷工發生麼？

[17] 張培森整理：〈楊尚昆1986年談張聞天與毛澤東〉，載《炎黃春秋》（北京）2009年第3期，頁29。

　　中共當年借助工運折騰出動靜，擴大政治影響，「喚醒」工人階級覺悟，就是要鬧點事兒，否則怎麼叫「工人階級登上歷史舞台」？

　　歷史最怕對比，相比天安門廣場靜坐的「六四」，掐斷南北大動脈的「二七」，性質、後果要嚴重得多，真正傷及國本，極大破壞國家經濟。按照中共「六四」開槍邏輯，既然你為「維穩」能夠開槍，人家吳佩孚好像也可以「開槍」，其理由與「正當性」似乎遠遠高於「六四」。1989年的「六四」較之1923年的「二七」，要晚66年，中共不僅沒有體現「歷史進步」，沒有體現「無產階級的先進性」，反而大大退步──國家政權的暴烈度不降反升。

　　依靠工運、學運起家的中共，執掌國柄後竟不允許工運、學運，對待工運、學運竟比「萬惡軍閥」還兇狠，對人對己兩套邏輯，完全遵循史達林的「一切以條件、地點、時間為轉移」[18]，只講利益不講原則，只重目的不擇手段，這場艱苦卓絕、伏屍千萬的紅色大革命算什麼呢？

　　　　初稿：2007年5月18～20日；補充：2008年9月5日於滬・三湘
　　　　原載：《南方都市報》（廣州）2014年12月4日（刪稿）

---

[18] 史達林：〈論辯證唯物主義與歷史唯物主義〉，載中共中央馬恩列斯編譯局《史達林文選》（1934～1952），人民出版社1962年版，頁183。

南昌暴動隱去的史實

　　1927年「八一」南昌暴動，一直為中共高調渲染，南昌至今還有十分隆重的紀念館與暴動領導人群雕。但這場中共建軍的暴動，怎麼會失敗？怎麼虎頭蛇尾？後來呢？具體細節呢？中共黨史一直語焉不詳。本文根據李立三、張太雷當時呈遞中共中央的報告，稍述其詳。凡引號處，均出自中共中央四份文件：〈中央通告第十三號——為葉賀失敗事件〉（1927年10月24日）、〈李立三報告——八一革命之經過與教訓〉、〈張太雷的報告——「八一事件」之經過，失敗原因及其出路〉（1927年10月15日南方局廣東省委聯席會議發言）、〈張國燾的報告——1927年10月9日〉。[1]此外，再參考暴動親歷者張國燾、李逸民的回憶錄，以及王健民的《中國共產黨史稿》。

隱去的細節

　　南昌暴動後，暴動部隊在南昌只待了三天，8月5日就誓師東征，其時17個團約三萬人。[2]主力葉挺、賀龍部經撫州、瑞金、會昌、梅縣，再折回汀州、上杭一帶，最後經大埔一直退往潮汕方向。9月24日，部隊前鋒抵達汕頭，汕頭農軍起來響應，但遭陳濟棠、王俊（國民黨潮梅警備司令）、黃紹雄合圍，9月30日不得不退出汕頭，在湯坑進行防禦。湯坑之戰乃南昌暴動赤軍最後一役，對壘雙方實力懸殊：國軍1.5萬，赤軍此時僅剩五千。中共〈中央通告第十三號——

---

[1] 中央檔案館編：《中共中央文件選集》第3冊（1927），中共中央黨校出版社（北京）1989年版，頁394～429。

[2] 伍雲甫：〈戰士的偉大榜樣——記朱德同志〉，載《紅旗飄飄》第17集，中國青年出版社（北京）1979年版，頁93。

為葉賀失敗事件〉：「巷戰一晝夜而我軍竟完全解體」。

湯坑敗後，葉挺部僅餘七八百人，退甲子巷而潰散；賀龍20軍第12師兩三千人奔海陸豐，「這部分的軍官政治意識本甚模糊，離開大隊之後，更是絕無目標的情形，竟要求李濟琛（按：即李濟深）收編。」原來，「革命意志」如此脆弱！

10月24日，上海中央發佈葉賀部失敗〈通告〉，歸敗因於——

沒有大大殺滅豪紳資產階級的權勢與勢力（葉賀軍隊之中「不擾民」的口號幾乎高於一切）。

〈通告〉批判前敵委員會政綱錯誤——

提出「沒收二百畝以上的地主土地」的主張，這是非常之大的錯誤，這證明沒有土地革命之決心，這種政綱可以使葉賀暴動根本上喪失其意義。

意思是為什麼不沒收二百畝以下中小地主的土地？分明是對「土地革命」有所保留。

無論最後的湯坑之戰「一晝夜而完全解體」，還是「要求李濟琛收編」，包括只沒收入「二百畝以上地主土地」，既不英勇，缺乏革命堅定性，也不符合土地革命的澈底性，都不宜標舉搖晃呵！

隱身的領導人

1927年7月初，寧漢尚未合流，中共中央就在武漢共和里14號召集黨員軍事幹部會議。瞿秋白作報告，宣佈漢口國民政府越來越靠不住，其轄下國民革命軍也準備叛變，寧漢合流已成定局。瞿秋白要求中共控制的部隊撤出漢口，沿長江流域東進，打到南京去，打敗蔣介石的軍隊。[3]瞿秋白乃當時中共最高領導，南昌暴動第一發起人。

7月19日，李立三、鄧中夏、譚平山奉命從武漢抵達九江。他們討論後議定在南昌組織暴動。李立三、鄧中夏即赴廬山找正在避暑的

3　李逸民：《李逸民回憶錄》，湖南人民出版社1986年版，頁47。

瞿秋白商議，瞿秋白完全贊同這一計畫。他們召開緊急會議，李立三、鄧中夏請瞿秋白代表九江同志提出暴動意見，並請中央速決、批准，並希望得到蘇聯的支持與援助。過了兩天，形勢更緊，張發奎尚未到九江，但態度更右傾。李立三、鄧中夏聽說張發奎等也將在廬山開會，商議張發奎部（第二方面軍）如何清黨？如何解決第二方面軍的中共黨員問題。

21日，李立三、鄧中夏、譚平山、賀龍、惲代英、彭湃等舉行九江會議，決定以「中國國民黨革命委員會」名義發起暴動，因為第三國際命令不得脫離國民黨，必須繼承國民黨「正統」，以沒收大地主土地、實行勞動保護法為暴動目的，反對寧漢政府及中央黨部。同日，瞿秋白從廬山回漢。22日，周恩來至九江，傳達武漢中央意見：「以形勢既已如此，對在潯（九江簡稱）同志的意見完全同意。」遂積極準備暴動，並由鄧中夏回武漢詳細彙報暴動計畫。其餘諸人27日齊集南昌，按中共中央命令成立「前敵委員會」。[4]

7月23日，新任共產國際駐華代表羅明納茲（1897～1935）抵達漢口，多次與瞿秋白、張國燾討論南昌暴動。7月26日十六時，漢口一所住宅祕密舉行中共中央常委擴大會議。出席者：中常委張國燾、瞿秋白，中委李維漢、張太雷及羅明納茲與另一少共國際代表，俄顧問加侖將軍（即布留赫爾）與范克，另有兩名翻譯。加侖首先發言，說他今天已會見張發奎，張同意所率三個軍（四軍、十一軍、二十軍）不再東進，集結於南潯線，逐漸移粵。羅明納茲接著發言，說目前無經費提供南昌暴動，莫斯科也電令俄國顧問在任何情況下不參加南昌暴動，並明示共產國際有關暴動的回電。張國燾──

現在莫斯科不准俄國顧問參加又不給經費，這些都是前線同志們等得發急的事，還來電阻止，更令人為之喪氣。

4　王健民：《中國共產黨史稿》第1篇第11章。《黨史研究參考資料》1981年第1期轉載，遼寧省黨史學會、遼寧高等院校黨史教學研究會編印，頁23。

　　瞿秋白等人則對羅明納茲持令阻止暴動表示支持。當晚，張國燾銜命搭輪東下九江，負責向南昌方面傳達共產國際阻止電令。[5]

　　南昌那邊，賀龍26日抵南昌，譚平山、李立三27日上賀龍軍部探底，賀龍反應熱烈，決定其部28日前集中南昌，28日晚即暴動。暴動在即，譚平山急電中央徵詢可否。鄧中夏、譚平山、惲代英等人奉電回到九江，參加暴動決策會議，與會者對暴動計畫持完全一致意見。28日，中共中央軍事部長周恩來一干人從九江趕來，依中共中央命令於南昌江西大旅社成立「前敵委員會」。[6]僅因軍事準備來不及，改於30日晚再發難。其時，南昌「城裡『反動軍隊』不過三萬人，而我們的部隊有四、五萬人，勝利是有把握的。」[7]

　　27日早晨，張國燾抵潯，很快找到賀昌（少共中委）、高語罕（武漢軍校教官）、惲代英（前敵委員會委員）、關向應（少共中委）、廖乾五（四軍政治部主任），舉行會議，在潯同志均認為暴動勢在必行，已無討論餘地。

　　因等火車，張國燾29日才與惲代英一起赴南昌。29日上午，張國燾從九江連發密電：「暴動宜慎重，無論如何候他到後再決定。」但前委決定暴動絕不能停止，繼續進行一切暴動準備。30日早上，張國燾趕到南昌，立即召開前敵委員會。出席者：周恩來、惲代英、李立三、彭湃、譚平山、葉挺、周逸群。張國燾傳達中央「宜慎重」意見。第三國際的指令性電報謂（大意）──

　　如有成功把握可舉行暴動，否則不可動，將軍隊中的同志退出，派到各地農民中去；目前形勢應極力拉攏張發奎，除非得到張（發奎）的同意，否則不可動。

5　張國燾：《我的回憶》，東方出版社（北京）1998年版，第2冊，頁273、281～285。

6　元邦建：〈譚平山歷史上幾個問題的探討〉，載《近代中國人物》（《近代史研究》專刊），中國社會科學出版社（北京）、重慶出版社1983年版，頁266。

7　李逸民：《李逸民回憶錄》，湖南人民出版社1986年版，頁49。

　　暴動主力之一為葉挺第二十四師、周士第獨立團，均屬張發奎第二方面軍，當然與張發生直接衝突。大多數與會者一致反對國際意見，認為——

　　一、暴動不能再拖，更不可停止；

　　二、張發奎已受汪精衛包圍，絕不會同意中共計畫；

　　三、我黨應站在領導者地位，不能再依賴張發奎。

　　惟葉挺認為暴動不易獲得成功，如能和張發奎一同回師廣東，較為合算，中共同志隱於第四軍之中，也不會遭到暗算，將分裂行為推遲一些，也許是好的。

　　譚平山見葉挺這麼說，很焦急，以威脅口吻說——

　　如果我們在軍隊中的同志，此時不能行動起來，那末，以前的所有軍事工作都很難認為是我們黨的軍事工作。

　　周恩來也急促說：我們最好行動起來。對於共產國際的電令與羅明納茲的意見，周恩來甚至表示憤而辭職。[8]

　　前敵委員會爭論數小時，因張國燾代表中央意見，不能以多數票決。31日晨再開前敵委員會緊急會議，又辯論數小時，張國燾最後表示少數服從多數，最終決定晚二時暴動。因賀部第一團滇人趙營副洩密，朱培德偵知，遂改變計畫，提早兩小時舉行。[9]

　　1927年10月，中共中央文件稱因譚平山一力主張，暴動決議才通過。張太雷的報告中：「致使這次暴動成為平山所領導，自然這個運動也變成了軍事的投機。」爭辯過程中，譚平山大罵張國燾混蛋，為堅持舉事，囑一名師長：張國燾如再堅持反對舉事，就殺了張。師長徵求前敵委員會書記周恩來的意見，周說黨內鬥爭不能這樣。[10]

[8]　張國燾：《我的回憶》，東方出版社（北京）1998年版，第2冊，頁293～294、279、273、295～296。

[9]　王健民：《中國共產黨史稿》，第1篇第11章，《黨史研究參考資料》1981年第一期轉載，遼寧省黨史學會、遼寧高等院校黨史教學研究會編印，頁23。

[10]　元邦建：〈譚平山歷史上幾個問題的探討〉，載《近代中國人物》

　　最有意思的是南昌八一紀念館的群雕，朱德佔有顯著一席。文革時，暴動時不過獨立團小小上尉排長的林彪[11]，居然也躋身「南昌起義領導人」。朱德只是隸屬第三軍的教導團長，挨不上號的人物。[12]真正的策劃與組織者張國燾、譚平山、瞿秋白等，均因政治原因，對不起了。尤其譚平山，對整個暴動及後來的行軍影響甚大。李立三（1899～1967）——

　　八一革命表面上看起來似乎完全在黨的指導之下，實際上不過是許多C.P.（按：共產黨英文首字母）分子的個人指導，最後幾乎變成平山同志的個人指導。……當時平山在政治負了很大的責任，中央並未將他撤換。

　　尤其決策階段，譚平山力主發難，理據是握有兵權的賀龍、葉挺都同意幹。此外，譚平山時任國民黨中常委兼組織部長、國府農政部長，中共在國府中的最高職務者，南昌暴動又舉著國民黨左派旗號，客觀上需要一位標誌性人物。李立三：「譚平山因鮑羅廷堅持推薦，實際上擔任南昌起義的政治領導。」只沒收200畝以上地主土地，也是譚平山提出並主張寫入政治綱領（遭大多數中委否決）。[13]

　　暴動後，赤軍對外打出旗號「中國國民黨革命委員會」，25名委員，7名主席：宋慶齡、鄧演達、譚平山、張發奎、賀龍、郭沫若、惲代英。譚被推「委員長」，「革命委員會主席團的實際主席」。譚平山——

　　（《近代史研究》專刊），中國社會科學出版社（北京）、重慶出版社1983年版，頁266、270。

[11] 邱會作：《邱會作回憶錄》，新世紀出版及傳媒有限公司（香港）2011年版，上冊，頁368。
　　劉延民整理：《文強口述自傳》，中國社會科學出版社（北京）2003年版，頁14～15。

[12] 張國燾：《我的回憶》，東方出版社（北京）1998年版，第2冊，頁308。

[13] 〈李立三自述〉，李莎：《我的中國緣分》，李英男、姜濤編譯，外國教學與研究出版社（北京）2009年版，頁382。

　　過去中央採取妥協政策，只有八一南昌起義，才算真正把領導權掌握起來，從而開創了我黨和中國革命的一個新時期。因此，它可以和十月革命相比。[14]

　　委員中宋慶齡、何香凝、張發奎、鄧演達等人，事前根本不知道暴動。朱德列名其中，但排名殿後。[15]

　　1927年11月14日，譚平山竟被開除中共黨籍，指責他與鄧演達另立第三黨──中華革命黨。張國燾亦於同日〈政治紀律決議案〉被開除臨時政治局候委、中執委。李立三也受了處分。張國燾後來叛共，自然歸於「人類狗屎堆」。瞿秋白被捕後寫了〈多餘的話〉，晚節不貞，不足為訓。[16]如此這般，譚平山、張國燾、瞿秋白三位南昌暴動真正領導人，必須「隱身」。彭述之妻陳碧蘭認為，開除譚平山黨籍、處分張國燾、李立三，乃瞿秋白蓄謀已久的打擊異己，瞿想獨掌大權。譚平山是在開除黨籍後再與鄧演達、章伯鈞組織第三黨。[17]

　　暴動失敗後，譚平山參加普寧流沙會議。10月7日，李立三、惲代英、吳玉章到達海豐，相繼轉移香港。譚平山要求赴蘇學習，中央態度冷落。11月中央臨時政治局擴大會議通過〈政治紀律決議案〉，處分大批幹部：暴動前敵委員會全體委員；南方局、廣東省委全體委員；鄂北特委全體委員，均受警告處分。毛澤東開除出政治局，譚平山最重──開除黨籍。因為有人將譚欲殺張國燾一事捅給共產國際代表。[18]周恩來後來說：「今天看來，這個處分是不完全妥當

[14]　元邦建：〈譚平山歷史上幾個問題的探討〉，載《近代中國人物》（《近代史研究》專刊），中國社會科學出版社（北京）、重慶出版社1983年版，頁267。
[15]　張國燾：《我的回憶》，東方出版社1998年版，第2冊，頁299、302。
[16]　中央檔案館編：《中共中央文件選集》第3冊（1927），中共中央黨校出版社（北京）1989年版，頁483。
[17]　陳碧蘭：《我的回憶──一個中國革命者的回顧》，十月書屋（香港）1994年版，頁192。
[18]　元邦建：〈譚平山歷史上幾個問題的探討〉，參見《近代中國人物》（《近代史研究》專刊），中國社會科學出版社（北京）、重慶出版社1983年版，頁269～270。

的。」[19]1928年初，譚平山從香港返滬，才知被開除黨籍，他到處尋找黨組織，希望留在黨內，始終無處申辯，得不到諒解。因不肯投靠國民黨，譚平山顛沛流離，東躲西避，靠人接濟度日。[20]

不宜撩看的細節

1927的7月31日晚，賀龍部二十軍趙副營長洩密，增加暴動困難。至翌晨六時，始將第三、六、九軍在南昌的部隊完全繳械。留駐南昌城內的朱培德部隊約三千人，未經激戰便被繳械，清晨結束軍事行動。[21]

參加暴動的部隊：賀龍二十軍三個師、葉挺二十四師、蔡廷鍇第十師、李漢魂二十五師兩個團，共五個師兩個團。[22]

8月1日成立革命委員會，因上下游寧漢潯均在國軍手中，三面受敵，國軍將合圍。1日晚七時在賀龍軍部召開參謀團會議，決定全軍回粵，希望佔領港口，以獲蘇聯軍火援助，再向全國發展。

8月4日，葉挺部出發。8月5日，賀龍部出發，共2.1萬人。張國燾說2.5萬人，槍支1.3萬。[23]三天後趕到臨川，天氣熱極，沿途多山路，每日行軍60～100里，士兵負擔極重，每人背250～300發子彈、機關槍、大炮，無挑伕。「沿途全無農民運動，民眾聞風逃散……機

[19] 周恩來：〈關於黨的「六大」的研究〉（1944年3月3～4日），載《周恩來選集》上卷，人民出版社（北京）1980年版，頁173。
[20] 元邦建：〈譚平山歷史上幾個問題的探討〉，載《近代中國人物》（《近代史研究》專刊），中國社會科學出版社（北京）、重慶出版社1983年版，頁270、273。
[21] 張國燾：《我的回憶》，東方出版社（北京）1998年版，第2冊，頁301。
[22] 王健民：《中國共產黨史稿》，第1篇第11章，載《黨史研究參考資料》1981年第1期轉載，遼寧省黨史學會、遼寧高等院校黨史教學研究會編印，頁23。
[23] 張國燾：《我的回憶》，東方出版社（北京）1998年版，第2冊，頁307。

槍大炮均係自扛。」[24]

李立三——

食物與飲料全買不到，甚至終日難得一粥。渴則飲田溝汙水，以故兵士病死極多，沿途倒斃者絡繹不絕。同時軍隊中多無軍醫處、衛生處等的組織，無法救治。加以宣傳工作極壞，逃走極多。僅行軍三日，實力損失已在三分之一以上，遺棄子彈將近半數，迫擊炮完全丟盡，大炮亦丟了幾尊，逃跑及病死的兵士將近四千（二十軍最壞，軍隊紀律亦極壞，放槍拉伕等事隨時都有）。

第十師蔡廷鍇部，在進賢借集合幹部訓話為名，解決了親共的三十團，斃團長范藎及中共黨員三十餘人，全師徑往浙江，要求南京政府收編。朱德所部南昌出發時千餘人，逃亡最多，到達撫州時只剩兵員三四百，到達瑞金只有百餘人，幾天後這百餘人被編入其他部隊，原番號從此不存在。朱德愁眉不展，毫無辦法。[25]

在南昌得現洋十萬，全靠這筆錢供給軍需。另劫得七十萬紙票，民間不通用。不久，給養無法就地購取，連粥都喝不上，渴飲田溝汙水又使病員暴增，無法醫治，紛紛沿途倒斃，加之不理解暴動意義，軍心動搖，紛紛棄械逃亡，遺棄子彈近半、步槍三千支。[26]

暴動赤軍減員五千人。「沿途疾病落伍及逃亡者不下七千人」。瑞金、會昌之役再損失千人，戰鬥兵員僅剩八千。臨川整休三日，前往瑞金，沿途農民對赤軍越發仇視，落伍傷患常被農民所殺。行軍途中，數日不見一人，宜黃縣城人口近二萬，赤軍到達，僅剩48名六十歲左右男女。

[24] 王健民：《中國共產黨史稿》，第1篇第11章，載《黨史研究參考資料》1981年第1期轉載，遼寧省黨史學會、遼寧高等院校黨史教學研究會編印，頁25。

[25] 張國燾：《我的回憶》，東方出版社1998年版，第2冊，頁306、308。

[26] 王健民：《中國共產黨史稿》，第1篇第11章。遼寧省黨史學會、遼寧高等院校黨史教學研究會編印：《黨史研究參考資料》1981年第1期轉載，頁25。

　　二十軍、十一軍的一些參謀在臨川逃跑，原定軍事計畫有可能洩漏。因此抵達瑞金後，前敵委員會決定改道汀州、上杭赴東江。但瑞金已有守備國軍，為奪取瑞金城，再傷亡600餘人。此時，會昌已有國軍錢大鈞、黃紹雄兩部共計四個師18個團，赤軍不得不強攻會昌，戰況激烈，傷亡八百餘。會昌戰役中，黃埔一期生陳賡向張國燾描繪細節──

　　進行肉搏戰的時候，雙方作戰的中下級幹部，多是黃埔同學，他們不僅彼此認識，而且有許多是兒童時的好朋友；他們在黃埔時或者是同隊同班，在軍隊時或者是同營同連。但在肉搏戰中，竟彼此叫著小名或渾名對罵。那邊罵這邊：「中共為甚麼要造反？」這邊罵那邊：「你們為甚麼要做反革命的走狗？」雙方都有些人，一面像瘋狗一樣的混殺，一面又忍不住在那裡暗暗掉淚。他在前線目擊這種情形，也為之心酸。只有硬著心腸喊殺，督促同志們往前衝鋒。

　　……賀龍在會昌戰役後便正式加入中共為黨員了。……但他的生活習慣，完全不像一個共產黨員。他的軍部組織是相當龐大的。他有四人抬的轎子，經常養著十幾個人的轎夫班，還有中西廚房，每天到了宿營地時，都要像宴會似的大吃大喝一頓。[27]

　　會昌一役，打垮錢大鈞，繳槍五千，粟裕帶一個班裝船送往東江。因赤軍不久失敗，這部分槍也丟掉了。[28]

　　按政策規定，沿途只能向地主徵糧派款，沒收劣紳財產或罰款。但贛東一帶未經過大革命，全無農運基礎，根本弄不清誰是地主誰是劣紳，只能沿用舊辦法找當地紳士派款。為救急，譚平山下令：「只要有錢，不問政策」。攻下瑞金後，由譚平山、周逸群介紹賀龍入黨。到長汀後，決定沿用國民政府名義，為應付外交，以譚平山任國民政府委員長，並向全體赤軍做了土地革命的報告，平分地主土地給農民，但強調只沒收200畝以上的地主土地。但事實上，一路行

---

[27]　張國燾：《我的回憶》，東方出版社1998年版，第2冊，頁309～310。

[28]　李逸民：《李逸民回憶錄》，湖南人民出版社1986年版，頁53。

軍，沒有固定根據地，土地革命實為一句空話。[29]

南昌暴動後，革命委員會討論財政問題。根據中共政策，部隊軍需負擔應該從工農移至富有階級。抵臨川後，紙幣不能通用，軍餉日形嚴重，急需現金。因贛東全無農運，孰為地主豪紳，茫無所知，只得「只要有錢，不問政策」。至汀州，三日搜括二萬，多為貧苦群眾。再採取捉土豪、罰款，二日再得四萬元。[30]

會昌戰鬥後，暴動部隊在汀州和大浦休整，再向揭陽方向行動。及至抵達湯坑，共計不到六千士兵，而敵方兵力總計五個師，約1.5萬人。黃昏接火，在分水、湯坑的山地激戰三晝夜，赤軍傷亡很大，24師下級幹部殆盡，20軍亦死二名團長，無兵補充，不得不下令退卻，潮州、汕頭亦不守。

南行路上，革命委員會下設的政治保衛處，在驛前、廣昌、屏山、瑞金、會昌等處殺了30餘個「土豪劣紳」及AB團分子。在汀州再殺四「劣紳」。原準備到廣東後大規模屠殺「反動派」，結果僅在潮州殺了三人、大埔殺四人、汕頭殺十二人。潮汕失守時，牢裡還關著幾十個反動派（多半工會送來），「竟無法殺他（晚上不能放槍，又沒有刀子）。」張太雷事後總結——

以前五十畝以下土地不沒收的，這實在是土地革命的障礙，以後便一切地主（小地主在內）的土地都要一概沒收，澈底地幹去……

我們現在要放膽去幹，不應像以前太規矩，要平民式地幹，不要有仁慈，打破好人的觀念，對土豪應該亂殺，絕對不要恐怕冤枉了。

暴動部隊的兵士，走了一路還不明白革命意義——

[29] 元邦建：〈譚平山歷史上幾個問題的探討〉，載《近代中國人物》（《近代史研究》專刊），中國社會科學出版社（北京）、重慶出版社1983年版，頁269。
[30] 王健民：《中國共產黨史稿》，第1篇第11章，《黨史研究參考資料》1981年第1期轉載，頁28。

連八一革命的意義，不但是沒有深入群眾，就是兩軍（按：葉賀二部）的兵士亦不明白。二十軍的兵士沿途騷擾農民拉伕、拿物，甚至姦淫的事都發生過。

行軍途中，與上海的中共中央完全失去聯繫。至汕頭後，方知有「八七緊急會議」，行軍兩月，簡直成了野人。

1927年11月14日，中共文件〈最近組織問題的重要任務決議案〉，黨員從國民黨「分共」前的五萬餘驟降至萬餘。[31]

27日，赤軍戰鬥兵員僅為八千人。艱苦行軍中向士兵動員——

只要到了廣東，各縣農民一定馬上暴動起來，伕子糧食等當然都不成問題。

可進入廣東，農民對赤軍反而不如福建。汕頭原定組織五百工人義勇隊，號召三天，僅得七十人。周逸群率殘部將槍支棄於河中，獨自化裝至汕頭，10月5日乘輪赴滬。朱德率三河殘部千餘人退往贛南，投靠韶關國軍范石生部，改為教導團。1957年大名鼎鼎的章伯鈞，此時也在暴動部隊中。[32]

這些那些，都不符合「偉光正」的尺寸呵！政治第一、黨的利益第一、現實需要第一⋯⋯為此，南昌暴動一系列「後來」全都需要「淡化」。因此，打響中共武裝暴動第一槍的「南昌起義」，便成了紀念館裡的「政治平衡物」——只見虎頭不見蛇尾、只見⋯⋯

初稿：2011年3月31日；補充：2011年7月23日於滬・三湘

原載：《北京之春》（美國）2011年5月號

---

[31] 原載《中央通信》第13期（1927年11月30日），載中央檔案館編：《中共中央文件選集》第三冊（1927），中共中央黨校出版社（北京）1989年版，頁476。

[32] 王健民：《中國共產黨史稿》，第1篇第11章，《黨史研究參考資料》1981年第一期轉載，遼寧省黨史學會、遼寧高等院校黨史教學研究會編印，頁26～27。

星星之火，到底幾許？

　　井岡山乃中共武裝力量最初的「星星之火」。不過這粒「星火」到底幾許？具體多少人馬？史料幽深，挖掘陳示。

秋收暴動

　　1927年9月8日湘贛邊界秋收暴動，部隊正式番號中國工農革命軍第一軍第一師，師長余灑渡（後叛變），副師長余賁民。下轄四個團：原武漢第二方面軍警衛團為第一團，團長鍾文璋；安源工人、萍鄉、醴陵農軍為第二團，團長王新亞；原賀龍部二十軍獨立團為第三團，團長蘇先駿；夏鬥寅殘部為第四團，團長邱國軒。

　　暴動之初，按計劃分三路進軍長沙。一、四團從修水出發，先打平江，再攻長沙；二團從萍鄉、醴陵出發，先打瀏陽，再攻長沙；三團從銅鼓出發，會合二團打瀏陽，會攻長沙。11日，三團首戰攻克白沙，次日打下東門市。中共中央委員毛澤東從安源趕來三團，長途奔波，雙腳被草鞋磨爛，不久腳背爛了一個洞，臨時找椅子綁上兩根杠子抬著他，跟上部隊。

　　二團本應與三團會攻瀏陽，而三團在東門市遭阻，敗退排埠。二團不明情況，16日孤攻瀏陽，雖然得手，但陷入重圍，損失慘重，大部戰死，團長悲觀失望，當夜帶幾親信逃跑，殘部次日星散。攻打平江的一路，前鋒剛到長壽街就遇敵，未經改造的四團譁變，轉身勾結白軍夾擊一團，一團也垮下來。會攻長沙的計畫失敗，三團退至文家市。

毛澤東被捕

此前，1927年8月30日，長沙沈家大屋舉行省委會議，毛澤東彙報了秋收暴動的具體佈置，省委決定毛澤東爲暴動前敵委員會書記兼師長。會後，毛趕赴安源召開軍事會議，傳達「八七會議」和省委會議精神。安源會議後，毛澤東風塵僕僕趕往銅鼓三團駐地，中途在瀏陽張家坊遇險，被民團抓住。毛澤東用幾十塊借來的路費賄賂，士兵同意，隊長不同意。距離民團總部不遠處，毛澤東將幾十個銀圓往地上一撒，團丁忙著搶錢，毛得以逃脫。[1] 9月9日，趕到三團，第二天即中秋節，毛澤東向幹部傳達了「八七會議」精神，11日三團向瀏陽進發，擬會合二團會攻長沙。此時，長沙城內有白軍九千餘人，6500多支槍，近郊團防局的槍支也不少。[2]

三灣改編

9月19日，敗落的一團、三團殘部在文家市會合，向湘贛邊界退去。原本五千人的隊伍，23日晨從盧溪出發時又遭朱培德兩個團及民團伏擊，損失數百，總指揮盧德銘陣亡。此後，不時有人「掉隊」——不辭而別開小差，只剩下不到千把人。29日，到達永新縣三灣村。當晚，毛委員在其借宿的泰和祥雜貨鋪主持前敵委員會擴大會議，決定改編部隊，具體如下——

一、部隊建立黨的基層組織（營團設黨委、支部建在連上、排班設黨小組）。原先團才有黨支部，連只有黨小組，且黨員均爲軍官。

二、規定官長不准打罵士兵。

---

[1] 張啟龍：《秋收起義前後三團活動回憶片斷》，載《紅旗飄飄》第17集，中國青年出版社（北京）1979年版，頁262、264、256～258。
[2] 劉型：〈回憶井岡山的鬥爭〉，載《革命回憶錄》第9輯，人民出版社（北京）1983年版，頁4、6。

三、一個師縮編為一個團,團下設一、三兩個營(沒有二營)。

四、不願意留隊者,一律發五塊錢回家路費,開具介紹信回農村工作,希望回鄉後繼續革命,將來願意回來,還歡迎。[3]

此前,中共不在士兵中發展黨員,黨員軍官政治優越明顯。三灣改編後,支部建在連上,黨小組先建在排上,黨員發展多了再下沉至班,軍官與士兵一起過組織生活,士兵可以批評官長,增加士兵的平等感與凝聚力。第四條自願去留,剩下的都是堅定者,最大限度減免叛變後患。

1951年7月14日《人民日報》,總政主任譚政大將發表〈三灣改編〉,乃「三灣改編」最早資料。譚政說部隊從戰場上一路退下來,每天黎明出發、黃昏宿營,經湖南平江、瀏陽、銅陵、萍鄉、江西蓮花,來到永新縣三灣村。部隊從一個師縮編一個團,實則僅四百餘人,勉強編兩個營。四百餘人,這就是井岡山「星星之火」最初的火星。一說六百人、七百支槍。毛澤東不是送給「山大王」王佐、袁文才100支槍、兩挺旱機關槍麼,那是因為「星星之火」槍比人多,反正沒人背槍,做了人情還減輕負擔。[4]

三灣改編後,毛澤東對「全軍」演講:

同志們,敵人只是在我們背後放冷槍,這有什麼了不起……大家都是娘生的,敵人他有兩隻腳,我們也有兩隻腳。……賀龍同志兩把刀起家,現在升軍長,我們現在不只是兩把菜刀,我們有兩營人,還怕幹不起來嗎?我們幾百人還不能起家嗎?

得承認,毛澤東很會做政治工作,這番動員語乃其時其地最佳語。「開國君主」必是演講高手,否則人家怎麼會拎著腦袋跟你走?

[3] 陳伯鈞:〈毛主席率領我們上井岡山〉,載《紅旗飄飄》第13集,中國青年出版社(北京)1959年版,頁8~10。
何長工:〈紅旗插上井岡山〉,載《革命回憶錄》第1輯,人民出版社(北京)1980年版,頁9。
[4] 劉型:〈回憶井岡山的鬥爭〉,載《革命回憶錄》第9輯,人民出版社(北京)1983年版,頁7~9。

　　三灣改編後，毛澤東率部上了井岡山，點燃中共武裝「星星之火」。中共黨史上，將「三灣改編」的意義歸為加強黨指揮槍，「支部建在連上」加強了黨對軍隊的領導，即軍隊對黨的服從性。

三灣子弟

　　參加「三灣改編」者，後稱「三灣子弟」，成為毛共「嫡系中的嫡系」，升擢最快。如黃永勝「三灣」時僅班長，最後升至總參謀長，中共「九大」後排名第六。1971年，「三灣子弟」大部分死亡、逃散、叛離，剩下不超過三十人，當年的戰士至少也是少將，時稱「三灣將軍」。據筆者有限收集——

　　羅榮桓（元帥）、譚政（大將）、宋任窮（上將）、陳伯鈞（上將）、張宗遜（上將）、陳士渠（上將）、黃永勝（上將）、劉先勝（中將）、楊梅生（中將）、張令彬（中將）、韓偉（中將）、賴毅（中將）、譚希林（中將）、王耀南（少將）、龍開富（少將）、楊世明（少將）、余光文（少將）。

　　譚震林（副總理）、何長工（地質部黨組書記）、劉型（農墾部副部長）。

　　周昆（115師參謀長），1938年3月捲款潛逃。

　　楊立三（1900～1954，總後部長、食品工業部長）

　　「三灣子弟」有一些黃埔生。張宗遜為黃埔五期，陳伯鈞六期。黃埔第五～六期，惲代英實際主持。一個120餘人的連隊二三十名共產黨員，每連的國民黨區分部，三名委員兩個中共黨員。[5]

　　1977年，何長工（1900～1987）重上井岡山，感慨萬千，說從武漢出來的國民政府警衛團三千人，現在不到十個人了。[6]以何長工如

5　　陳伯鈞：〈毛主席率領我們上井岡山〉，載《紅旗飄飄》第13集，中國青年出版社（北京）1959年版，頁1～2。
6　　何長工：〈紅旗插上井岡山〉，載《革命回憶錄》第1輯，人民出版社

此資歷，官僅副部級，自然事出有因。1930年6月，何長工已任紅八軍長，參加長沙戰役；1931年中國工農紅軍學校校長。長征初期，何長工任軍委教導師政委、軍委縱隊第二梯隊司令兼政委。遵義會議後，紅九軍團政委，與軍團長羅炳輝率部策應「中央紅軍」主力北上。紅一、四方面軍會合後，何長工任紅32軍政委。1935年6月兩河口會議後，紅九軍團成為編入張國燾的右路軍，何長工成了張國燾部下，一度跟張國燾走，雖然很快糾正，畢竟留下「汙點」。抵達陝北後，何長工當面向毛澤東請罪，也得到諒解，但不吃香了。1949年後，何長工歷任重工業部副部長、代部長兼航空工業局局長、地質部副部長。

1928年1月，朱德、陳毅發動湘南暴動，班底即南昌暴動殘部，不久「朱毛會師」井岡山。由於「損失」嚴重，初期紅軍升遷很快。1929年6月，湘南暴動參加者亦均為骨幹了，極少仍為士兵。[7]據筆者有限搜索，著名者：楊得志（上將）、曹里懷（中將）。

毛澤東領導的秋收暴動，時間上晚於「打響第一槍」的南昌暴動，每年中共「建軍節」又將毛澤東定為紅軍創始人，相當彆扭。1966年8月，紅衛兵砸毀南昌八一紀念館，要求將1927年9月「三灣改編」定為建軍節。當然，這條建議因「不合理」而未被採納。

初稿：2013年10～11月；定稿：2013年12月23日
原載《南方都市報》（廣州）2014年12月25日

（北京）1980年版，頁12。

[7] 陳毅：〈關於朱毛紅軍的歷史及其狀況的報告〉（1929年6月）。載江西省檔案館、中共江西省委黨史教研室選編：《中央革命根據地史料選編》（中），江西人民出版社1982年版，頁462。

可敬又可怕的曾志

第一次知道陶鑄之妻曾志（1911～1998），已是文革後期了。抄錄陶鑄那首〈贈曾志〉，感覺悲酸沉痛，搖撼心魄——

重上戰場我亦難，感君情厚逼雲端；無情白髮催寒暑，蒙垢餘生抑苦酸；病馬也知嘶櫪晚，枯葵更覺怯霜殘；如煙往事俱忘卻，心底無私天地寬。

首尾二聯寫出陶鑄被打倒後的心境與胸懷，直白明曉，深深嵌入我年輕的心。「病馬也知嘶櫪晚，枯葵更覺怯霜殘」，傳遞出陶鑄自卑驚怯的心理，引我無限同情。此後三十年，我對曾志的瞭解也就停留於這一首詩。

2005年，從港刊看到曾志青年時代爲廈門地下黨籌措經費而賣子，有點不相信，認定反共勢力造謠誣衊。兩年後，借來曾志回憶錄《一個革命的倖存者》（廣東人民出版社1999年版）。一打開，便是曾志臨終前一月的「前言」，一股紅色女戰士的勁頭，無論價值觀念還是爲人準則，一泄無遺地凸露第一代共產主義戰士的特質與局限，包括特別遺言「共產黨員不應該有遺產」[1]。既可敬又可怕，而之所以可怕又來自可敬。

這一代共產紅士確實「心底無私」、「澈底奉獻」，境界確實崇高偉岸，奈何大方向錯了，又因文化程度較低，只埋頭拉車不抬頭看路，只知自我奉獻，無法自檢自警，不知捍衛個人權利才是社會進步真正的內涵。因此，她的每一分「可敬」恰恰成爲「可怕」的推力。她萬萬沒想到自己因「可敬」而「可怕」，更不知道由於著力方向與歷史理性背反，她們的「拋頭顱灑熱血」只得到與初始意願完全

---

[1]　陶斯亮：〈致母親——白雲山上的祭文〉，載曾志：《一個革命的倖存者》，廣東人民出版社1999年版，下冊，頁584。

相悖的結果。閱讀曾志，使我從細節處進一步瞭解中共革命的過程，
同時也更清晰看到這場革命的種種局限，扼腕不已。

　　曾志在前言中寫道——

　　我之所以倖存下來，不是什麼「福大」、「命大」，而是靠馬克
思主義真理和毛澤東思想的教導，靠對共產主義事業的堅定信仰，靠
剛強的鬥爭意志和對黨和人民的無限忠誠以及緊密依靠人民群眾；堅信
三座大山一定能推翻，堅信中國革命一定能勝利，堅信無產階級革命、
世界大同一定能成功……我始終將自己的政治生命看得最為重要，而
把家庭、子女、感情看得較輕、較淡。只要為了黨的利益和需要，我
可以捨棄一切，包括生命。因為我不僅是一個女人，更是一名戰士。

　　馬克思主義、毛澤東思想、共產主義事業、三座大山、無產階
級革命、世界大同……歷經夫死己辱的文革苦難，這位第一代中共黨
員仍帶著一套完整的赤色意識形態去見了馬克思，而且是毫無反思地
帶著70年前的認識最後走人。無論對殺傷55萬知識精英的「反右」、
摧毀國本的大躍進、打趴365萬人的「反右傾」[2]、餓死4000萬人的大
饑荒，還是昏天暗地觸及肌膚的十年內亂，這位文革後出任中組部副
部長的老紅軍，晚年回憶錄中沒有一點反思。這本耗時二十餘年撰寫
的回憶錄，一如其青年時代認定「獻身於人類最壯麗的事業」，一股
掩飾不住的光榮自豪。彌留之際，還惦記著「不要把我抬得太高！不
要把我抬得太高！」[3]她最後擔心的是有可能被「抬得太高」，而不
是相反。事實上，進入二十一世紀，寰內士林之所以提及這位紅女，
並不是將她「抬得很高」，而是將她「貶得較低」。那股雖九死猶未
悔的「紅色典型性」——澈底將一生完全獻給共產烏托邦，實在是不
可能複製的紅色石女。沒有後來者的共產革命，誰還會去捧抬這麼一
朵「鏗鏘玫瑰」？

---

[2]　叢進：《曲折發展的歲月》，河南人民出版社1989年版，頁229～232。
[3]　陶斯亮：〈致母親——白雲山上的祭文〉，載曾志：《一個革命的倖存
　　者》，廣東人民出版社1999年版，下冊，頁583。

　　追溯這位井岡山女鬥士缺乏反思的原因，只能歸結於文化水準。畢竟，進行宏觀思考需要一定理論能力。曾志15歲入黨（1926年10月），正規學歷只有初二——衡陽省立女三師肄業生，旋入衡陽湖南農民運動講習所，半年後畢業。衡陽女三師因校長教師「一片紅」，出了許多革命女性。如後嫁朱德的蕭貴蓮（即伍若蘭，1906～1929）、彭家四姐妹（號「彭家將」）、劉深、郭振懷、吳統蓮、楊佩蘭、李青、廖彩蘭等。[4]曾志一生，長於行動短於學習。1940年初，曾志懷著攻讀馬列理論的強烈願望進入延安馬列學院，但是——

　　我已經不習慣坐下來讀書了，主要是腦子靜不下來，也動不起來。一捧起書本，沒看兩頁不是想睡覺就是心猿意馬、思想開小差。……感到很枯燥、很累……這樣學比行軍打仗還艱難，常會冒出有勁使不上的喟歎，認為自己腦子不行了。有時也會冒出自己反正不搞理論研究，當一個實際工作者未嘗不可的思想……三個月後，這一情況才有改變。這時，讀書也讀出些興趣了，靜得下心坐得住，自然也不打瞌睡了。[5]

　　十年文革，她被放逐，投閒置散，回憶錄中也看不出閱讀了什麼書，估計她不會閱讀有一定深度的理論著作。

首嫁夏明震

　　曾志一生三嫁，16歲首嫁夏明震（1906～1928，夏明翰同父異母弟），湖南省立三師生。夏明震死於湘南暴動。國軍出動七個師「會剿」湘南暴動赤軍。中共湘南特委執行省委指示——「阻止敵人打通湘粵大道」，提出堅壁清野、焚燒整座城市及湘粵大道兩側五公里以

4　龔楚：《龔楚將軍回憶錄》，明報月刊出版社（香港）1978年版，上卷，頁127、139。
5　曾志：《一個革命的倖存者》，廣東人民出版社1999年版，下冊，頁321～322。

內的民房，片瓦不留。農民當然不幹，一時民心惶惶。為安定民心，解釋燒房原因，1928年3月21日上午，中共郴縣縣委於城隍廟召開群眾大會，一股鄉民衝上主席台，當場殺了夏明震等九名中共頭目，是為「郴州事變」。事變中，三百多名赤幹被殺，千餘百姓死傷。二十二歲的夏明震時任中共湘南特委書記。[6]

　　動員燒房大會上，夏明震被農民拖下台用梭標扎死，捅了幾十刀，暴屍河灘。曾志出於「革命義憤」，親手用大刀梭標殺死一名叛亂農民。[7]夏明震家共有四兄妹死於「土地革命時期」，其兄夏明翰死於1928年3月20日。[8]陶斯亮說夏家五兄妹捐軀革命。[9]湘南暴動欲燒城市及大道兩旁五公里村莊，動員大會遭群眾當場反抗，殺死縣委全體，這一史實得到《謝覺哉日記》佐證。[10]

次嫁蔡協民

　　1928年4月，夏明震死後月餘，17歲的曾志再嫁蔡協民（1901～1934），頂頭上司，紅七師黨代表。兩人性格不合，經常吵架。蔡酒後罵曾志三心二意，不真心愛他，將曾志照片撕得粉碎。1932年10月，曾志提出分手。蔡協民後因叛徒告密，被捕殺。

---

[6]　龔楚：《龔楚將軍回憶錄》，明報月刊出版社（香港）1978年版，頁174。陶斯亮說夏明震任郴州中心縣委書記、工農革命軍第七軍黨代表。參見陶斯亮：〈曾志與夏明震〉，原載《南方週末》（廣州）2008年6月26日，《文摘報》（北京）2008年7月10日，第8版。

[7]　曾志：《一個革命的倖存者》，廣東人民出版社1999年版，上冊，頁57～58。

[8]　湯益民：〈夏明翰就義八十周年祭〉，載《炎黃春秋》（北京）2008年第5期，頁44。

[9]　陶斯亮：〈曾志與夏明震〉，原載《南方週末》（廣州）2008年6月26日。《文摘報》（北京）2008年7月10日摘轉，第8版。

[10]　謝覺哉：《謝覺哉日記》，人民出版社（北京）1984年版，頁560。

「賣子籌款」——曾志最經典的段子。1931年11月，她在福州生下與蔡協民的第二胎。鑒於井岡山生的第一胎送了老鄉，曾母寄來四十大洋，囑女兒這次千萬送回家，她幫女兒撫嬰。不久，蔡曾夫婦調職廈門。廈門中心市委書記王海萍、新任福州中心市委書記陶鑄來看他們。曾志說想送孩子回老家，王海萍百般勸阻。先說孩子太小，經不起旅途折騰；再說路程遙遠，車船轉換麻煩；又說來回兩個多月，耽誤工作；總之，不讓曾志送子回鄉。最後，王書記終吐實情。原來，蔡曾夫婦尚未到達廈門，廈門中心市委因急需經費，聽說她剛生孩子，便替他們將孩子「送」給一位醫生，收了人家一百大洋，此時已用得差不多了。

曾志回憶錄中——

這哪是送？這是賣！這種事在今天絕對不能設想的！但是對那時的共產黨人來說，革命利益高於一切，除了信仰之外，一切都是可以捨棄，包括自己的鮮血和生命。

既然組織上已經決定了，我們還有什麼話可說呢?!

「送」走的孩子因兩個多月就斷了母奶，染上麻疹天花，很快死去。[11]

為黨賣孩的事還不止曾志一例。1935年秋，中共河北省委因與上級失去聯繫，經費無著，只得一邊緊縮機關開支，一邊下鄉鬥地主搞糧食，一邊再搞募捐，日子仍過不下去。省委書記高文華與負責經費的其妻賈璉，只得賣孩子以維持。

我們共有四個孩子，只有最小的是男孩。那年頭，男孩比女孩多賣錢呀，於是就把僅僅四個月的兒子賣了50元大洋。這錢，分給王洋十元，李大章十元，解決吃飯問題。這50元大洋，整整維持了北方局三個月的生活。

---

[11] 曾志：《一個革命的倖存者》，廣東人民出版社1999年版，上冊，頁125～126。

　　孩子賣給河北省委秘書王林哥哥一位同事的姐姐，其夫為國軍旅長。旅長討小老婆不要髮妻，髮妻買來男女兩嬰防老。1949年後，高文華夫婦找過孩子，據說13歲時病死。[12]

再嫁陶鑄

　　1933年初，22歲的曾志三嫁陶鑄（1908～1969）。婚後，曾志長期不滿這位第三任丈夫，多次打架。1941年，在延安生下女兒陶斯亮，陶鑄不肯撫嬰，曾志抱怨——

　　最讓我生氣的是星期天，他整天在李富春、陳雲那裡不回來，有時要到半夜才到家，其實也沒什麼正經八百的事，就是玩，去擺龍門陣。我難過極了，感情降到冰點以下。……打了一大架，兩個人都打得鼻青臉腫，弄得左鄰右舍都來勸解。後來有的同志說笑：「曾志，你真厲害，那一架打得那麼凶，你一滴眼淚沒有，像是滿不在乎！」

　　革命者性格多熱情衝動，敏感急躁。紅色夫妻雖因一個共同目標走到一起，夫妻之間卻少有「小資」的溫柔細膩。毛澤東與賀子珍也多次打吵。毛澤東向曾志訴苦——

　　有次一位外國女記者採訪我，美國女人開放無拘無束，我也愛開玩笑，我們又說又笑，這就激怒了賀子珍，她不僅罵了人家，兩人還動手打了起來。[13]

　　賀子珍因此執意離開毛澤東，多次提出分手，客觀上為江青騰出空位。

---

[12]　高文華：〈1935年前後北方局的情況〉，載中共中央黨史資料徵集委員會、中共中央黨史研究室編：《中共黨史資料》第1輯，中央黨校出版社（北京）1982年版，頁174～175。

[13]　曾志：《一個革命的倖存者》，廣東人民出版社1999年版，下冊，頁327～329。

曾志嫁陶鑄後仍有「花絮」。1933年5月18日，陶鑄在上海亭子間被捕，關入南京大牢。此時，曾志在閩東「鬧紅」，特委組織部長，同時與宣傳部長葉飛、游擊隊長任鐵峰要好，遭到組織處分。她晚年還抱怨——

當時我思想不通，為什麼要我負主要責任?!只因為我是女人嗎？我並沒有去招惹他們，但我承認在這個問題上確實有小資產階級浪漫情調，我認為戀愛是我的權利……我對葉飛是有好感的……當時，我與他們兩人關係較好，工作之餘較常來往……陶鑄來信說，他被判處無期徒刑，恢復自由遙遙無期。而那時我才23歲，我是共產黨員、職業革命者，為革命隨時都要做出犧牲；同時也早將「三從四德」、貞節牌坊那種封建的東西，拋到九霄雲外去了。因此，重新找對象是我的自由，我有權利作出選擇。[14]

（抗戰結束前）從延安出來後，我正式向組織上打了離婚報告，我忍受不了他的大男子主義。陶鑄表示尊重我的選擇。因日本投降，時局突然發生變化，也就顧不上再扯這些個人的事了。到東北我們大家散多聚少，感情上一直未能真正修復。

這對革命夫妻差點分手。就是大好局面的1950年代，也一直吵架，直至1966年底陶鑄臨打倒前，曾志見陶鑄處境極其艱難——

我和你的個性都太強，兩人生活在一起，總要為一些事情爭論不休，有時甚至吵得很凶，但是從今天起，我再也不同您爭論了。[15]

紅女難為妻

革命女性因高昂的革命鬥志與鋼鐵決絕的性格，婚戀多不穩

---

[14] 曾志：《一個革命的倖存者》，廣東人民出版社1999年版，上冊，頁207～208。

[15] 曾志：《一個革命的倖存者》，廣東人民出版社1999年版，下冊，頁398、443。

定，也不知道退讓容忍。1949年初，北平「南下工作團」一位三十餘歲的女指導員——

有兩片說不破的嘴唇和滿腹的「馬列經綸」。她是四川籍的「長征」幹部……有人說她嫁過四次，結果都離異了。[16]

1938年入黨的「相府千金」孫錚，養成向黨組織彙報思想的習慣。尤其在延安與華北的戰爭歲月，「哪怕芝麻綠豆也得找組織談一談，有什麼想法從不悶在心裡。」[17]另一位革命女性石瀾，與大幹部舒同（後為山東省委書記）生活四十年，始終以政治為婚姻地基。「我常常把在工作中的緊張氣氛和原則性帶到家庭中，因此與丈夫不斷發生齟齬和爭吵。」舒同感到家裡跟社會上一樣緊張，還不如不要這個家。但石瀾越發現家中有矛盾，便越向組織上交矛盾。「對這些矛盾，我採取了錯誤的處理辦法，向有關的組織寫信控告他。這些信又被轉到了舒同手中，舒同震怒了，向法院提出離婚。」石瀾晚年才清醒過來，事情已無可挽回。[18]

曾志從一開始就表現出可怕的「革命堅定性」。1926年底，湖南農運搞得城鄉雞飛狗跳，一片紅色恐怖。15歲的曾志剛入衡陽的湖南農民運動講習所。曾父擁地300餘畝，當然「土豪劣紳」，逃往長沙途中路過衡陽，想看看女兒，但曾志——

我不想見他，給他寫了封信，信中說「我現在是革命者，你逃避農民運動就是反對革命，我不能見你，以後也不承認你是我父親。」

就是女人最看重的愛情，她也無所謂——

當時認為，革命者隨時都有犧牲的可能，夫妻關係也就不是什麼重要的事了，哪還講什麼「三從四德」。對於一個共產黨員，頭腦中

[16] 劉紹唐：《紅色中國的叛徒》，中央文物供應社（台北）1956年12月第5版，頁13。
[17] 黃仁柯：《魯藝人——紅色藝術家們》，中共中央黨校出版社（北京）2001年版，頁266。
[18] 石瀾：《我與舒同四十年》，陝西人民出版社1997年版，頁252。

不該有舊的思想觀念作怪，夫妻生活是次要的，重要的是政治生命。[19]

堅持「毛崇拜」

　　文革中，毛澤東為打倒劉少奇，斷然出手一併打倒阻礙「文革」的陶鑄，陶鑄慘遭折磨，死於1969年。曾志1998年才辭世，卻一生都未走出「毛崇拜」，晚年仍問出十分幼稚的問題——

　　我內心深處總有種深深的惋惜：毛澤東英明一世，為什麼在他的晚年，要搞這麼一場天怒人怨的「文化大革命?!」

　　曾志甚至這樣表明自己對毛的最後態度——

　　我的女兒總問我一個問題：爸爸死得那麼慘，你在「文化大革命」中受了那麼大的罪，你怨不怨毛主席？這是個很膚淺的問題，我跟隨主席半個世紀，並不靠個人感情和恩怨，而是出於信仰。我對我選擇的信仰至死不渝，我對我走過的路無怨無悔，那麼我對我的指路人當然會永存敬意！我歎口氣，對我女兒說：「不怨，主席晚年是個老人，是個病人嘛！」[20]

　　如此個人情緒化的邏輯起點，如此「膚淺」的思考態度，輕飄飄將毛歸為「老人」、「病人」，歎一口氣就放走了他必須承擔的歷史罪責，您那份為國為民的革命價值哪去了？堅定不移的革命原則哪去了？這是「一切為了人民」應有的態度麼？反右～文革這樣重大的國家災難，就因為「所選擇的信仰」與「指路人」便可原諒麼？其智之弱、其志之低、其判之偏、其理之歪，實在匪夷所思。不過，曾志的「無悔無怨」確實十分典型地代表了第一代中共黨人無法掙脫的歷史局限。

---

[19] 曾志：《一個革命的倖存者》，廣東人民出版社1999年版，上冊，頁42、65。

[20] 曾志：《一個革命的倖存者》，廣東人民出版社1999年版，下冊，頁534～535。

　　當然，他們也一定明白十分「膚淺」的邏輯：原諒毛澤東等於原諒自己，反對毛澤東便會延及對「革命」的懷疑、就會使後代質問「方向」，很快就會質疑自己這一代「革命人生」的價值。畢竟，自己一生與毛澤東唇齒相依，無法剝離了。能夠像李慎之、李銳這樣具備反思能力且叛出朝歌，真正「大智大勇」的紅色士子，極其稀少。

赤潮延綿

　　赤潮籠罩中華既久，總有幾位「革命接班人」。女詩人柯岩（1929～）為曾志回憶錄作序——

　　看著他們，想著千千萬萬和他們一樣的先行者，我們還能無動於衷地安享由於他們的奉獻而得來的一切嗎？還能高高在上地挑剔指責他們的歷史局限性嗎？……不妨試想一下，假如我們也處在他們當時的情況下，我們會比他們做得更好嗎？能比他們做得更好嗎？我們肯像他們一樣，只是為了後來人，而心甘情願地、毫無保留地奉獻自己的一切嗎？[21]

　　這已不僅僅在剝奪對革命者歷史局限性的認識權，而是剝奪了所有後人的評議權。因為革命者崇高的無私奉獻，由於「我們會比他們做得更好嗎」，後人首先從道德上就喪失挑剔資格，而應自動認可革命，繼承遺志，成為「紅色後來人」。但是，革命者因崇高奉獻就不受批評不受翻檢，後人又如何從「歷史局限」汲取經驗教訓？對革命者不能展開剖析批評，已繳納的「革命學費」又如何轉化為歷史理性？對紅色革命只能崇敬、只能「繼承遺志」，又如何撥正赤潮架設的左傾歪理？如何從根子上認識歷史偏誤？更不能接受的是：如果僅僅因為「無私犧牲」就能得到絕對膜拜，那麼「九・一一」恐怖分子的獻身精神一點也不比紅色烈士掉份。恐怖分子看來，他們的犧牲不

---

[21]　曾志：《一個革命的倖存者》，廣東人民出版社1999年版，上冊，頁4。

僅僅宣倡「主義」，也在拯救整個伊斯蘭。

　　小柯阿姨這段十分煽情的文字，包涵了十分典型的左傾偏誤：「階級感情」代替歷史理性，被赤潮領歪道道，中了左傾的套套——以「崇高犧牲」換取對赤色革命的認同，以手段壯烈證明目的崇高。事實證明：方向錯誤的「崇高犧牲」不僅不能無原則膜拜，還應特別警惕——因為它裏帶特殊幻力。

　　很清楚了：犧牲的意義必須繫於目標之正確，崇高犧牲絕不自動證明目的之偉大；手段越激烈越極端，目的大半越偏離理性。以號召澈底奉獻生命的革命，能有多少理性成分？一切都奉獻完了，個人什麼都不得保留不能捍衛，人權、自由、民主還有什麼價值？還需要這些東西麼——既然生命本身都沒多少意義！曾志以自覺交出各項生命權利而自傲，一旦脫黨，失去組織，便感覺生命沒了意義。政治第一，生命第二，曾志不可動搖的價值順序，晚年仍說：「失去了黨的組織關係等於失去了政治生命，沒有了政治生命，人活著還有什麼意義呢？」[22]

　　陶斯亮評母——

　　一生追求崇高卻又甘於平凡……您會為我們買了一元錢的時令菜而大為生氣，卻將自己一生的積蓄捐給了社會。[23]

　　曾志確實做到無私奉獻、絕對忠黨、終生努力，真正的紅色戰士，但她與數代真誠中共黨人一樣，一生悲劇無法挽回。因為，他們的努力乃是南轅北轍，澈底走錯了路。史實證明：她給錯方向的熱情，澆出「毛時代」的惡花惡草；給錯方向的努力，只能走向願望的反面。晚年曾志不願承認這一點，既有情感因素，更多的還是認識能力所囿。

[22] 曾志：《一個革命的倖存者》，廣東人民出版社1999年版，上冊，頁228。

[23] 曾志：《一個革命的倖存者》，廣東人民出版社1999年版，下冊，頁584。

　　筆者接觸的資料中，第一代中共黨人幾無稍有份量的反思者，哪怕一段略有深度的反思文字都沒有。徐向前晚年認為一生獻給偉大的共產主義事業，十分驕傲。只是，紅色革命的意義並不取決革命者的自我判認，必須接受歷史檢驗，需要後人認同。沒有繼承的革命，當然不可能「萬萬歲」。至於共產主義事業是否偉大，是否對人類歷史具有正面作用，有著蘇聯東歐人民的選擇、有著中越蒙柬等國不得不進行的轉型改革，有著朝鮮、古巴因堅持馬列原教旨而仍在持續貧窮，一切還需要辯論嗎？還需要大段論證嗎？

　　1990年代逐漸響起來的「告別革命」，當然是對二十世紀赤色革命的總結性認識；所謂「無產階級革命」不僅沒有走向光輝彼岸，而是完全走向反面──經濟長期貧窮、政治專制暴烈。「無產階級革命」不可能代表無產階級利益，因為所有無產階級都想成為資產階級，而非希望終身保持無產階級「光榮稱號」。赤色革命只是裹著新名詞的又一場叛亂奪權──挑動族群鬥爭、破壞社會穩定。

　　一位女教授讀拙文後，認為對曾志應在「可敬」、「可怕」之後，再加上「可悲」、「可憐」、「可恨」──可悲她一生的遭遇、可憐她的至死不悟、可恨她賣掉自己的孩子。

2007年10月27日於滬‧三湘

原載：《開放》（香港）2008年1月號

「二十八個半」的由來與結局

　　中共黨史上有一赫赫有名的團體——「二十八個半」，當年莫斯科中山大學中國留學生的一個鬆散團體。之所以聲名赫赫，當然是「二十八個半」出了聲名赫赫的人物，對中共黨史留下重大刻痕。那麼，這一團體的由來與結局呢？

莫斯科中大

　　十月革命後，為不讓「帝國主義將新生的蘇維埃扼殺在搖籃裡」，亦為推動「世界革命」，赤俄政府在非常困難的條件下成立東方勞動者共產主義大學（簡稱「東大」），名譽校長史達林，為東方各國培養革命幹部。也有為培養西方國家紅色幹部的學校——斯維得洛夫大學，亦稱西方共產主義勞動大學（1930年前期解散，改為莫斯科外語師範學院）。[1]

　　1921年10月21日，「東大」正式開學，共產國際派代表參加管理，學制初定七個月，後改三年。專業均為政治類：黨的工作和政治教育、工會運動、行政法律、經濟。1925年，「東大」學生近千，涵蓋七十多個民族，除了中國學生，還有蒙古生、土耳其生、朝鮮生……

　　1925年秋，為紀念孫中山，蘇聯再辦莫斯科中山大學，東方大學部分中國師生轉入「中大」，1926年正式成立。建校初衷是為國民黨培養幹部，進入中大的國民黨系學生：蔣經國、鄭介民、戴笠、谷正綱、谷正鼎、屈武、鄧文儀、劉詠堯、張秀蘭、吳家鈺、何重漢、卜

---

[1]　李莎：《我的中國緣分》，李英男、姜濤編譯，外國教學與研究出版社（北京）2009年版，頁57。

濤明、王崇武……是年，赴俄生費用明確由蘇聯政府負擔。[2]據不完全統計，1921～1930年，蘇聯共培養1400餘名中國學生，其中300餘名國民黨員。[3]

「四・一二」國共破裂，國民黨與蘇聯關係隨之斷裂，國民黨駐共產國際代表邵力子離開中大回國，從此中大理事會不再有國民黨成員。[4]直至1932年「一・二八」後，日本豁露全面侵華意圖，蘇聯為了以華制日，再次援助國府，國民黨才與蘇聯恢復邦交。[5]

1928年，「中大」更換校牌：「中國共產主義勞動者大學」，不久改名「蘇兆徵大學」[6]，但師生仍沿用前稱「中山大學」。此後，當然只收中共學生。直至1930年停辦，「中大」共招收四期學生。1925年第一期340名，1926年第二期300餘名，1927年第三期百餘名，1928年第四期百餘名。[7]

1956年中共「八大」，95名中央委員，至少27位留蘇生，主要畢業於莫斯科中山大學。

十天大會

1929年暑假，「勞大」學生赴黑海度假，療養所成了辯論地。爭

[2] 陳碧蘭：《我的回憶》，十月書屋（香港）1994年版，頁127。
《黃平遺稿》，載《黨史研究資料》第四集，四川人民出版社1983年版，頁75。
[3] 裴超：〈「朝聖取經」的首批留蘇中共黨員〉，原載《黨史縱覽》（合肥）2012年第12期。《文摘報》（北京）2012年12月1日摘轉。
[4] 盛岳：《莫斯科中山大學和中國革命》，東方出版社（北京）2004年版，頁48。
[5] 羅章龍：〈第一次國共合作的風雨歷程〉，載《紅色往事》，濟南出版社2012年版，第1冊政治卷（上），頁43～44。
[6] 蘇兆徵（1885～1929），海員工人出身，1925～26年省港罷工領導人，中共第五～六屆政治局常委，1929年2月病逝上海。
[7] 張崇文：〈莫斯科中山大學與「十天大會」〉，載《紅色往事》，濟南出版社2012年版，第1冊政治卷（上），頁8。

論焦點為二：

一、擁護「中大」支部局還是擁護駐共產國際中共代表團？而支持哪一邊，聯繫著大革命失敗的責任與是非、中國革命的理論與策略。

二、學制四年還是一～兩年，要不要按正規程序既學俄文又學理論？

米夫、王明的支部局認為從中國革命長期打算出發，必須培養一批有理論根柢的骨幹，必須進行正規教育──先學俄語再學理論。而中國學生多為大革命後在國內無法立足的幹部，許多還是文化很低的工農幹部，認為學俄文學理論實無必要，國內鬥爭那麼激烈，希望短期培訓後趕快回國，一兩年學制已經很長了。

親歷者劉英（後為張聞天妻，1905～2002）──

像我這樣的人，同中國革命和中國共產黨的感情很深，心中燃燒著復仇的火焰，希望得到學習提高，早日回國投入鬥爭，很自然地並不贊成支部局的教學計畫，對擁護支部局的同志那種反對中共代表團的態度也不滿意。而像我這樣的人，在「勞大」學生中占的比重很大。這樣，在平時，爭論就是不可避免的了。尤其是在壁報委員會裡，後來幾乎天天都要爭執。那時壁報幾乎每天一期，而壁報委員會主席陳昌浩就是堅定地擁護支部局的一個。

9月，黑海度假回來，中大支部舉行全體師生例行總結大會，由俄人支部書記做報告，會議發言主要圍繞以上兩個焦點激烈辯論，最後進行表決，史稱「十天大會」。而「十天大會」之所以出名，關鍵是選舉時出了後來名聲很響的「二十八個半」（反對派起的外號）。

大會一開始，提名主席團七人名單，就起爭論。名單上有余篤三、中共代表團成員張國燾、區委書記芬可夫斯基、共產國際監委主席索里茨。盛岳說王明並未出席「十天大會」，已回國，任上海《紅旗報》通訊員、滬東區委宣傳幹事。

劉英──

　　激烈的爭論在這次會上總爆發了。⋯⋯會場上很混亂，贊同時鼓掌、歡呼，反對時起鬨，因為兩派觀點尖銳對立，所以鼓掌、歡呼的聲浪和噓聲、起鬨聲常常混成一片。激烈的時候甚至揮舞拳頭，相互威脅。爭論的問題主要是教學計畫的問題、大革命失敗的是非問題、中國革命的理論與策略問題。[8]

　　據陳修良等人回憶，「十天大會」為支部局精心佈置，意在整中共代表團與反支部局的同學。此前已有「江浙同鄉會」、「第二條路線」（對中大支部局有意見者）、「反中共代表團」等一系列事件，校內矛盾已相當尖銳。殘酷鬥爭那時就開始了。如王明集團多次拉攏張仲德遭拒絕，便以「江浙同鄉會」罪名逮捕張仲德，未經審訊即由格別烏（蘇聯國家政治保衛總局，即契卡）判五年勞改，釋放後再抓回，最後死在蘇聯。王明曾以共產國際名義找「不同意見者」李一凡談話，用俄語告知共產國際東方部想派他回國接辦中央機關報《布爾什維克》。李一凡回答：「我不會做買賣。」王明很尷尬，滿臉通紅。

　　「十天大會」，各派上台發表意見，互相攻擊，鬧成一片，幾乎動武，主席台無法控制。張國燾講話時，法國來的華工上台想打，被俄國人阻止。最後，爭論焦點匯聚「支部局路線是否正確」？支部局自認為執行了「百分之百的布爾什維克」路線，眾多黨團員則認為支部局執行的是「右傾機會主義」路線，不僅有官僚主義，還有貪汙問題。

　　大會發言者：秦邦憲、吳玉章、王稼祥、董必武、盛岳、余篤三、李劍如、吳福海、張仲德、張崇文、李一凡、溥慶、唐有章、郭妙根、張祖儉。張仲德、李劍如的發言與支持支部局的人針鋒相對。余篤三、李劍如的發言批評了王明宗派小集團。據王觀瀾回憶，董必武立場堅定，反對王明集團操縱支部局搞宗派，批評搞教條與唯成分

8　劉英：《劉英自述》，人民出版社（北京）2005年版，頁34～36。

論，不同意打擊人、整人，把凡是不同意見者都說成反黨分子、托派，帽子滿天飛。

陳修良分析：支部局的人想打倒中共代表團，特別想打倒瞿秋白、鄧中夏，因為不少「勞大」學生經常去代表團處談話。1928～1930年夏，中共駐共產國際代表團成員為瞿秋白、張國燾、鄧中夏、余飛、陸定一。「中大」學生中經常有人散佈流言蜚語攻擊中共代表團。瞿秋白、鄧中夏甚至上了壁報漫畫，進行人身攻擊。[9]

「二十八個半」

意見分歧太大，只好付諸表決。大會最後一天上午，支部局向大會提交〈解散團支部局的決議案〉，許多原來追隨王明集團的人均未舉手，五百多名「中大」學生均投反對票，只有二十八人舉手贊成，而這「二十八個」正好紮堆站在主席台左邊，很容易計數。事後，被稱「二十八個布爾什維克」──嘲笑只有他們才是真正的革命者，以示輕蔑。[10]

表決後，米夫見大勢不妙，下午搬來區委書記芬可夫斯基，用區委的名義命令大會結束。

盛岳開列的「二十八個」名單──

王明、博古、張聞天、王稼祥、陳昌浩、沈澤民、凱豐、楊尚昆、盛岳、夏曦、肖特甫、李竹聲、殷鑒、陳原道、何子述、孟慶樹（王明妻）、張琴秋（沈澤民妻）、杜作祥（陳昌浩妻）、李元傑、王保禮、王盛榮、王雲程、袁家鏞、孫濟民、宋泮民、汪盛荻、朱阿根、朱子純（女）。[11]

9　陳修良：〈莫斯科中山大學裡的鬥爭〉，載《革命回憶錄》增刊（一），人民出版社（北京）1983年版，頁49～67。

10　陳修良：〈莫斯科中山大學裡的鬥爭〉，載《革命回憶錄》增刊（一），人民出版社（北京）1983年版，頁62～63。

11　盛岳：《莫斯科中山大學和中國革命》，東方出版社（北京）2004年

　　未出席「十天大會」的王明之所以位列榜首，乃是這一派公認的頭頭。

　　陳修良對名單提出質疑：孟慶樹、朱子純為團員，不可能有表決權；杜作祥、宋泮民並不活躍，進入名單有點不可靠。

　　至於那個「半」，即徐以新（1911～1994，後任外交部副部長）。一說年紀最小，又是團員；一說徐對支部局的態度前後不太一致，故算「半」個。

深遠影響

　　驚心動魄的「十天大會」結束了，「鬥爭」根子深深埋下。劉英——

　　「十天會議」結束時進行表決，形式上支部局一邊取得了多數，實際上許多人棄權，而棄權的人其實都不是贊成支部局的，只不過有顧慮而沒有明確表態而已。……「十天會議」的混亂局面，使得學校領導以至聯共、共產國際都認為「勞大」學生黨員隊伍嚴重不純，決定進行「清黨」。不久就在聯共監察委員會直接領導下成立了清黨委員會。[12]

　　1929年冬，隨著蘇共清黨，「勞大」也停課搞運動，日日夜夜「戰鬥」在會場。年底，支部局忽然召開全體黨員大會，組織委員王雲程手拿兩頁信紙宣佈：河南人趙言清（俄名馬馬也夫）自殺，留下遺書，揭發校內存在龐大托派祕密組織，操縱廣大黨團員「十天大會」上向支部局進攻、反對黨的領導，提供了一份百十來人的托派名單。此後，校內學生陸續失蹤，說是被送回國、共產國際找去談話，實際上逮捕了，其中有唐有章、李一凡、張仲德等。

　　版，頁222。
[12]　劉英：《劉英自述》，人民出版社（北京）2005年版，頁35～36。

　　幾百名學生遭受冤屈，五六十人被逮捕，李一凡後被流放西伯利亞，遭受迫害二十二年，1958年才回國。被逮捕的學生不少死在蘇聯，如張仲德、李國暄。一部分學生送回國，如「十天大會」主席團成員余篤三（後死於鄂豫皖蘇區肅反）、李劍如。瞿秋白三弟（景白）反對支部局，清黨時被格別烏逮捕，後失蹤。少數人飛黃騰達。李國暄僅因同情俞秀松、周達明、董亦湘，為他們送了毛毯，就被隔離五年，1937年下半年起，再也聽不到他任何消息。《江蘇革命史料》1983年第八期載文，董亦湘被王明誣為托派，1938年被捕，經其俄籍妻子與弟弟董濂臣請國際紅十字會幫助尋找，蘇聯中央軍事檢察院1959年通知：「他沒有罪行，應恢復其名譽。」[13]

　　國內的黨內鬥爭也相當激烈。博古妻阿金，江蘇省委婦委書記，受不了白色恐怖的沉重壓力，精神失常，送蘇聯治療。[14]

「二十八個半」的後來

　　「二十八個半」的人生道路，各各有異，既兩極分化，亦有中間人物。

八名黨內要角：王明、博古、王稼祥、張聞天、沈澤民、凱豐、楊尚昆、陳昌浩（文革自殺）。

四名烈士：陳原道、夏曦、何子述、宋汴民（冤殺於湘鄂西肅反）。

追隨革命：王盛榮（後任湖北冶金廳副廳長，文革入獄）、徐以新、孟慶樹（隨王明赴蘇，1983年病逝於俄）、張琴秋（文革自殺）。

病故：殷鑒（1934年被捕，後因病保釋就醫，不久病故）。

---

[13]　張崇文：〈莫斯科中山大學與「十天大會」〉，載《紅色往事》，濟南出版社2012年版，第1冊政治卷（上），頁7～13。

[14]　張金保：〈六屆四中全會前後〉，載《革命回憶錄》增刊（一），人民出版社（北京）1983年版，頁79。

不詳：肖特甫、朱自舜、杜作祥。

變節者：

李竹聲（政治局委員、上海中央局書記）

盛岳（中委，接李竹聲任上海中央局書記，被李竹聲供出）

孫濟民（團中央組織部長）

袁家鏞（江蘇省委書記，後入「中統」）

朱阿根（江蘇省委組織部長，一說退黨）

王雲程（臨時中央政治局委員，1933年被捕，1934年出獄，回家務農）。[15]

「疑似」叛徒：

王保禮（莫斯科中大副校長，一說叛變，在上海大馬路搜捕留蘇同學）

李元傑（傳說叛變）

汪盛荻（江蘇省委宣傳部長，後退黨，一說叛變。1950年代初期在湖南被處決）

　　1932年5月，中共中央所在地上海，形勢極其嚴峻，團中央局機關先被破壞，團中央書記王雲程、組織部長孫濟民被捕，旋公開叛變，致使羅登賢、廖承志等被捕。1934年6月26日，上海中央局（中共中央進入蘇區後設立）書記李竹聲、秘書長李德昭、江蘇臨委書記趙立人等26人被捕。李竹聲叛變，供出蘇區存在上海的窖藏黃金。在李竹聲勸說下，趙立人亦叛變。李竹聲1973年死於獄中。此後，盛岳代理上海中央局書記，袁家鏞接任江蘇省委書記。1934年10月，盛岳被捕叛變，出賣五名同志。袁家鏞叛變後加入國民黨「中統」。此前，江蘇省委組織部長朱阿根亦被捕叛變，上海中央局婦女部長杜作祥亦被捕。[16]

---

[15]　中組部、中央黨史研究室：《中國共產黨歷屆中央委員會大辭典（1921～2001）》，中共黨史出版社2004年版，頁748。

[16]　唐瑋：〈「二十八個半布爾什維克」的人生結局〉（二），載《黨員幹

據夏衍回憶錄《懶尋舊夢錄》——

（1935年）2月19日的突擊行動不僅逮捕對象和機關都相當準確，而且使中央局機關、組織部、宣傳部、文委、左聯、社聯、印刷廠……等，同時受到了打擊。事實很清楚，沒有李竹聲、盛忠亮這兩個王明死黨的告密，2月19日的大破壞是不會那樣嚴重的。[17]

從此，上海黨組織與中共中央失去聯繫，直至1936年4月下旬馮雪峰從陝北來滬。

2014年2月28日～3月2日於滬‧三湘
原載：《南方都市報》（廣州）2014年3月6日

部之友》（濟南）2001年第11期，頁57。

[17] 夏衍：《懶尋舊夢錄》（增補本），三聯書店（北京）2000年版，頁185。

紅軍代總參謀長之叛

　　整整一週，懷著非常複雜的心情細閱「紅軍第一叛將」《龔楚將軍回憶錄》，內中記述的早期紅事令我心瀾陣陣——「啊！啊！原來如此！原來如此！」沒想到高潮臨結束最後幾頁，精華之精濃縮於尾，真正一齣「伏高潮於結束」的悲劇。合卷閉燈，心驚肉跳，一夜難眠——聳然恐怖、慨然唏噓、邈然深思、怒然氣急……

紅軍代總參謀長

　　龔楚（1901～1995），粵北樂昌長埫村人，15歲入廣州市立一中，16歲參加粵軍，入滇軍講武堂韶關分校，20歲任粵軍連長；1924年入「中國社會主義青年團」，1925年6月轉共產黨，回鄉從事農運。「四‧一二」後，1927年5月初在韶關任「北江工農討逆軍」總指揮，率部參加南昌暴動。1928年1月，與朱德、陳毅、王爾琢等發起湘南暴動。1928年5月，與朱毛組成井岡山紅軍前敵委員會，頭顱也與朱毛同一價位——活捉大洋兩萬、擊斃一萬、報信五千。[1]

　　1929年12月，龔楚參與百色暴動，紅七軍參謀長。此後，歷任紅七軍長、中央模範團長、粵贛軍區司令、紅軍代總參謀長。1934年10月中旬，紅軍主力西撤「長征」，龔楚留守江西蘇區，中央軍區參謀長。其最後一項紅職為方面大員：湘粵桂邊區中央分局書記兼該區紅軍總指揮。1935年5月2日，隻身離隊，留下一份「脫離聲明」，成為中共紅軍時期級別最高的叛將。

---

[1]　龔楚：《龔楚將軍回憶錄》，明報出版社（香港）1978年版，上卷，頁191。

紅軍創建者之一的龔楚，為中共事業歷盡艱辛，幾入死境，左腿致殘，加之身居高位，通緝匪首，按說只能死心塌地跟著走了，怎麼會離開紅色隊伍呢？挺熬十一年了，怎麼還會自我否定？龔楚之叛說來話長，主客觀原因複雜，須稍展述。

林野夫婦之死

林野（1902～1934），福建龍岩城關人，1924年中學畢業入黃埔軍校，在校期間加入中共，1926年參加北伐。甯漢合流，脫離汪部憤回閩西。1928年初，參加湘南暴動，紅四軍軍部少校參謀。其家成分地主，1929年朱德率部攻佔龍岩，林野父母被當地農會殺死，擔心林野報復，家鄉赤幹要求朱德將林野交送地方處置，朱德不允，痛斥來要人的農會赤幹。紅十二軍在福建成立，林野出任軍參謀長，工作中得罪軍政委譚震林，調任紅軍軍政學校訓練部長、公略步校教育長、紅軍第二步校校長。1934年秋，「中央紅軍」主力突圍西去，林野任野戰軍（突圍部隊）總司令部參謀，隨軍行動，走了兩天，因腳受過重傷，行走不便，朱德調他回中央軍區（留守部隊）。林野回到瑞金，其妻魏月初（上海大夏大學畢業生）從福建跑來看他，最高浪漫的「革命＋戀愛」，說不出的喜悅。

林野向西江（會昌縣屬）中央軍區司令部報到次日，中央軍區「國家政治保衛分局長」譚震林到龔楚辦公室，細聲對龔說：

報告參謀長！我們準備請林野回家去！

龔楚以為要林野回龍岩老家工作：

司令部正需要林野這種參謀人才，我看還是另外調人到龍岩去吧。

譚震林獰笑一聲：

不是要他到龍岩去，是要他回老家！

龔楚一個寒噤，忙問：

林野同志是老黨員，他並沒有錯誤啊！

譚震林嚴厲而堅定地：

我應該報告你的是，林野的思想向來不正確，立場也不堅定，而且又是一個反革命的地主階級（指其家庭出身），中央早已對他懷疑。現在他回來了，在此艱苦鬥爭中，我們再也不能讓他混在革命隊伍中。我已報告了項英同志，並已得到他的同意。

龔楚認為林野這樣年輕有為的同志，並無明顯錯誤，僅僅懷疑就要殺掉，實在難以接受。譚震林雖然地位比龔低，卻是「國家政治保衛分局」局長，直屬中央領導，操握留守紅軍全體人員生殺大權。除了對高幹動手須報告政治局，處決中下級幹部與士兵平民，毋須任何機關核准，只要自己批准自己就行。龔楚深知譚震林為人刻薄冷酷無情，無法阻止，只能寄望說服項英。

龔找到項英：林野究竟怎樣處置？你有考慮嗎？

項英莊重回答：譚震林的意見很對，在這嚴重鬥爭的環境，為了革命的利益，我們顧不到私人的感情了！

龔見項處無望，去找住在附近的瞿秋白、阮嘯仙。兩人雖已失勢，卻是黨內著名高幹，且與龔私交頗深。阮嘯仙還是廣東農會時期老同志（後任贛南軍區政委），也許能救下林野。

兩人聽後，互望一眼。瞿秋白：這件事，我同意龔同志的說法，不過我們現在不便說話了！

阮嘯仙：龔同志，我看這件事你也不要管了！我和瞿同志就快離開這裡，你和譚同志共同工作的時間長著呢，何必因此而引起以後的不愉快？

當天下午三點，項英通知林野，說是派他重赴紅軍學校任職並請他們夫婦吃飯。林野夫婦興沖沖赴約。四點開飯，特為林野夫婦加了一碟炒蛋。陪餐的龔楚知道這是「最後的晚餐」，眼看這對恩愛夫妻笑意寫在臉上，渾然不知「即將來臨的結局」，自己既無法援救更不能洩露天機，心如刀絞。他忽然想到至少應該救下無辜林妻，便說：「林野同志，今晚去紅軍學校有15里路，天快黑了，此間有空

房，讓你太太暫住一晚，明天再派人送她去，好嗎？」一旁項英、陳毅頓時領悟，附和道：「龔同志的意見很好，林嫂子明天去好！」可這對恩愛夫婦婉謝好意。「他倆哪裡會知道我的真正用意呢？」這對好不容易會面的青年夫婦，當然希望能有更多時間在一起。

事後，那兩個途中奉命「執行」的特務員，向龔楚報告：走了十里路，入夜了，林野先行在前，林妻在後，黃同志拔出大刀去殺林，其妻大叫，雙手拖住黃不放，林野發足狂奔，另一特務員趕上，舉刀便砍，林一閃避，已中左肩。林野回身拼命，因左肩負傷，又被劈中右肩，再想逃，被追上照頭一刀，腦破兩半。林妻也被黃同志「結果」。那位特務員說完嘿嘿一笑：「這次若不是我們兩人，恐怕給他跑掉了呢。」

龔楚後對譚震林說：以後遇到這樣的事，最好是痛痛快快的幹掉，不必要再演這樣的活劇了。

譚諷笑道：參謀長還有一點溫情主義的意識呢！哈哈！

1945年中共「七大」，林野平反，追認烈士。[2]

政治保衛局

1934年6月中旬，第五次「反圍剿」無法打破，國軍包圍圈日益縮小，紅軍最高領導層決定突圍。為保證突圍不發生逃跑及投降，政治保衛局進行嚴密整肅。政治保衛局權力無邊，常常一句「保衛局請你去問話」，就將人帶走。被傳去者，多數就此「失蹤」，毋須宣佈任何理由與後續消息。這一時期，被審查的幹部士兵達數千，不得不在瑞金附近設立十多個收容所。為處置這一大批「動搖幹部」、「反對階級」，瑞金北面與雲都交界的大山深處，設立特別軍事法庭，離開法庭150碼，一條二丈多寬的山澗，澗上一小木橋，橋下便是「萬

---

[2]　余伯流、凌步機：《中央蘇區史》，江西人民出版社2001年版，頁1011。

人坑」。所謂審訊只是一句話：「你犯了嚴重的反革命錯誤，革命隊伍裡不能容許你，現在送你回去。」然後押犯人到坑邊，一刀一腳，完工齊活。「藝術性」一點，犯人自挖墓坑，然後再動刀踢入或乾脆活埋，省下挖坑的力氣。

這種殘酷的歷史性大屠殺，直到紅軍主力突圍西竄一個月後，才告結束。

據《龔楚回憶錄》，紅軍撤退或在白區長途行軍，必須派出政治保衛局人員組成的收容隊與後衛部隊同行，落伍官兵如無法抬運，「便毫不留情地擊斃」，以免被俘洩密。紅軍中除了政委與政治部主任，各級長官不僅不知道政治保衛局在部隊中的臥底，而且不知道身邊警衛多數都是經過「政治保衛局」培訓的特務，時刻監視，隨時可對自己「動手」。百色暴動主要領導人、紅七軍長李明瑞（北伐虎將、廣西國軍最高長官），就是被跟隨多年的心腹衛士林某擊斃，林某即奉命監視李明瑞的特務。

政治保衛局內部也互監互督，沒有任何人受到絕對信任。龔楚——

不但中下級幹部終日憂懼，不知死所，高級幹部也人人自危。在這種恐怖的氣氛籠罩下，怎能叫人生活下去呢？這時，我便暗萌去志。

龔楚因與周恩來在工作中發生意見分歧，不僅高層檢討，還被大會批鬥，提前經歷「文革」。1933年5月下旬，周恩來主持高幹會議宣佈——

對龔楚在工作中所犯對革命前途灰心喪氣，甚至發生動搖的右傾機會主義錯誤進行了嚴肅認真的批評教育，並給予開除黨籍一年的處分，調紅軍大學上級訓練隊高級研究班受訓。

隨即，紅軍總部召開思想鬥爭大會，對龔楚圍攻批判。三十四師政委（龔曾任師長）黃甦揭發龔生活腐化，在廣西紅七軍時期花千元娶妻。散會後龔楚質之，黃答曰——

這個消息我也是聽人家說的，人人都知道我和你是老同志，在

這次鬥爭會上我若不批評你，便是我缺乏無產階級的意識。所以我不得不將這件事說出來，反正事情已經過去了，我們老同志還是老同志，何必介意？哈哈……

挨了批，龔楚已有「歷史汙點」，政治保衛局要收拾他，也不是沒有「歷史依據」。

這一時期被「肅」的紅軍高幹還有紅五軍團總指揮季振同。季乃國軍旅長，1932年12月14日寧都暴動主要領導人，帶著第二十六路軍1.7萬餘人及眾多彈械投紅，出任由二十六路軍組成的紅五軍團總指揮。僅僅因為與參謀長趙博生在人事安排上有齟齬，1934年6月以「讀書」為名軟禁，10月與另一反水將領黃宗岳同時被殺。1927～1934年間，毛澤東也被清算過「富農路線」，三次開除中委、八次嚴重警告與留黨察看。1932年初，蕭勁光因「小資產階級意識」差點不得出任五軍團政委，5月撤職、開除黨籍。[3]

革命遠未成功，革命者已在支付「必要的冤枉」（「整風」流行語），交出去的是血淋淋的肉體與生命，得到的則是乾巴巴的概念與教條。中共黨史赫赫有名的「紅隊」，即刺殺顧順章、白鑫等叛徒的中央特科紅隊，不知情者還以為以顏色為隊名，全稱實為「紅色恐怖隊」。[4]

早年靜思

1928年10月，龔楚赴長沙就任中共湖南省委領導，在汝城遭攔截，國軍焚山搜索，差點燒死。他潛回樂昌老家，靜養21天，病榻上有一段靜思──

3　龔楚：《龔楚將軍回憶錄》，明報出版社（香港）1978年版，下卷，頁572、406、351、504、500、504、574、494、549、415、507。
4　濮清泉：〈我所知道的陳獨秀〉，載《文史資料選輯》第71輯，全國政協文史資料研究委員會編，中華書局（北京）1980年版，頁45。

我參加革命的志願是希望能創造一個幸福美好的社會，在當時社會存在的各種不合理的現象，更支持了我的思想繼續發展。可是，在這幾年的鬥爭過程中，使我印象最深的是：土地革命時期，農民向地主豪紳的激烈清算和地主豪紳伺機向農民的慘酷報復，在循環不已的鬥爭中，既違背了人道主義的精神，也沒有增進社會人類的幸福，反而使生產萎縮，農村經濟破產，人民固有的生活方式破壞了，新的生活根本沒有建立起來，人與人之間彼此猜疑，彼此防範，除了聽從中共的命令之外，簡直變成了一個奴隸社會。人性毀滅了，人道毀滅了，人格也毀滅了，自由平等，更談不到，這樣的革命手段，難道是我所應追求的理想嗎？

同時，我更想到我們的紅軍是共產革命的武裝，它的任務是要以戰爭來消滅敵人的軍事力量，以推翻舊的統治，建立蘇維埃政權，但是在不斷的戰爭中，戰死沙場的並不是高級統治者的本身，而是破了產的工農貧苦大眾的士兵和中下級的軍官。戰爭的結果，還不是貧苦工農的自相殘殺嗎？誰無父母，誰無兄弟，螻蟻尚且貪生，何況人類？我睡在床上，反復地想著，越想越想不通，使我對中國共產黨的革命，開始發生了懷疑。不過，這時候國民黨方面已出了二萬元賞金通緝我，勢成騎虎，不得不繼續跟著共產黨走。

產生這樣的思想，龔楚在紅軍中自然感覺格格難入，漸生異志，認為彭德懷的平江暴動——

平江工農群眾亦起來組織蘇維埃，展開革命鬥爭，殺人放火，擄人勒贖，鬧得滿城風雨。[5]

朱毛紅軍於十月四日（1930年）攻陷吉安，大肆屠殺。

1931年9月下旬，龔楚腿傷痊癒轉道香港進入閩贛中央蘇區。路過長汀，福建省委書記盧永茨也是廣東人，叮囑龔楚——

---

[5] 龔楚：《龔楚將軍回憶錄》，明報出版社（香港）1978年版，上卷，頁215～216、221。

我們份屬老同志，我得告訴你，在蘇區切勿多言，將來你自會明白的。[6]

留書脫逃

1935年1月初，留守江西蘇區的「中央軍區」雖還有近3.7萬人馬，但已無可動員人力，存糧僅夠維持兩月，存款亦僅十萬，四周國軍合圍日緊。項英、龔楚、陳毅商量後，電請遠在貴州大山中奔竄的「中共中央」，要求批准突圍，追隨「野戰軍」西進，爭取會合。「中共中央」答覆：根據突圍西進經驗，「中央軍區」應放棄突圍，就地分散打游擊；命龔楚率一團轉進湘粵桂邊區，收容西進「野戰軍」散落人員，建立新根據地並成立中央分局，該區黨政軍均由龔楚負責。

龔楚即率1200人進至湖南郴縣黃茅，迅速打開局面，發展湘粵桂邊區赤色武裝，國軍一時無力進剿。

我雖然過著流動性的游擊生活，但環境安定，工作清閒，荒嶺的夜月，山野的清晨，頗使我得到最好的思辨時間和空間。

紅軍中的指戰員們，誰不知道中央蘇區撤退以前的大屠殺？那種殘民以逞的暴虐行為，那種滅絕人性的對付同志的手段，豈是有良心的人所能忍受？在政治保衛局嚴密的控制下，人民的行動和言論早已喪失了自由，參加革命鬥爭的人，連自己的生命也掌握在別人的手裡，這樣的革命，不是自欺欺人嗎？……饒了我吧！中國再也不需要流血的革命呀！

1935年5月2日，這個承擔中共湘粵桂三省軍政重任的「最高長官」，出於對黨內殘酷鬥爭的恐懼與不滿，竟撂了挑子，當了「逃兵」。龔楚不願為並不認同的「事業」吃苦擔驚，生活於荒山野嶺，

---

6   龔楚：《龔楚將軍回憶錄》，明報出版社（香港）1978年版，下卷，頁
     361、348。

隨時還有生命危險。龔楚避開身邊特務員，隻身巧妙逃脫，留下一份聲明給政治部何主任，大意如下——

　　何同志！你回來的時候，我已到廣東去了，以我一個負了方面重任的同志，脫離你們而逃，你們該會覺得驚奇？更將會責罵我由動搖而走向不革命、反革命的道路的。誠然，站在中國共產黨的立場來責罵我，這是我錯的。但我要告訴你們，中國共產黨已不是一個為廣大人民謀福利的真正革命黨了，它已經變成了一個在蘇俄役使下的賣國黨。它走向毀滅國家、毀滅人民以及毀滅世界人類文化的道路。近三年來，中央蘇區的措施，你們是知道的；人民得到了革命的利益嗎？紅軍主力西竄時對黨內幹部的大屠殺，你們難道不寒心嗎？這些事一向是我所堅決反對的；往年對黨的政策曾經勇敢地提出建議與糾正，希望中國共產黨的革命能夠走上正確的道路，可是所得的結果是個人被處分，而黨的政策依然沒有轉變過來。今後呢，我還能盲從他們去幹殺人放火的勾當嗎？我如何對得起國家和人民？更如何對得起自己的良心呢？我的出走就是這麼簡單的理由。此後，請你領導這一支同過患難的隊伍，並希望你將我這封信召集全體黨員大會來檢討一下，倘若是你們對我的出走還表示同情的話，你們可派人到樂昌長埦村我的家裡來找我，我當盡我的力量來幫助全體同志走出這個罪惡的深淵。倘若你們認為我的出走是錯誤的話，那麼，人各有志，請從此一別。[7]

　　1971年初，龔楚在回憶錄〈自序〉中再述何以脫紅——

　　我在這一革命鬥爭期間，逐漸體驗到中共的革命政策與我的革命理想背道而馳。我並預感到：如果中共統治了中國，將未必是中國人民的幸福。[8]

---

[7]　龔楚：《龔楚將軍回憶錄》，明報出版社（香港）1978年版，下卷，頁586～589。

[8]　龔楚：《龔楚將軍回憶錄》，明報出版社（香港）1978年版，上卷，頁3。

曲折尾聲

　　回鄉不久，龔楚先後出任余漢謀粵軍第一軍剿共游擊司令、粵湘邊區剿匪指揮官、粵北五縣聯防主任。1935年10月13日，龔楚誘伏中共北山游擊隊，除幾人逃脫，三十多名隊員全被打死，此為「北山事件」。後來，龔楚與另一中共叛徒何長林誘捕項英、陳毅，被帶路的游擊隊偵察員識破，鳴槍報警。項英、陳毅、楊尚奎、陳丕顯等人得以逃走。抗戰爆發後，龔楚先後任國軍上校參謀處長、少將參謀。抗戰勝利後，龔楚出任徐州市長，口碑不錯，不久去職返粵。1946年任廣東省參議會議員，1947年任廣州行轅少將高參，1949年3月仁化縣長，5月廣東第四區（北江地區）行政督察專員兼保安司令。中共謂之：「助紂為虐」、「雙手沾滿人民鮮血」。

　　1949年10月，共軍打到北江，龔楚率保安團逃到樂昌瑤山。中共北江行署主任寫信勸降，11月上旬龔楚率部下山投誠。12月，共軍準備進攻海南島，海南守將為龔楚樂昌同鄉薛岳。廣東省長葉劍英請示中央軍委後，派龔楚經香港前往海南策反薛岳，龔滿口答應。到了香港，龔楚知道勸降薛岳不僅沒有成算，且有「通匪」殺身之險，但無功而返，又深知中共政策，決定滯港不歸。此後，龔楚應邀赴台謁蔣，蔣要他在港祕密收編殘部組織「反共救國軍」，伺機配合反攻大陸。但他明白國民黨大勢已去，婉拒委派，從此脫離政治旋渦，改名龔松庵，返港辦實業。龔在香港四十年，拿到美國「綠卡」，最終歸返香港，以寫作書畫自娛，一張墨蹟賣至三五千。1960年代後期撰寫回憶錄。

　　1980年代後期，中共公告：「不再追訴原國民黨軍政人員建國前罪行」。年近九旬的龔楚萌發回鄉之念。樂昌當地政府為討好龔楚，撥款七萬原式原樣重建龔家老屋，占地面積320多平米，建築面積170多平米，六房兩廳一廚兩衛，琉璃瓦頂，超過當年土豪宅第。宅內配置全新家具，包括電視機、電話、冰箱、席夢思床、大浴缸等一應俱全，盡顯現代氣派。於是，龔楚回鄉。

　　不過，樂昌縣統戰部還有難題：何種規格接待這位紅軍叛將？請示上峰，省委統戰部批復：龔楚回鄉定居作人民內部問題處理，按原國民黨中級軍政人員接待。1990年9月13日，龔楚攜夫人王蘭芬抵韶關，樂昌縣委統戰部、僑務辦擺酒接風，龔楚遞上三封信──分別致「老同事」鄧小平、楊尚昆、王震。

　　1995年7月24日，龔楚在樂昌老家辭世，享年九十四歲。當地政府也得回報：龔楚侄孫龔慶韶回鄉投資，還牽線引資，僅1990年代就為樂昌引資四億餘，也算龔楚最後澤被鄉梓。

　　如今，大革命一代走完人生全程，演出結束，歷史大幕合上。然蓋棺之日，卻非論定之時。如何評說這場要死要活的革命？如何稱量「階級鬥爭」在華演出效果？如何解讀中共從「革命」退至「改革」，如何判認從「階級鬥爭」折返「穩定和諧」？大革命一代留下龐大「社會存在」與「社會意識」，一切並沒有結束。中共政權仍在，一黨專政繼續，逝去的歲月仍在「規定」後人。雖然後人無法改變歷史，也不能假設歷史，但總還有分析研究歷史的權利吧？後人當然不能僅僅只有接受歷史的義務，沒有「異讀」的權利。封住對歷史的總結、不許提出異見，其實就是封殺社會前進。中共不讓還原歷史，底牌自然在於眾所周知的「歷史顧慮」。不過，這一次，寰內士林當然明白：對紅色革命的評析，可是一筆必須澈底清算的大帳目。

多餘的話

　　中共史家、紅色人士或會詰問：「《龔楚回憶錄》，叛徒文章，一派胡言！豈可信乎？」不幸，儘管筆者抱疑讀之，然佐之各種史料（如《伍修權回憶錄》[9]、陳丕顯《贛南三年游擊戰爭》[10]），

---

[9]　伍修權：〈伍修權同志回憶錄〉（之一），載《中共黨史資料》第1輯，中央黨校出版社（北京）1982年版，頁152。

[10]　陳丕顯：〈贛南三年游擊戰爭〉，載《中共黨史資料》第2輯，中央黨校

《龔楚將軍回憶錄》的真實性至少95%以上。龔楚1960年代後期撰寫此傳，一介平頭港民，無有多少需要捍衛的政治利益，純屬身世回顧，需要顧忌之處遠遠低於中共。反過來，中共史書才無論如何不可信，因為必然攜帶明顯政治利益，不可能公正公平。

《龔楚將軍回憶錄》細節清晰，邏輯完整。以筆者閱讀千部（篇）傳記經驗，未發現明顯破綻，一份不可多得的「珍稀史料」。尤其對大陸讀者來說，看多了盡是教條口號的原則性回憶，來自「叛徒」的聲音，而且是帶著細節汁液的敘述，實在值得細細蹲察。如聽聽龔楚對蘇維埃運動的最後陳述──

我曾經組織並策動過蘇維埃運動，我深深地體驗到，中共在蘇維埃運動時的革命並不是真正的無產階級革命；中國的無產階級只是被愚弄被欺騙的對象……（工農）對於中共的激烈鬥爭政策並不感到興趣。因此大多數的人們都採取躲避觀望的態度，只有地方上一般遊手好閒的流氓地痞，卻喜歡中共「打土豪、分田地」的政策；中共也看中了他們……他們已變了新興的統治階級，成為蘇維埃的骨幹。如果沒有他們，蘇維埃便一無所有了。[11]

再根據赤色革命的結果，根據「革命成功」後的社會實踐，根據「改革開放」後放棄共產政策，「打土豪、分田地」的蘇維埃運動，除了說明中共動員底層農民推翻國府、成功奪權，還能有什麼值得肯定的歷史內核？

2008年2月24日於滬・三湘
原載：《黃花崗》（美國）2010年第2期
轉載：共識網（北京）2013年10月24日

出版社（北京）1982年版，頁41。
11　龔楚：《龔楚將軍回憶錄》，明報出版社（香港）1978年版，下卷，頁566～567。

朱德鮮為人知的故事

紅色大陸小學二年級語文教材〈朱德的扁擔〉，幾代大陸人無一不知，似乎嘴唇厚厚的朱老總就像那根扁擔一樣默默負重。後讀《龔楚將軍回憶錄》（明報出版社1978年），這位與朱德一同最早湘南舉事的「老井岡」（頭顱賞金與朱毛同價——兩萬大洋），抖出不少朱德早年故事，至今對大陸讀者仍有震驚度。

四位姨太

1922年，曾任滇軍旅長的三十六歲朱德（1886～1976）倦勤離職，帶著六萬大洋與四位姨太太由川至滬，想過一段快活賽神仙的悠閒日子。不巧，朱德接觸中共人士，迷戀上馬列紅說，認為找到救國真理，決心脫胎換骨參加革命。那會兒時髦留洋，朱德決定留德，看看人家到底先進在哪裡。不過，革命與赴德，可是180度轉身的大彎子，總不能帶著四個老婆一齊去吧？為了處置四位姨太太，朱德召開家庭圓桌會議。朱德對四位姨太太說：現在我不想作軍閥了，要做一個革命者，凡是革命者，只許一個太太；我尚有存款五萬多元，留下兩萬作出國留學之用，還有三萬多元，分作四份，每份八千元，你們每人一份；但我只能留一個太太，誰願意跟我？請你們自己決定。

四位太太自然都搶著要「跟」，爭鬧起來，無法解決，只得採取最公平的抽籤，結果最美麗的何太太抽中，其餘三位各發八千大洋，予以「遣散」。

八千大洋可是一注大進賬，至少相當今天80萬，省儉一點，一輩子衣食無虞。三位太太跟了朱德這些年，也算回報頗豐，領回一筆不菲的「青春損失費」。後來，朱德在延安對范長江說自己「半生軍閥

半生紅軍」[1]，這半生軍閥可不是虛的，而是有四位姨太太及六萬大洋作注腳的「實質內容」。

井岡山上，朱德曾對湖南省委代表杜修經詳細介紹身世，也說到留學的「兩萬銀圓」，佐證龔楚並非栽誣——

> 他非常健談，向我滔滔不絕地談起他是如何參加護法軍打袁世凱，如何防守金沙江和入川後積蓄錢吃鴉片煙、蓋公館，又是如何為了中華民族的興旺拋棄這些陳腐的生活往返於上海——北京——上海去找黨。後將兩萬銀圓換成外匯，留學德國。[2]

那位跟著朱德赴德的何芝華（賀治華），年輕貌美又喜歡交際，加之「革命了」，接受西方現代婚戀觀念，經常「自由」地與中國留德生交往起來，不久便引來眾多追慕者。何芝華倒也不避不遮，毫不隱瞞地將一切告知朱德，甚至將一大包情書交給朱德：「你幫我看看，判斷一下哪位男朋友是真心，最可靠。」

「革命後」的朱德，看完情書，很誠懇地對何說——

> 你喜歡哪一個都可以，我絕不反對，你自己的錢和衣物全部都可以帶去。不過，你要小心。若到了你沒有辦法時，可再來找我。

於是，何芝華跟一位留學生走了。不到半年，何氏花完錢，那留學生又無法維持她的生活，她還真回頭來找前夫，要求重拾舊歡。朱德同意她回來，1925年帶她赴俄，生下朱敏。1926年5月，朱德奉命先行回國，何芝華隨即愛上從法國入學莫斯科東大的霍家新，與之結婚。張國燾妻楊子烈《往事如煙》描繪：何芝華柳眉杏眼，妖嬈有致，怒中帶笑，愁中見喜，見了高幹熱得像團火。

1927年夏，霍何夫婦回國，經北平到武漢。南昌暴動時，何芝華赴滬做了中共中央「交通」。

1928年初，組織上安排霍何夫婦同在上海新聞路機關工作，一

---

[1]　范長江：《塞上行》（1937），新華出版社（北京）1980年版，頁197。

[2]　杜修經：〈四上井岡山和湘南特委〉，載《革命回憶錄》第3輯，人民出版社（北京）1981年版，頁33。

間大洋房，中央政治局常委、組織局主任羅亦農與鄧小平等人接頭地點。其時，羅亦農賞格三千美金。霍何夫婦每人每月生活費僅二十五元，根本不夠用，又因出入酒店舞廳不遵守祕密工作紀律，深夜不歸，多次受羅亦農批評，植恨在心。1928年4月15日，他們告密出賣羅亦農，以期領賞。只差一分鐘，鄧小平也將被捕。

十天後的清晨，一支迎親隊伍來到霍何宅前，鞭炮聲中，中共特科紅隊（紅色恐怖隊）衝入房中，迫其交出黨員名單，王若飛打死霍家新，打瞎何芝賀華一眼。紅隊本擬再到醫院殺何，因國府派員看守嚴密，沒機會下手，加上奪回名單，未再追殺。何後回四川。[3]

朱德遺妾及何氏這段「革命+戀愛+叛變」，當時中共人盡皆知，但出於眾所周知的「神化」，1940年代以後便是不可觸碰的「紅色忌諱」，久久湮沒，厚厚塵封，筆者首次與聞很是驚訝一番。

筆者多事，替朱德扳扳手指，如加上老家原配與後來井岡山的伍若蘭、康克清，朱老總一生至少「七美緣」，超過風流詩人汪靜之《六美緣》。

朱毛不和

1928年5月，朱德率湘南暴動六千餘眾與毛澤東會師井岡山。其時，毛部僅七百餘人。朱德一來，實力大增，合稱「朱毛紅軍」，朱在前毛在後，並不是隨便排列。後人以為既然合兵，又是草創時期，朱毛一定精誠合作，親密無間。其實，根據「紅軍第一叛將」龔楚回憶錄，與人們的想像大相徑庭，朱毛只是合兵，遠未合心。

1928年7月下旬，朱德率部攻郴州，「雖然是湖南省委的主張，其實是朱德有意藉此而離開井岡山，準備在湘南自行發展，擺脫毛

---

[3] 龔楚：《龔楚將軍回憶錄》，明報出版社（香港）1978年版，上卷，頁208～209。

澤東的控制；當時毛曾力加阻止，但朱德不理，仍執行攻郴州的計畫。」失敗後，朱德仍不願回井岡山，留在桂東休整，毛澤東因此罵朱德是單純軍事冒險主義。延至九月下旬，朱德回山，毛澤東指責朱德不顧根據地，有流寇思想。[4]

毛澤東借清黨肅反之手，殺了朱德湘南暴動老部下陳東日、胡世健。紅四軍內部曾幾次鬧過「擁朱反毛」、「擁毛反朱」。1931年秋，中共中央從滬遷贛，朱德對老助手龔楚說：「現在好了，中央遷到蘇區來了，一切由黨來解決，不能由一個人來決定。」[5]

龔楚認為「毛澤東是個權力欲極強而又獨裁的人物，凡事都自行決定且非常固執，處處都想控制朱德為他守井岡山，使朱德不滿。」龔楚還認為以毛澤東皆睚必報的胸懷，朱毛齟齬乃是必然。

他們兩人之合作能夠維持到中國大陸變色之後，此不過是互相利用而已。[6]

以仇報恩

南昌暴動部隊南下潮汕，朱德所轄第九軍（實僅一個團）留駐韓江西岸豐順縣，負責對梅縣方向警戒。暴動主力湯坑失敗，朱德部在三河壩也與國軍苦戰四日，因傷亡過重，被迫渡韓江退入福建九蓮山區，僅剩千餘人。後二十五師師長周士第不願打游擊，率三百餘人離去，朱德只得率殘部退至鵝形、上堡湘贛邊區活動。但地瘠民貧，解決不了給養，官兵又冷又餓，徬徨無計，都快撐不下去了。

---

[4]　龔楚：《龔楚將軍回憶錄》，明報出版社1978年版，上卷，頁205～206。
　　楊國選：〈周恩來為何下令處決朱德前妻〉，原載《週末》2013年7月25日，《文摘報》2013年8月3日摘轉。參見趙士傑：〈越過急流和險灘——記羅西北〉，賈芝主編《延河兒女——延安青年的成才之路》，人民出版社（北京）1999年版，頁335。
[5]　龔楚：《龔楚將軍回憶錄》，明報出版社1978年版，下卷，頁388～389。
[6]　龔楚：《龔楚將軍回憶錄》，明報出版社1978年版，上卷，頁206、210。

　　1927年12月初，萬分困難之時，雲南講武堂同學兼結拜兄弟、駐紮韶關滇軍第十六軍長范石生派人送信給朱，表示願意收編朱德部。接到這一「天外佳音」，困境中的朱德、陳毅、王爾琢等大喜過望，但「約法三章」：一、本部編為一個團，不得分散，軍司令部不得干涉人事權；二、本部政治工作保持獨立，軍政治部不得干涉；三、本團械彈被服從速補給，並須先發一月經費以便開拔韶關。范石生完全接受，先撥五千銀洋給朱。

　　這一期間，中共廣東省委派人找到朱德，命他率部參加廣州暴動。朱德等人便決定藉投靠范石生為名開赴韶關，相機奔穗。但等朱德部12月19日抵達韶關以北三十里的犁市，廣州暴動已於十三日失敗，朱德遂正式接受范石生收編，改編為國民革命軍第十六軍一〇四團。朱德化名王楷任團長（朱別字玉楷），王爾琢參謀長，陳毅政治指導員，林彪第一營三連長。全團1200餘人，裝備俄式重機槍兩挺，手提機槍四挺，駁殼手槍120餘枝，步槍500餘枝，補充步槍子彈六萬發，軍容甚整。

　　此後，范石生還救了朱德一命。1928年1月3日，范石生由廣州給朱德一封緊急密函：「請朱德迅速離開犁市，自謀出路。」原來廣州政局已變，反共的李濟琛再度回粵主政，得悉范石生收編朱德部，嚴令范繳械朱部。范石生顧念與朱德的結拜之誼，暗通消息，放他一條生路。朱德遂與王爾琢、龔楚商議，決定拉部隊轉入湘南山區搞暴動，湘南暴動由是而起。

　　對這樣一位大恩人，是年7月24日，朱德率部進攻郴州、耒陽、宜章一線的范石生部。攻佔郴州後，朱德與前敵委員會常委龔楚巡視城內范的軍部，范的副官長陳屍門外血泊。龔楚認為朱范結義情深且有活朱之恩，朱德襲擊范部，「可謂以怨報德。我想至此，頓感慘然。」龔楚問朱德：「范軍今次被我們打得大敗，你還記得在曲江犁市時的事嗎？」朱堅定回答：「革命沒有恩怨和私情可言，階級立場不同，就是生身父母，也要革命，何況是結義兄弟？」龔楚聞言，猶

冷水盆淋，一陣寒噤，「使我想起『捉放曹』一劇中曹操說的：『寧使我負天下人，不使天下人負我。』」[7]

「階級鬥爭」就這樣輕易摧毀了中國傳統的「義」，朱德以怨報德，心安理得，無有猶豫，不起波瀾。後人讀之，再聯想到「鬥完別人鬥自己」的革命鐵律，不免驚恐陣陣，嘖嘖起聲：「哦，革命?!革命?!」

初稿：2008年2月中旬；修改：2014年7月16日於滬・三湘

原載：《開放》（香港）2014年8月號

---

[7] 龔楚：《龔楚將軍回憶錄》，明報出版社（香港）1978年版，上卷，頁192〜193。

「左聯」作家經濟狀況一瞥

報刊界——左士聚集地

報刊界向為左士聚集地，「辛亥革命時期的《太平洋報》，幾乎全部是南社中人。」[1]維新黨、同盟會、國共兩黨高幹亦多出於文化界。康有為、梁啟超、譚嗣同、章太炎、鄒容、陳獨秀、陳佈雷、戴季陶、陳公博、于右任、吳稚暉、葉楚傖、邵力子、喬冠華、楊剛、宦鄉……浪漫的文學總是緣起不滿現實，因此也總是革命的起點。

黨國重臣邵力子棄文從政前，長期任《民國日報》「覺悟」副刊編輯，1919年3月4日～1929年1月20日，長達十年。以新文學馳名的創造社，幾乎「集體加入」中共。瞿秋白、沈澤民、胡也頻、蔣光慈、丘東平、陸蠡、葉紫等文學青年，先後成為著名共黨分子。

彭家煌（1898～1933），1919年畢業於長沙省立一師，1925年入商務印書館，助編《婦女雜誌》、《教育雜誌》、《民鐸》等，月薪40元。1930年3月，彭家煌加入「左聯」，參加中共地下工作，任《紅旗日報》助編及通訊員。1931年被捕。出獄後，到寧波教中學，一面教書一面搞赤色宣傳。[2]

1929年6月，1925～26年國共合作期間的留俄生開始回國，國民政府刊佈廣告，以月薪200銀洋召募他們報到。谷正倫、谷正綱兄弟就是此時進入國民黨中樞；張如心等為追求馬克思主義，回滬後住棚戶、當碼頭搬運工，甚至吃不上飯，過了一年艱苦生活，1930年才與

---

[1]　包天笑：《釧影樓回憶錄》，山西古籍出版社、山西教育出版社1999年版，頁453。

[2]　趙景深：《我與文壇》，上海古籍出版社1999年版，頁125、268。

中共接上關係，1931年6月加入中共，8月參加紅軍。[3]

1930年1月，留蘇回國的朱瑞（1905～1948），上海街頭偶遇兩位莫斯科中大同學，兩位已「消極」（不再參與赤色活動），「現漂流上海，以寫文稿費度日。我們會見時已二、三日不食，餓得面蠟黃，仍在等他寫作之〈墨子問題研究〉的稿費以解決食住問題。」回國時領得六七百元路費的朱瑞，「為爭取他（怕他們可能賣我），給了他們一些錢，結以感情。」[4]

周揚、夏衍不用組織的錢

周揚（1908～1989）晚年談及抗戰前在上海——

那時候我的生活沒有著落。我雖然是個職業革命家，但是在上海的生活我完全靠自己的稿費，黨並沒有給我錢。[5]

周揚號稱周瑜後裔，家道衰落。髮妻吳淑媛（1908～1942），湖南益陽大戶之女，周揚在上海從事中共地下活動，全靠岳家經濟援助。1934年暑假，周揚愛上光華大學女生蘇靈揚，與之同居，送髮妻回益陽，斷了岳家接濟，經常上胡風處告貸，求借三五元菜金，「周揚經常來借錢，很少歸還。」[6]1936年蘇靈揚臨盆，陣痛難忍，周揚身無分文，沒法送醫院，急得團團轉。其女周密——

最後從鄭振鐸伯伯處借回20大洋，才使我免於落生在那間不滿十平方米、整日不見亮光的亭子間裡。有了我，您和媽媽的生活更加

[3] 沈澎：〈懷念張如心同志〉，載溫濟澤等編《延安中央研究院回憶錄》，中國社會科學出版社、湖南人民出版社1984年版，頁188～189。
[4] 朱瑞：〈我的歷史與思想自傳〉，載《中共黨史資料》第9輯，中共黨史資料出版社（北京）1984年版，頁238。
[5] 趙浩生：〈周揚笑談歷史功過〉，載《七十年代》（香港）1978年9月號。朱鴻召編：《眾說紛紜話延安》，廣東人民出版社2001年版，頁236。
[6] 陳明遠：《文化人與錢》，百花文藝出版社（天津）2001年版，頁117。

拮据了。不得不設法掙點稿費來糊口度日，列夫‧托爾斯泰名著《安娜‧卡列尼娜》的中譯本，就是在那種境況下問世的。[7]

《安娜‧卡列尼娜》譯酬約800元，周揚經濟狀態大大好轉。[8]

1928～34年，夏衍（1900～1995）搞日文翻譯，「譯稿費大概是每千字二元，我每天譯2000字，我就可以有每月120元的收入。這樣，在文藝界的窮朋友中，我不自覺地成了『富戶』。」[9]夏衍還有編劇顧問的「車馬費」、電影劇本編劇費，兩項月入至少200元。夏衍1924年入國民黨、1927年5月入共產黨，文化界的紅色職業革命家——

我的生活靠稿費、版稅，除了皖南事變後中央要我從桂林撤退到香港，組織上給我買了飛機票，以及1946年恩來同志要我去新加坡，組織上給了我一筆旅費之外，我一直是自力更生、賣文為生。

1950年代初，中共評職級，人事幹部問夏衍供給制時每月領幾斤小米，夏衍說從來不吃小米，更沒領過，那位人事幹部一臉惶惑。後來，華東局與上海市委根據夏衍黨齡與職務，評了個「兵團級」，書生從政的他「還是不懂得兵團級是怎樣一個職位」[10]。

陽翰笙、于伶經濟狀況

1928～35年，陽翰笙（1902～1993）稿費加編劇費，每月收入200元。1935年春被捕，10月由柳亞子、蔡元培保釋出獄，仍靠稿費與編輯《新民報》「新園地」副刊為生，月得百餘元。1929年，魯迅推薦柔石編輯《語絲》週刊。柔石的小說《二月》、《舊時代之死》亦由魯迅作序和校訂出版，20%版稅，月收入80～100元。[11]

---

[7] 周密：〈懷念爸爸〉，載王蒙、袁鷹主編：《憶周揚》，內蒙古人民出版社1998年版，頁578。

[8] 陳明遠：《文化人與錢》，百花文藝出版社（天津）2001年版，頁123。

[9] 夏衍：《懶尋舊夢錄》，三聯書店（北京）2000年版，頁87～88。

[10] 夏衍：《懶尋舊夢錄》，三聯書店（北京）1985年版，頁610。

[11] 陳明遠：《才‧材‧財》，河南人民出版社2004年版，頁160～161，

1933年5月，新婚夫婦于伶、王季愚租住上海亭子間，于伶擔任中國左翼劇聯組織部長，整天奔波在外。夫婦倆無職業無固定收入，經常吃上頓愁下頓。王季愚在家翻譯一些蘇俄短篇文藝作品，寫一些小小說，向《大美晚報》等副刊投稿，于伶也寫一些影評掙稿費，養家糊口。王季愚為商務印書館標點《二十四史》，每萬字僅得四角報酬。夏衍有時上門找于伶談工作，發現他們還沒吃飯，臨走時留下幾毛錢，讓王季愚去買一碗陽春麵充饑。天冷了，夏衍從家裡拿來妻子衣服給王季愚禦寒。陽翰笙也不時給予一點補貼。[12]

這一時期，于伶撰寫影評換稿費，千字二元，很高了。一天下午，于伶上白薇家叫窗，正在寫作的白薇推窗一看，于伶要她扔兩角錢下來，說是借錢去看電影，電影快開場了，他沒時間上樓。白薇擲怨：沒錢看什麼電影？于伶說：正因為沒錢，看了電影才有錢！白薇掏出兩毛錢，順手舊報紙一包扔下，于伶接錢後頭也不回地走了。電影散場，他跑到附近小麵館，邊吃邊寫，既解決晚飯也寫完影評，然後直跑報館，稿子丟進信箱。江蘇省委遭大破壞，于伶、王季愚先後代課於中國中學、正風中學，有了穩定收入，方能四處搬家，以避抓捕。[13]

草明、關露、二蕭很窮

1933年，廣東女師生草明（1913〜2002）因「紅」暴露身分，上了通緝名單，逃亡到上海，加入左聯——

我們這些年輕的進步的文藝工作者都找不到職業，生活是很艱苦的，稿費也很低，僅夠維持最低的生活。有時實在吃不上飯，魯迅

158。
[12] 趙劭堅等：《平凡人生——王季愚傳略》，上海書店出版社2006年版，頁24、44。
[13] 孔海珠：〈于伶的左翼戲劇生涯〉，載《世紀》（上海）2010年第3期，頁52。

先生和左聯的一些同志熱情地從他們有限的生活費用中勻出一小部分來接濟。我住在租界裡房金最便宜的亭子間裡埋頭寫作。[14]

1934年，女詩人關露（1907～1982）任「左聯」領導人任白戈與徐懋庸的交通，住亭子間，穿著摩登，生活卻很困難，沒有職業，寫詩換不了多少稿費，有時連吃飯的錢也沒有，靠妹妹接濟才得以維持。[15]

1934年11月初，蕭軍、蕭紅揣著朋友給的40元錢搭船赴滬，搬入月租九元的亭子間後，二蕭手裡已不足十元，他們買了一袋麵粉、一隻炭爐、一些木炭，以及幾副碗筷、鹽醋，食油已買不起。每天白水煮麵片，外加幾個銅板的菠菜青菜。一天，朋友張梅林來看他們，蕭紅留他吃飯，梅林甚感不忍，因為那袋麵粉在漸漸瘦下去。因須複寫《八月的鄉村》，蕭軍當了蕭紅的一件舊毛衣，只押得七角，坐車就不能買紙，買紙就不能坐車。蕭軍走到北四川路內山書店，購回日產美濃複寫紙，由於皮鞋不跟腳，腳後跟走得又紅又腫。1935年3月1日，《文學》雜誌第四卷第三號刊出蕭軍第一篇小說〈職業〉，稿費38元，算是將二蕭從窘迫中撈救上來。[16]

亭子間作家

紅色文士中也有靠稿費堅持寫作的「亭子間作家」。1935年3月中旬，繫獄兩年半的陳白塵出走蘇州反省院，上海《文學》雜誌主編傅東華答應每期用他兩篇稿子，以支持其生活。陳白塵——

這可大出我的意料：原本一篇稿子的稿費就可以維持我兩個月的生活了。於是我便有了信心，做一名所謂的「亭子間作家」。[17]

---

[14] 草明：〈回顧與前瞻〉，載天津人民出版社編：《當我年輕的時候》，天津人民出版社1982年版，頁79。

[15] 徐懋庸：《徐懋庸回憶錄》，人民文學出版社1982年版，頁194。

[16] 秋石：《兩個倔強的靈魂》，作家出版社（北京）2000年版，頁81～83、118。

[17] 陳白塵：《對人世的告別》，三聯書店1997年版，頁480。

亭子間裡的左聯文學青年，早餐三分錢，一碗豆漿、一個飯糰包油條（加點白糖）；中餐七分，小飯館裡的米飯豆腐、豬肝菠菜湯；晚餐四～五分，喝粥，一碟小菜，每天不到二角，每月伙食費五～六元（合2003年150～180元人民幣），城市貧民生活水準。[18]

賈植芳（1916～2008）——

沒有住過上海亭子間，怎麼可能成為藝術家？三十年代的時候，我和黃永玉都住在亭子間裡，開筆的日子就是吃碗陽春麵，上面漂著幾滴豬油花。那會兒，唉，黃永玉穿的西裝褲子上哪裡去燙啊，還不就是折了一條線，壓在枕頭底下，睡覺的時候把它壓一壓。到關鍵的時刻，才捨得拿出來穿啊。……上海的亭子間，可了不起吶！出了多少人啊！[19]

1932年陳白塵回江蘇淮陰老家鬧紅，秋天被捕，次年押解鎮江，判刑五年。1933～34年，他在獄中寫下50多萬字作品，大多為控訴黑牢生活，兩塊大洋買通看守，稿件祕密寄往獄外，陸續發表左翼刊物。獨幕劇《虞姬》發表《文學》（1933年一卷三期），稿費50元。獄犯十分紅眼，陳白塵惴惴不安，不得已用此款去買「外役」（牢內較自由的義務勞動），將錢花在獄中，別人也就不怎麼眼紅了。[20]

托派賣稿為生

1928年，隨著托派留俄生陸續回國，他們中許多人在上海賣稿為生，托派經費亦靠此維持，尤其靠翻譯稿酬。他們依托上海的文化環境，這批耍弄筆桿的托派文人，趁時托勢，形成一點小氣候，宣揚托洛茨基主義。

以賣稿得來的稿費維持個人的生活和托派組織的經費，這是當

[18] 陳明遠：《才・材・財》，河南人民出版社2004年版，頁157。
[19] 彭小蓮：《他們的歲月》，香港天地圖書有限公司2001年版，頁100。
[20] 陳白塵：《對人世的告別》，三聯書店（北京）1997年版，頁470。

時上海托派分子之所以能聚集較多，搞成一點小氣候的政治背景和經濟原因。沒有這個條件，那些離開了文字手段難以謀生的人，很難較長時間聚集在一起，中國托派運動也就很難搞成那樣的聲勢。

賣稿為生的托派分子有的也很窮，如沒出過國的北大畢業生陳其昌（托派中委），為報刊寫國際政治社評，一家三口，妻子家庭婦女，做點臨時幫傭，全家窮到「三月不知肉味」。但「他從不發一句怨言，不向人訴苦，也不輕易向人告貸，不影響對托派工作的熱忱，以此贏得托派同志的尊敬。」[21]

下獄的鄭超麟等人，獄中譯出的稿子，也能很快發表、出版，「而且收入不少稿費，有的人還可以拿去養家。超麟譯得多，譯得快，他的稿費也多。」[22] 1930年，托派青年王凡西（1907～2002）被中共開除，生活無著，且臥病在床，妻子又近分娩——

惟一可以找點生活費的是賣稿子……於是口譯了普列漢諾夫的《從唯心論到唯物論》，由妻子筆錄，居然賣到120元（約等於五個月的黨內生活費），如此才算度過了被黨（中共）逐出後的第一個難關。

王凡西後來編譯了一部《插圖本俄國革命史》，稿酬三元／千字，三四十萬字，稿費千元左右。

我在1931年5月被捕以前，生活來源完全靠了此項稿費。不僅我一人如此，所有的反對派（按：托派）幹部分子，只要是能夠提得起筆的，均以譯著社會科學文稿解決生活問題。不但各人自己的生活，甚至當時各小派（按：托派內部小派別）的經費，以及每派中從事組織工作的同志們的生活，也取給於那些賣文者的收入。[23]

[21] 唐寶林：《中國托派史》，東大圖書公司（台灣）1994年版，頁133、178。
[22] 樓適夷：〈《玉尹殘集》序〉，參見《鄭超麟回憶錄》（下卷），東方出版社（北京）2004年版，頁699。
[23] 王凡西：《雙山回憶錄》，東方出版社（北京）2004年版，頁132～133、165。

　　無論橫向還是縱向比較，其時稿費都不算低，也是那些「亭子間作家」得以生存的物質基礎。

　　譯家梁實秋翻譯莎劇，不按字數，一齣劇本一千元。卞之琳這樣大學剛畢業的毛頭小伙子，最低譯酬五元／千字，也相當高了，卞晚年仍記憶清晰。[24]

張春橋被辭退

　　1935年，十八歲的山東中學生張春橋（1917～2005），尋出路於滬上。上海雜誌公司張靜廬（1898～1969），錄聘張春橋為助理編輯，試用期月薪30塊，讓他校點清初擬話本小說《豆棚閒話》，標點了十幾頁，張靜廬接過一看，都是破句，發現此人根本不懂古文，便對張春橋說——

　　張先生，我們本想擴大營業，你看得起我們，來幫我們忙，可現在市面不景氣，生意很蕭條，所以我們只好讓張先生另謀高就。以後等市面好了，再請張先生回來幫忙。我們實在是沒有辦法，實在對不起。張先生來了一個禮拜，我們按一個月的工資付給你三十塊錢。現在市面不景氣，外面的工作也不太好找，我們再付給張先生三十塊錢，以備找工作期間開銷。[25]

　　精明的上海人都不願得罪人，一週付兩月工資，今天都無法達到的人性化層次。這也從一個側面說明當時上海出版機構的品質。對張春橋來說，一週掙回兩月薪水，也划算得很。文革一起，張靜廬深遭迫害。

---

[24]　陳明遠：《文化人的經濟生活》（全新增修版），陝西人民出版社2010年版，頁213。

[25]　賈植芳：〈上海是個海——我在上海的生活史〉，載賈植芳《我的人生檔案——賈植芳回憶錄》，江蘇文藝出版社2009年版，頁34～35。

四個等級的滬上作家

　　據1930年代上海雜誌《宇宙風》，滬上文化人分四個層次：

　　一等：資歷深名氣大，稿費之外還有版稅等其他收入，主編刊物的編輯費通常100元，叢書編輯費通常200元，每月總收入400元以上，如魯迅、徐志摩（不僅教書、寫作，還開新月書店）、邵洵美（盛宣懷孫女婿）、郁達夫、胡適、田漢、巴金、茅盾等。這一階層屬於高收入階層，飲食豐盛，居住寬敞，出入有車。

　　二等：已成名，稿酬三～五元／千字，可住二～三間房，房租20元以上，生活費約160元，月收入達200元，進入中產階層；如成名後的夏衍、胡風等。

　　三等：小有名氣，稿酬二～三元／千字，獨立出書，有版稅收入，可住一層前樓加亭子間，房租15元左右，生活費120元，月收入約150元；如剛剛從四等升上來的陽翰笙、胡也頻、丁玲、蕭軍、蕭紅等。

　　四等：初出茅廬的青年作家，稿酬一～二元／千字，住亭子間，房租10元，每月伙食費40元，月收入80元以下；如柔石、沙汀、艾蕪，屬普通貧民階層。這一階層的作家一旦成家，每月生活費需60元左右才能對付下來。[26]

　　　　　　　　　　　　　　　　2011年12月於滬・三湘
　　　　　　　　　　　　　　原載：《上海作家》2012年第1期

---

[26] 陳明遠：《文化人與錢》，百花文藝出版社（天津）2001年版，頁101～103。
　　陳明遠：《才・材・財》，河南人民出版社2004年版，頁155。

《吳法憲回憶錄》撩起長征眞相一角

　　諸多中共紅色神話中，二萬五千里長征被長期神化，直至完全詩化的〈長征組歌〉——鐵流滾滾所向披靡，秋毫無犯紀律嚴明，與藏彝民族關係融洽，云云。但是，許多負面史實被長期掩蓋。港版《吳法憲回憶錄》（北星出版社2007年）以親歷者撩起帷幕深深的一角，世人得窺那一截眞正史實。

　　本來，數萬紅軍乃江南客軍，進入西南滇黔川康，一切吃穿用度必須就地解決，走到哪兒吃到哪兒，這是常識。由於刻意塑造高大形象，必須將紅軍說成始終堅守「三大紀律八項注意」，許多史實便成了不得不掖掖藏藏的「陰暗面」，成了必須「照顧大局」的政治禁區。空軍司令吳法憲中將（1915～2004），最後十年寫出回憶錄，披露這一截史實，綴上紅軍長征史上一直缺失的一塊補丁。

　　1935年6月，紅軍翻過夾金山進入藏區，等越過懋功抵達卓克基、兩河口，已見不到一個漢人。

　　問題逐漸嚴重起來，主要是缺糧、饑餓和少數民族的敵對情緒。

　　藏民們都跑光了，家裡東西卻沒法帶走，糧食牛羊豬雞，樣樣都有。一開始紅軍還能遵守「三大紀律八項注意」，不動廟裡與藏民家的東西，但走了幾天，從蘆山、天全帶出來的糧食吃完了，部隊眼看就要斷炊，心裡不免矛盾起來——

　　一方面要講紀律，另一方面部隊又確實沒有吃的。紅軍也是人，也必須吃飯，不吃飯就不能生存，更不用說去行軍打仗了。（頁78）

　　一開始，紅軍從藏民地裡挖些豌豆苗填肚子，但不能解決饑餓，下一步便發展到吃老百姓家裡的糧食——

　　有人說那時候吃了藏民百姓的東西，有的留了錢，有的留了借條。不過據我所知，絕大多數情況都不是這樣的，因為即使想留錢，

我們那時也沒有多少錢。有的人倒是留了條子，說是以後還，可誰都明白，這是「老虎借豬，一借不還」。以後，那是到什麼時候啊！後來有的乾脆連條子也不留了。哪裡還能還，不可能還了。所有的部隊都一樣，見到了就吃，找到了就拿，把藏民家裡的東西吃光，既不給錢，也不留條子。（頁78）

再往前走，藏民得知紅軍一路「就地找食」，便把食物埋藏到山上，甚至鍋碗瓢盆都帶上山，藏寨一個個空空蕩蕩，連個問路的人都找不到——

沒有吃的怎麼辦？為了生存，只能公開違犯紀律了。有就拿，沒有就搜，搜不到就挖。有時候，一挖，好傢伙，能在地下挖出一窖一窖的青稞麥！凡是挖到這樣的「大傢伙」，一個部隊拿不了，就趕緊通知另外一個部隊來馱。有時油鹽等物品也可以從地下挖到。挖了以後，沒有留錢，也沒有留什麼條子，只要能弄到就行，大家分了吃了。（頁79）

由於紅軍不得不想方設法去抓藏民牛羊、去挖埋地糧食，「藏民覺得紅軍拿走了他們的財產，也就更加仇視紅軍。」（頁79）紅一軍團二師六團在阿壩附近，被藏族騎兵打得一塌糊塗，向前過不去，後退又找不到吃的，餓了七八天後，六團官兵從上到下都不成人樣，路都走不動了。全團1300人，只剩下五六百，死了一大半。

前往鳳梨茨的路上，一些掉隊紅軍士兵全被藏民殺死——

因為天熱，有的遺體已經開始腐爛，長了蛆。我們看了心裡真難受。當然也不能怪那些藏民，為求生存，我們把他們的東西吃了，把他們的房子占了，他們沒有地方去，只好跑到山上，躲在樹林裡，受盡日曬雨淋之苦，所以恨死我們了。在我們大部隊進行時，一個挨著一個，他們不敢下來。但如果一看到中間有空隙，或有掉隊落伍的，他們就跑下山來，一下抓幾個，用刀砍死了就走。一路上就我親眼所見，被藏民殺死的紅軍戰士就有百把人。為了搞點糧食，就犧牲這麼多人，真慘哪！（頁82）

　　紅軍中還有不少逃兵。在鳳梨茨，一個班對革命前途失望，集體拖槍逃跑。據博古、鄧發、王稼祥等人說，「中央紅軍」（紅一方面軍）從出發的八萬餘人到遵義會議的三萬餘，大量減員主要就是逃兵。[1]進入藏區後，逃兵自然少了，離家遠了，紅一方面軍兵源多為贛閩湘農民，沒什麼文化，不認路，回不去了，不可能逃了。

　　這一時期，紅軍沒打什麼仗，卻嚴重減員，原因就是「找糧食」。一次，紅二師五團政委帶領團直屬隊去搞糧食，被藏民打死七八十人，團政委也被打死了，還被藏民抓走十餘人。師長陳光派人向藏民道歉，表示願意賠錢贖人。藏人說不要錢，只要紅軍不再去搞糧食，他們就放人——

　　這確是真人真事。不僅我們這樣搞糧食，中央縱隊也一樣，也是每到一地就派出工作組出去到處搞糧食。劉少奇同志就曾經帶著隊伍去為中央縱隊搞過糧食。（頁84）

　　紅軍為了生存用盡一切辦法尋找吃物，軍團首長林彪、聶榮臻、朱瑞等則提出整頓軍紀。吳法憲難捺怨氣——

　　這真是夠主觀主義的，一個老百姓都見不到，這種時候怎麼講紀律？要糧食沒有糧食，要錢沒有錢，可我們還要活命，還要行軍打仗，怎麼辦？其實各個部隊早就不講紀律了，早就把老百姓家裡的東西拿來吃了，把山上藏的東西搜來吃了，把地下埋的東西也挖來吃了，哪還有什麼紀律不紀律！不這麼樣怎麼辦？難道要部隊在那裡等著餓死？（頁85）

　　紅一團有個通訊員拿槍打死一頭豬，劉亞樓整頓紀律，全團大會上指控通訊員犯了紀律，槍斃了他。六十多年後，吳法憲還為這位通訊員叫冤——

　　這個通訊員死得真是冤枉！實事求是地說，那個時候確實沒有辦法講紀律，大家都是這樣幹的，不然就不可能生存下去。

---

[1]　王明：《中共50年》，東方出版社（北京）2003年版，頁23。

　　紅一師三團首長黃永勝、林龍發上師部出席軍紀整頓會，回團後連傳達都沒傳達，「因為誰都知道，那時根本不可能做到。」（頁86）

　　過草地前在毛兒蓋，紅三團停留三天，專門搞糧食。上級要求每人必須搞到15斤左右。但前面部隊已將能搞的糧食搞盡了──

　　在此之前，我們已經把藏民們山上藏的、地下埋的、廟裡供的，幾乎都吃光了，甚至連地裡快要成熟的青稞都叫我們吃得差不多了。地裡惟一剩下的，是一些剛灌完漿、成熟得比較晚的青稞。

　　紅軍將這些軟軟的青稞穗一個個摘下來，搓去外殼。吳法憲弄到大約八斤。由於青壯藏民都跑光了，紅二師過草地只找到一位60多歲的藏族大娘當嚮導，一路上需要戰士用擔架輪流抬著。

　　因為缺糧，過草地時紅軍多有餓斃，實在沒吃的，一些掉隊戰士撥翻糞便、揀吃裡面尚未完全消化的青稞麥粒。沒有磨過的青稞麥粒很難消化，常常吃進去青稞麥粒，拉出來還是麥粒，雨一淋，麥粒便在糞便中露出來，到河裡洗洗，就能吃第二次。許多戰士餓得實在無力行走，只能在草地「革命到頭」。（頁94）

　　吳法憲──

　　這一階段確實是我們兩萬五千里長征途中最艱苦的一個階段……因為找不到吃的，只能吃老百姓的東西。不這樣做，紅軍就活不了。所以，在藏族地區，雖然藏民們逃避我們，也打死打傷了我們不少人，但是我並不恨他們，只覺得對不起他們，覺得我們欠下了他們的一筆債。

　　對高級幹部總還是有點照顧，最苦最困難的是下面的普通戰士。（頁96）

　　顯然，吳法憲的記述很真實，可以用常識檢驗，合乎「求生本能」。筆者無意指摘紅軍那一階段「軍紀敗壞」、「搶掠藏民」，也可以理解紅軍不得已而為之的苦衷，但我不能容忍指鹿為馬的捏造虛假，無法接受明明搶掠藏民糧食家畜，還說成「秋毫無犯」，尤其反

感用藝術掩蓋真相。直面這一截慘烈過程，有助於全面數點赤色革命所支付的代價，反思革命的必要性——代價的價值與意義。

回憶錄還提及鮮為人知的一大負面事件。1937年9月25日，八路軍115師打響平型關之前，師參謀長周昆赴洛陽國民政府第一戰區司令部，領取全師第一筆軍餉三萬銀元。周昆見利忘義，攜款逃跑，隱名埋姓，不知去向，「至今下落不明」。（頁185）

再據范長江1936年訪陝通訊，可知為何飛奪瀘定不說對岸川軍兵力？勇奪天險臘子口也不說守軍兵力？原來，守備大渡河的楊森川軍僅一營，且大部佈防於渡口安順場。本來南岸無船，安順場團總自有一船，以為等紅軍來了再跑還來得及，不料紅軍神速，團總行動笨拙，被紅軍占了渡船。然河水太大，無人敢划船，紅軍重價徵船夫，每划對河一次，領洋一百！重賞出勇夫，有人應命。可風大水急，巨浪滔天，船幾累覆，這樣渡過十數人，出其不意襲攻楊森守兵，再順勢奔襲上游川康孔道瀘定橋。

甘肅岷縣白龍江臘子口，兩岸絕壁，鑿石壁間，至不能再鑿處，乃架一小橋至對岸絕壁。如將小橋拆卸，數萬紅軍至此，只能徒喚奈何。甘肅守軍僅置一班兵力守險，縮踞小橋兩側碉堡，橋亦未拆，戒備甚懈，被紅軍奇襲而下。原來均是守軍恃險輕敵，兵力極微。

中共長征史書均不介紹上述關鍵細節——既有損紅軍無往不勝的形象高度，亦有損軍民魚水的「階級情」。此外，會理西昌一帶，劉伯承與小葉丹「歃血為盟」之前，彝人打死近百紅軍，也是中共史書不願記載希望淡卻的一截。[2]

> 初稿：2008年2月14～15日；補充：2009年8月18日於滬·三湘
>
> 原載：《開放》（香港）2008年7月號

---

[2] 范長江：《塞上行》，新華出版社（北京）1980年版，頁190～191。

給中共上點歷史課

習李一代（包括江胡一代）中共高幹生在新社會，長在紅旗下，依偎在「毛澤東旗幟的褶皺裡」，順利成為「共產主義接班人」。筆者與他們同時代，知道他們的史學底盤——至多讀了一點《中國近代史》、《中共黨史》。當然，他們很忙，這是他們驕傲——擁有為國服務的機會，沒有時間呵！不過，他們若能知道一點真實國史，一定暗暗大驚：原來如此！怎麼會這樣?!

民初總理的氣度

1912年5月20日，21歲的戴季陶在上海租界自辦《民權報》，發表24字的〈殺〉——

熊希齡賣國，殺！唐紹儀愚民，殺！袁世凱專橫，殺！章炳麟阿權，殺！

新生的民國政府向四國銀行舉債借款，戴季陶認為借款即授人以柄、套己脖索。財長熊希齡、總理唐紹儀、總統袁世凱，捎上章太炎（贊成大借款），統統一個「殺」字！兩天後，租界當局以「任意譭謗罪」拘捕戴季陶，次日保釋。最令「今上」張嘴吃驚的是：被「殺」的唐紹儀致電上海租界當局，為戴季陶辯護：「言論自由，為約法所保障。」6月13日，上海租界會審公廨宣判：「共和國言論雖屬自由」，但「該報措詞過激」，涉嫌「鼓吹殺人」，終屬不當，超越言責，「罰洋三十圓」結案。戴季陶出獄後，當天壁書編輯部：「報館不封門，不是好報館；主筆不入獄，不是好主筆。」[1]

---

[1]　陳明遠：《文化人的經濟生活》，陝西人民出版社2010年版，頁192～193。

且不說戴氏的「四殺」，就是大書壁間的二十字，如今寰內媒體老總，誰敢站出來叫這聲板？見識人人都有，都認同肩扛黑暗、放入光明乃媒體責任，可誰有這個膽力？說到底，青年戴季陶的演出舞台乃是百年前的辛亥，若放到反右、文革，不要說題壁明志，肚皮裡都不敢叫上這一聲呢！再退一步，今天肚皮裡敢叫出聲都不會有，就是借你十個膽，99%大陸媒體老總仍只有一個「縮」字。他們的第一反應：「可以這樣麼？」僅此一問，便可看出今昔「差距」──新聞自由與媒體膽力，今不如昔呵！

再說挨「殺」者。當今各級中共官員，從中央首長到科長股長，誰有唐紹儀的氣度？誰能容忍這樣的「殺」聲？還反過來為「殺」者維權──他有言論自由！辛亥百年，官府氣量不是越來越大，「肚皮」不是越撐越寬，反而越收越窄，對民主自由的理解還不如「大資產階級」唐紹儀?!歷史是不是太反諷？歷史為何走了倒步？大陸史界為何連問一聲「為什麼」都還是「特殊國情」？

「偉光正」是否知道這截歷史？估計他們想像不到「黑暗的北洋時期」竟會放射出如此民主光芒。筆者也十分驚訝：那會兒原來距離民主那麼近?!不是說以史為鑒麼？「偉光正」願意站在這面鏡子前麼？

「安理會否決權」來歷

1945年，聯合國在美國三藩市召開成立大會，美英法中四大國都同意按民主原則運作安理會，少數服從多數。蘇聯則堅持安理會永久會員國必須擁有否決權，即蘇聯的一票可否決其他永久會員國與所有非永久會員國的決議，「社會主義老大哥」帶頭破壞民主原則。因為，蘇聯明白自己肯定常居少數，為避免以後的尷尬，程序上便設置對己有利的卡口。蘇聯這一違反民主的舉動，深深傷害世界士林，包括原本對蘇聯尚認識不清的胡適。他與一位為聯合國成立等待三十年的何爾特先生，對蘇聯這一「國際表現」深感失望。為此，胡適至死

都未在《聯合國憲章》上簽名。[2]但為維護「統一戰線」，能與蘇聯保持對話管道，「培訓」蘇聯的民主意識，美英法中四大國還是同意了蘇聯這一明顯不合理的提議。

中共「入聯」後，很快領悟到民主的力量，明白「否決權」的斤量──一旦使用便意味與全世界對抗。何況「少數服從多數」也是中共自己制定的四大政治原則。為此，能不用否決權盡量不用，多用「棄權」以示否決。如今，手握安理會「否決權」的中共高層，估計並不知道「否決權」這一並不光彩的來歷。

全國都需要補課

需要給中共補課的歷史實在太多。如太平天國根本不是什麼農民起義而是「髮逆」叛亂，洪秀全、楊秀清毫無文化層次，無非「彼可取而代之」。永安六王每月甚至每週分配女人，「大官妻不止」，太平軍其他成員則必須禁欲，男女分營，夫妻都不能在一起。這場暴亂給江南帶來巨大災禍，人口銳減五千萬，國家元氣大傷，嚴重拖了中國現代化的後腿。清政府不得不將全部財政用於「安內」，無力推行洋務運動。退一萬步，就算洪楊造反成功，太平天國對國家的治理只會比清廷更殘暴更黑暗，更無理性。

還有洋務運動、義和團、辛亥革命，中共仍以「階級鬥爭為綱」歪評斜說，中學大學近代史教材還在向下一代餵送「狼奶」。中共雖然早就宣佈不再搞階級鬥爭，資產階級都正名了「復辟」了，可以入黨了，可那抹「階級鬥爭史觀」的幽靈尚未從大陸史書中「拆違」，左燈還這麼不合時宜地亮著，很討厭很麻煩呵！

2011年4月21日～5月7日於滬・三湘

原載：《爭鳴》（香港）2014年2月號

---

[2]　《胡適口述自傳》，唐德剛譯注，遠流出版事業股份有限公司（台北）2010年11月第2版，頁106。

甯都暴動將領被殺記

「甯暴」起因

1931年12月14日，駐紮江西「中央蘇區」瑞金北面的甯都國民黨第二十六路軍，除駐甯都城北四十公里石上一個團，全軍六個旅十一個團1.7萬餘人暴動，帶兩萬多件武器叛入紅區，史稱「甯都暴動」，簡稱「甯暴」。[1]

第二十六路軍乃馮玉祥的西北軍，大革命時期中共派劉伯堅、陳延年（陳獨秀長子）、劉志丹、宣俠父、鄧小平、魏野疇等入該軍從事政治工作，劉伯堅任該軍總政治部長。甯漢分裂後，馮玉祥擁蔣反共，禮送中共黨員「出境」，少數未暴露身分的中共黨員潛伏下來，與中共河南軍委保持聯繫，成為「甯都暴動」最主要的「內因」。

1931年2月，蔣介石命二十六路軍從山東赴贛剿匪。5月，該部第二十七師在永豐縣中村與紅軍首戰，第八十一旅大部被殲，損失三千餘支槍與無線電一部，2300餘人被俘。雜牌軍本來就對蔣介石有「借剿匪而翦異己」的疑心，加上北人南下，不服水土，瘧疾、痢疾、褥瘡等頻發，每天都有官兵暴病身亡，非戰鬥減員嚴重，全軍人心動搖。此外，再受紅軍「窮人不打窮人」、「士兵不打士兵」、「紅軍歡迎白軍官兵拖槍加入紅軍」等赤色宣傳，「九·一八」後厭倦內戰成為主流情緒，紛紛向總指揮孫連仲要求開向北方抗日。孫連仲迫於部屬壓力，向蔣介石發出請求北上抗日的電報，且未等蔣復電，便下

---

[1] 余伯流、凌步機：《中央蘇區史》，江西人民出版社2001年版，頁403。

令離開甯都向北開拔。蔣怒電孫連仲，嚴令二十六路軍「死也要死在甯都」，並將嫡系許克祥、毛炳文部擺在廣昌一線，擋住二十六路軍北返之路。全軍進退維谷，高級軍官紛紛請假離隊，孫連仲本人也「養病」南昌。這是第二十六路軍之所以發生「甯暴」的大背景。

二十六路軍離魯南下之時，該部地下黨員就得到中共中央軍委指令，委派從事兵運的王超任中央軍委駐二十六路軍特派員。「甯暴」前，經該部四位地下黨員活動，已秘密發展黨員至十餘人，並經中共中央特批，發展總指揮部參謀長趙博生入黨。孫連仲因率部北返受阻離開甯都，將全軍指揮權交給趙。「甯暴」發動的關鍵時刻，趙博生首先找二十六路軍主力七十三旅旅長董振堂、七十四旅旅長季振同，很快得到兩人承諾：願隨參謀長率部舉事。季振同乃「甯暴」核心人物之一，寫有一篇甯都暴動始末的文章（載《中共黨史資料》）。這麼一位建大功於中共的人物，三年後竟遭「肅反」，罪名「反革命」，一同遭處決的還有參加「甯暴」的二十六路軍黃中岳團長，時任紅五軍團第十五軍軍長。

季振同其人

季振同（1901～1934），河北滄縣官屯狼兒口村人，1919年入馮玉祥部當兵，逐漸遷升，歷任學兵營班長、學兵團騎兵排長、連長、教導旅營長、衛隊團長。1926年9月馮玉祥五原誓師，季振同任國民革命軍第二集團軍傳令隊長、手槍旅長，第十四師長，參加北伐，乃馮玉祥親信。1931年初，二十六路軍南下剿赤，軍心不穩，馮玉祥派專人捎帶密信，囑他必要時可以抗日為名假道赤區將部隊拉回北方。這一機密被二十六路軍地下黨員劉振亞刺得，因此趙博生才敢率先與季振同密商暴動機密。

暴動後不久，1932年1月季振同入黨，介紹人朱德、周恩來。二十六路軍改編為紅一方面軍第五軍團，下轄第十三軍、第十四軍、

第十五軍；季振同為五軍團總指揮，董振堂為副總指揮兼第十三軍長，趙博生為五軍團參謀長兼第十四軍長，黃中岳為第十五軍長；蕭勁光為五軍團政委。紅五軍團很快投入反「圍剿」作戰，參加贛州戰役，成為紅軍勁旅。

1932年3月贛州戰役失利，中革軍委決定重新混編紅一、三、五軍團，五軍團被分為三部分插編三個軍團：黃中岳的紅十五軍編入林彪的紅一軍團，趙博生的十四軍編入彭德懷的紅三軍團，只有董振堂的十三軍留在五軍團。混編消息一發佈，原二十六路軍官兵極度震驚，一些人情緒激烈，大呼小叫，已經入黨的季振同、黃中岳等人亦自然生出：「共產黨終究信不過咱」。混編過程中，季振同對一些人事提出要求，無一項得到同意，反遭某些領導人揶揄。季振同深為怨怒，心情鬱悶，邀集舊部好友聚首，說自己是「空頭司令」。

1932年4月初，馮玉祥派參謀長劉驥前往策反季振同，劉的代表胡景陶入蘇區遞訊，季未答應。送走胡次日，季振同將馮信交給一向十分尊敬信任的政委蕭勁光。同時，季振同向蕭表示自己難以適應紅軍生活，要求上蘇聯學習軍事。蕭電請中央，中央同意了季振同留蘇之請。季還要求給他一點金子作為路費，中央也同意了。季振同離開軍團部，蕭勁光為他開了歡送會，季留下所有東西：望遠鏡給了蕭勁光，驃駿的青鬃馬留給朱德司令，槍也交了，警衛班也留下，只帶一個保鏢去了瑞金。[2]

第十五軍長黃中岳受季影響，漳州期間有點消極，思想有點動搖，也想離開部隊，另謀去處。他做了一套便裝（「準備開小差」），還說：「我這次到前方去，幹多少就多少，拖（拖槍）不動就算了。」[3]但他們畢竟只有怨言，無有行動。

---

[2]　蕭勁光：《蕭勁光回憶錄》，解放軍出版社1987年版，頁114～116。
[3]　《紅色中華》（瑞金）第31期第6版，1932年8月30日。

季、黃冤案

　　1932年4月12日，「國家政治保衛局」接到原二十六路軍潛伏黨員王超密報──季黃密謀反叛。4月19日，漳州戰役前一天，紅一軍團偵察排在漳州荷花莊抓獲一名疑犯，從身上搜出敵軍師長張貞簽發的祕密通報。經審訊，此人名叫劉佐華，乃馮玉祥派來與季振同再次接洽之人。下午，一軍團保衛局嚴訊劉佐華，劉供認季、黃「叛亂計畫」、「同謀名單」。「國家政治保衛局」執行部長李克農報請周恩來批准，決定以「反革命罪」祕密逮捕季振同、黃中岳等人。他們先批准季振同離開蘇區去廈門，半路於汀州實施逮捕。此案一起被捕還有：紅五軍團參謀長、紅軍學校總教官朱冠甫；紅十五軍副軍長、紅軍學校總教官張少宜；紅五軍團經理處會計科長李聘卿；紅十五軍經理處副處長高達夫；紅軍學校俱樂部管理員蔡佩玉。

　　1932年8月3～4日，蘇維埃臨時最高法院在葉坪臨時中央政府大廳對「季黃反革命案」進行審訊，最高法庭由何叔衡、梁柏台、劉伯承、陳壽昌、劉振山五人組成，原告為國家政治保衛局的李克農，指控季振同、黃中岳「參加寧暴根本就是投機」、「隨時隱藏著再做軍閥、毀滅紅五軍團的寧暴光榮歷史的反革命企圖」，羅列一大堆捕風捉影的罪狀。最高法庭完全同意原告機關請訴，抓住季黃等人一些尚未構成事實的問題，判決季黃等八人槍決、蔡佩玉監禁五年。「判決」為終審，無上訴權。[4]

　　當判決送達蘇維埃中央執行委員會，毛澤東與項英沒同意。毛項認為：「季黃等均為參加寧都暴動者，對革命不無相當功績」；「季黃二人雖是此案主謀者，但曾為寧都暴動領導人之一，應減刑免死。」「朱冠甫、高達夫、張少宜等三人曾參加寧都兵暴，並且不是此案的主謀者，可改為監禁。」1932年8月10日，由毛澤東、項英

[4]　《紅色中華》（瑞金）第32期第10版，1932年9月5日。

簽署的中央委員會決議案如下：「季黃二人由死刑減為監禁十年」；「朱、高、張三人改死刑為監禁八年」；其餘劉佐華等四人「仍按原判執行」。此後，季黃等人一直關押於瑞金縣九堡、麻田等地收容所。1934年10月上旬，中央紅軍長征在即，為甩掉包袱，解除「後顧之憂」，中央政治保衛局經請示周恩來，將季、黃等人處決於瑞金九堡大山之中，季振同時年三十三歲。

紅軍主力長征後，留在中央分局的十幾位原「寧暴」參與者，項英認為他們「靠不住」，1935年2月下旬在沒有任何證據的情況下一一滅殺。此前，于都梓山、潭頭與會昌白鵝一帶有140多名地主、土豪、鏟共團分子、其他危險分子，為開展今後地下鬥爭，項英要求「處理」掉這些「後顧之憂」。對於動搖分子、變節嫌疑，「不管是否他已經逃跑叛變，只要幾個領導人議論一下，也是可以處決的。」1934年12月20日，中央政府辦事處又發出緊急命令——〈動員工農群眾，積極擊殺革命叛徒〉，規定對只有一般自首行為或在逼迫下做過一些錯事的普通百姓，皆作為叛徒和反動分子予以擊殺。[5]

冤案平反

延安時期，毛澤東說不該殺掉季振同、黃中岳。1949年後，中南海懷仁堂某次高幹會議，毛又提季振同、黃中岳對寧都暴動有功，沒有他們，第二十六路軍全部起義是不可能的，將他們處決是錯誤的。

1972年6月10日，中央「批林整風」會，周恩來沉痛檢討——

五軍團兩個暴動過來的非黨人士季振同、黃中岳，在寧都起義中起了關鍵作用，肅反時外面有謠傳，說這兩個人不安心，想走。李克農向我報告，我也同意將他們逮捕，結果處死了。[6]

5　余伯流、凌步機：《中央蘇區史》，江西人民出版社2001年版，頁1014。
6　〈周恩來在中央批林整風彙報會議上的講話〉（1972年6月10日），內部文獻資料。

　　1979年6月，姬鵬飛、黃鎮、李達、王幼平、袁血卒、蘇進等寧都兵暴參與者上書，要求為季、黃平反。不久，中央書記處批准為季、黃平反，恢復黨籍。是時，季黃冤死已整整四十五年矣！[7]

　　據中共蘇區史專家所撰《中央蘇區史》，僅一個「中央蘇區」，被冤殺的縣團級以上幹部就達269人。

2009年9月6日於滬・三湘

原載：《開放》（香港）2014年7月號

---

[7]　余伯流、凌步機：《中央蘇區史》，江西人民出版社2001年版，頁1009～1011。

粟裕、葉飛差點死於劉英之手
——閩浙游擊區的一場火拼

共軍總參謀長粟裕大將（1907～1984），福建省委書記葉飛上將（1914～1999），聲名赫赫，誰料兩位大功臣差點「犧牲」於1936年閩浙游擊區的內部火拼。本文資料主要源二：

一、粟裕：〈回憶浙南三年游擊戰爭〉，載中國革命博物館黨史研究室編印《黨史研究資料》第8期（1983年8月22日）。

二、劉英：〈北上抗日與堅持浙閩邊三年鬥爭的回憶〉（節錄），載《劉英紀念文集》，中共黨史出版社2002年版。

臨時省委

1934年7～8月，中共中革軍委派遣尋淮洲、粟裕的紅七軍為北上抗日先遣隊，前往浙贛邊界，與方志敏、劉疇西的紅十軍會合。不久，「北上抗日先遣隊」在開化、婺源、德興遭到極大損失，方志敏、王如癡、劉疇西等被捕。1935年1月底，新敗的抗日先遣隊殘部到達閩浙贛根據地。中央分局根據政治局1月15日電令，責成閩浙贛省委迅速組成「中國工農紅軍挺進師」，粟裕師長，劉英政委，全師538人，長槍445條，重機槍四挺，輕機槍八挺。「挺進師」隨即進入浙江，開展游擊，創建根據地。這支赤軍在閩浙邊界進進出出，來回作戰。同年4月，開闢出以仙霞嶺為中心的浙西南游擊區。

10月，劉英（1903～1942）、粟裕的浙南「挺進師」與葉飛的閩東「獨立師」在閩東北壽寧縣境不期而遇，會師的聯席會議上，針對國民黨組建「閩贛浙皖四省邊區剿匪總指揮部」，統一指揮四省國軍對付紅軍游擊隊，而各紅色游擊區自從失去與中央分局及閩浙贛省委

聯繫後，各自為戰、互不聯繫，很為不利。[1]如果浙江、閩東、閩西三區取得密切聯繫，哪怕只在戰略上配合一下，有所策應，也會有利得多。在實際鬥爭的需要下，雙方領導人很快取得一致意見。劉英提議由閩北的黃道同志任三塊根據地的書記，黃道乃1923年入黨的「老資格」。但因一時聯繫不上黃道，先成立「中共閩浙邊臨時省委」（共11人），來自中央蘇區的劉英任書記，粟裕組織部長、葉飛宣傳部長；並相應成立閩浙邊臨時省軍區，粟裕司令員，劉英政委。由於各游擊隊電台都已破壞，失去與中央與上級的聯繫，甚至都不知道遵義會議，「臨時省委」只能日後再報中央與上級核准。

臨時省委成立後，立即著手開闢新的游擊根據地，重點放在開闢浙南游擊區。葉飛看到劉英、粟裕離開浙南根據地沒有後方，迴旋餘地太小，主動將閩東四塊游擊根據地中的鼎平根據地讓給劉英；同時見突圍後的挺進師僅剩200餘人，再將鼎平獨立團劃給挺進師。「臨時省委」初期合作相當愉快。

產生分歧

此前，浙閩兩地紅軍游擊隊基本沿用中央蘇區的方法：打土豪、分田地；公開建黨建政。這套蘇維埃運動策略，雖然有利於發動群眾，迅速打開局面。但從長期來看，「打土豪、分田地，打擊面大，不利於團結和爭取其他社會階層。」此外，浙西南紅區距離鐵路不過數十里，白軍以幾十倍的力量壓下來，一塊小小紅區，目標非常突出，難以經受白軍反復持久的打擊。為此，粟裕想在民族矛盾日益加劇的形勢下，從實際出發，適當調整政策，團結中間階層，對上層也要根據不同情況予以區別對待，公開工作與祕密工作相結合，以增加對敵鬥爭力量。當粟裕向劉英提出上述意見，劉英認為是對浙西南

---

[1]　劉英：〈北上抗日與堅持浙閩邊三年鬥爭的回憶〉（節錄），載《劉英紀念文集》，中共黨史出版社2002年版，頁289。

工作的否定，十分反感，從此與粟裕產生思想上的分歧。[2]

1936年3月，國軍羅卓英部經過幾個月圍剿，主力集結於城市與交通幹線。劉英判斷國軍「圍剿」已結束，要粟裕率「挺進師」返回浙西南。粟裕則認為國軍主力雖集結城市與交通幹線，但僅憑這一情況還不能判斷「圍剿」結束，「挺進師」主力應仍堅持在廣泛區域打游擊，何時進入浙西南中心區，應在進一步瞭解敵情後，相機行事。因粟裕持異，劉英即以省委名義作出主力進入浙西南的決定，並派許信焜任「挺進師」政委。

「挺進師」抵達浙西南周邊，瞭解到經過幾個月「圍剿」，浙西南根據地主要領導人黃富武已犧牲，其他領導幹部除個別人走失，也已先後犧牲，保留下來的少數基層幹部與部隊，化整為零隱蔽起來。白軍堡壘工事佈得像圍棋子一樣，保安團隊及地主武裝仍在繼續「圍剿」，敵情仍很嚴重。這種形勢下，「挺進師」如主動鑽進國軍包圍圈，人家求之不得。「挺進師」政委許信焜堅持要執行劉英的決定，但粟裕只進入浙西南地區進行幾次奇襲，隨即轉入更廣大地區打游擊，未「堅決執行」劉英指示。如此這般，加深了劉粟之間裂痕，並在臨時省委及部隊領導層傳揚開來。

在與閩東領導人葉飛的關係上，劉英希望借重閩東獨立師恢復浙南根據地，葉飛則認為獨立師的首要目標是堅持閩東各區鬥爭，逐步恢復閩東根據地，再向外發展。此外，劉英提出內部肅反，派政治保衛局到閩東根據地。葉飛最初不明白「肅反」怎麼一回事，很高興政治保衛局前來幫助工作。但政治保衛局的「肅反」很快擴大化，一些深受民眾擁護的積極分子，甚至帶頭鬧紅的共產黨員都被殺了，閩東群眾一片憤怒，許多鄉村爆發追殺政治保衛局人員事件。劉英與葉飛的關係也出現重大裂縫。[3]

---

[2]　粟裕：〈回憶浙南三年游擊戰爭〉，載中國革命博物館黨史研究室編：《黨史研究資料》第8期（1983年8月20日），頁11～12。

[3]　陳丹淮：《葉飛與閩東六變》（下），載《檔案春秋》（上海）2014年

吃掉葉飛

在失去與中央及上級聯繫的情況下，浙南、閩東兩地游擊區都有些本位主義、山頭主義。浙南方面還以「主力」自居。同時，因不知道遵義會議精神，受肅反擴大化影響，互相都有抓錯人、殺錯人等誤會，因此雙方都有氣，以致產生矛盾。臨時省委本應妥善處理矛盾、協調關係，但劉英卻想「統」掉閩東，幾次提出葉飛留在臨時省委工作，藉以調虎離山，使葉飛脫離閩東。粟裕不贊成，認為這樣不利於閩東游擊根據地的工作，亦不利於協調兩個游擊區的關係，而且也不符合成立臨時省委的初衷。同時，對劉英派員出任閩東獨立師政委，粟裕認為人選失當，不利於團結。但劉英拒絕了粟裕意見。

臨時省委成立後，劉、粟、葉三位主要領導經常分開活動，省委實由劉英一人主持。劉英常常強行貫徹個人意見，引起閩東方面疑慮與反感，粟裕很為難，「我是經常在外面打游擊的，對於這些問題只做了一些調解工作，也沒能收到什麼效果。」[4]

1936年2月間，粟裕正轉戰浙閩邊境，碰到閩北軍分區政治部主任，便寫一信託他帶給黃道，希望威望很高的黃道同志出面召集會議，商討三地游擊區的協調配合。黃道（1900～1939），北京高師生，參與南昌暴動，1928年春弋橫暴動領導人，創立紅十軍，歷任贛東北蘇維埃主席團秘書長，贛東北特區委組織部長、閩贛省委主要領導。[5]劉英也曾給黃道寫信聯繫過，對粟裕致信黃道十分不滿，並引起恐慌。3月，劉英函示葉飛，宣佈臨時省委調葉飛兼組織部長，閩東特委設副書記一人，再次要葉飛來省委。此時，粟裕是組織部長，

第6期，頁14。

4　粟裕：〈回憶浙南三年游擊戰爭〉，載中國革命博物館黨史研究室編：《黨史研究資料》第8期（1983年8月20日），頁12。

5　陳毅：〈紀念黃道同志〉（1943年9月），載《新四軍殉國先烈紀念冊》。中國革命博物館黨史研究室編：《黨史研究資料》1980年第16期轉載，頁3。

「這個決定無論在事前或事後，我都不知道，說明劉英同志既想把葉飛同志調離閩東，又想撤掉我這個組織部長。」

1936年2月，葉飛在福建政和見到閩北領導人黃道，向他介紹了閩東、浙南的情況，也談到閩浙臨時省委的分歧。葉飛提議成立閩浙贛省委，請黃道任書記，統一領導閩北、閩東、浙南三塊游擊區。黃道對採取統一行動表示讚賞，但提出一項條件：閩浙臨時省委必須對前期工作做出總結，並恢復浙省根據地，然後才能成立聯合的閩浙贛臨時省委。葉飛回來後，在劉英召集的閩浙臨時省委上，彙報了與黃道會面的經過及其意見。這無疑是對劉英的打擊，一直謀求建立三地省委的劉英此時改口——

我們現在不是很好嗎？已經建立了閩浙臨時省委，又何必去建什麼閩浙贛省委？有錯誤我們自己會糾正。如果你們有意見，那葉飛來當書記吧。

葉飛很驚愕，促成三塊根據地的聯合，絕不是為了個人權利。他生氣回絕了劉英的嘲笑，臨時省委會議不歡而散。

1936年6月，劉英以省委名義取消閩東特委，將閩東特委屬下的三個辦事處上升為特委，調葉飛到省委工作。這一決定遭到閩東特委一致反對，決定不執行劉英此令，葉飛仍實際領導閩東特委。劉英越來越感到葉飛對他領導地位的威脅，終於下決心除去葉飛。

1936年秋，活動於浙南慶元縣境的粟裕，接到劉英以臨時省委名義的來函，要粟裕趁與葉飛見面之機，將葉飛押送省委，並派來一支武裝監督執行。

劉英手令——

你要借會面的機會將葉飛逮捕，派專人押解鼎平。這是省委的命令，任何影響命令執行的任務，都將視為對抗和分裂省委。監督執行的部隊隨後就到，望速決。

粟裕十分震驚，不知發生什麼事，認為矛盾應在會議桌上解決，不應採取對敵鬥爭手段，但又不得不執行劉英命令。深秋之夜，

葉飛帶一個連上慶元南陽村與粟裕見面，遭到挺進師重兵圍捕，即發生火拼王倫式的「南陽事件」。粟裕擲杯為號，捉拿省委宣傳部長兼團省委書記葉飛。

粟裕深知此時如將葉飛押至劉英處，已負槍傷的葉飛將很危險。「幸喜在途中遇到敵人伏擊，葉飛同志乘機脫險。閩東同志隨即宣佈退出閩浙臨時省委。」南陽事件導致閩浙臨時省委的解體。

葉飛脫險具體細節：

葉飛隨行的一個連，一部衝出挺進師包圍，大部被繳械。押送途中，突遭國軍襲擊，挺進師迅速撤退，獨立師的人乘機跑進叢嶺，葉飛被挺進師執法隊打了一槍，躍下懸崖倒掛半山樹上，同行陳挺跑回救援，葉飛倖免一死。當他們趕回閩東獨立師駐地，獨立師群情激憤，要求出去與挺進師拼命。葉飛以「自己人不能打自己人」壓住部屬，未對挺進師採取報復，避免一場更大內訌。當然，閩東特委只能退出閩浙省委，中斷與浙南根據地的合作。[6]

粟裕被捕

粟裕未能解押葉飛到達省委所在地，劉英立即召開缺少閩東特委的閩浙臨時省委緊急會議，宣佈開除葉飛、邵英平的黨籍；同時提出「分裂省委」的問題，指斥葉飛、黃道反對劉英，粟裕參與其事。會上，劉英還將轉戰浙閩邊境、致信黃道、放掉葉飛，一一說成粟裕「分裂省委」的具體行為。此前浙西南問題上的意見分歧，也是「全盤否定浙西南的工作」、「對恢復浙西南喪失信心」。劉英對閩東主要負責人進行聲討，對粟裕進行鬥爭。因閩東已退出臨時省委，無法對葉飛開展「面對面鬥爭」，粟裕成為主要鬥爭對象，派一個班將他看押起來。

---

[6]　陳丹淮：《葉飛與閩東六變》（下），載《檔案春秋》（上海）2014年第6期，頁14～15。

　　經過一週反復思考，粟裕從「不能分裂」的大局出發，被迫違心做了「聲明」（檢討），鬥爭才算結束，獲釋出獄。此後，粟裕與劉英分開活動。劉英主要在浙南，粟裕則活動於浙贛線南側與浙西南。雖然在總的方面仍然配合，但只在各自區域內活動，「互相之間心存戒備，每當必須會合時也各自帶著武裝，並且不住在一個房子裡。」1937年2～10月間，雙方完全失去聯繫。劉、粟、葉，各幹各的，各打各的游擊。

劉英遺文

　　抗戰爆發後，「挺進師」編入新四軍，閩浙邊游擊隊編入新四軍三支隊。劉英留在浙江，任省委書記，並為浙省出席中共七大代表團團長；1938年12月，再任閩浙贛三省特派員。1942年2月，因叛徒出賣，劉英在溫州被捕。5月17日，蔣介石自重慶發往浙江急電：「飭速處決劉英」。18日拂曉，劉英被殺於永康方岩馬頭山。

　　原本人逝事遠，何況還是「省部級」烈士，這場人民內部矛盾也就塵封於中共黨史的褶皺間。偏偏劉英同志對這一段內訌耿耿於懷，1940年夏在皖南涇縣新四軍部撰文〈北上抗日與堅持浙閩邊三年鬥爭的回憶〉，對這場「路線鬥爭」做了有利於自己一方的陳述。該文1954年8月載《閩浙皖贛邊區史料》，再挑事端，引起浙南游擊區一些老同志的不滿，內有一段——

　　閩浙邊臨時省委第十次擴大會議……討論了對××（按：應為粟裕）問題的處理……討論了××同志三次聲明書，並通過了省委給×同志的一封信。……解決了許多無原則的糾紛，開展了反××為首的取消總的領導機關，破壞黨內團結，取消浙江工作的錯誤鬥爭，使挺進師及閩浙邊全黨的同志更加團結和鞏固。

　　粟裕直到1980年才讀到此文，12月28日，他致信總政、中宣部、中央黨史研究室和黨史資料徵集委員會，陳述意見——

我認為其中一些重要情節與當時實際情況不符，有一些重要觀點也不能同意，而且裡面違反實事求是地點了好多人的名。這篇文章的題目雖似個人回憶錄，其內容卻是對那一地區黨的工作和鬥爭做總結性的闡述。劉英同志寫這篇文章時沒有同當時的主要負責同志交談過，事後也沒有送給我們看過，因而只能代表他的個人意見。為免研究黨史的同志把這篇文章作為組織文件來對待，我要求將我的這封信列入有關檔案。[7]

聞悉這場紅軍內訌，汗毛倒豎，陣陣駭怖。南方三年游擊，鑽山林、宿野外，強敵環伺，每天拎著腦袋「鬧紅」，如此弱小還鬧不團結，猜疑爭權，甚至差點「你死我活」。既要防外面的「國」，還要防內部的「共」，革命確實「相當不易」。用今天的眼光，這場「起於萍末」的內部裂爭，完全屬於「人民內部矛盾」，通過「議會道路」便可解決。從根子上，還是沒有建立對待不同意見的民主機制，這才一遇「不同意見」便滑向暴力——「最後解決」。

那會兒若真「解決」了粟裕，那麼此後還會有「七戰七捷」、孟良崮戰役、淮海戰役？從這一角度看，歷史書寫確有相當偶然性。

這場省部級「路線鬥爭」，一直端不上檯面，亦屬「負面新聞」，不易「擴大化」，直至1980年代才一點點被「回憶」出來。

張聞天遺孀劉英回憶錄中也記述一則紅色負聞：1934年4～5月，中央局宣傳部副部長潘漢年被抽調任楊殷縣擴紅隊長。楊殷縣乃紅區邊境縣，赤白往來，擴紅難度很大。潘漢年向中央局組織部長李維漢反映實況：不少壯丁跑往白區。李維漢一聽，就說潘漢年「右傾」，把他的「擴紅突擊隊長」給撤了。1935年2月10日，紅軍在貴州枀西傳達遵義會議精神，誰都可以上台控訴左傾，「右傾」的潘漢年仍不敢上台，只在台下捅捅劉英（後為張聞天妻）的膀子，攛掇她上去

---

[7] 粟裕：〈回憶浙南三年游擊戰爭〉，載中國革命博物館黨史研究室編：《黨史研究資料》第8期（1983年8月20日），頁26～27。

「放炮」。[8]難講真話，那會兒就開始了。從總結歷史經驗角度，政治生態環境的重要性、解決內部異見的程序設置，實在是重要之至的人文進步。

2014年，陳毅之子陳丹淮少將（1943～）對「南陽事件」的性質有一段分析——

這裡重要的問題是劉英把個人當成了黨，這種錯誤的觀點已經危害了中國共產黨多年了。[9]

初稿：2013年1月6～8日；補充2014年6月於滬・三湘

原載《同舟共進》（廣州）2014年第9期

8　劉英：《劉英自述》，人民出版社2005年版，頁63～64。

9　陳丹淮：《葉飛與閩東六變》（下），載《檔案春秋》（上海）2014年第6期，頁15。

第二輯

延安紅史

西安事變的「後來」
──隱於史褶的細節

　　1936年「雙十二」西安事變，東北軍、十七路軍、紅軍「三位一體」，最後秉承「遠方」（莫斯科）旨意，和平解決，25日放蔣回寧。這一解決方案，明顯有利於莫斯科與中共。

　　事變前，中共慫恿張學良、楊虎城扣蔣，準備押蔣至赤區公審；事變後莫斯科高壓干涉，《真理報》嚴厲譴責張楊為賣國賊與日本代理人，史達林致電中共「立即釋放蔣，否則我們將斷絕與你們的一切關係。」「如果中共不利用他們的影響使蔣獲釋，莫斯科將斥責他們為『土匪』，並將在全世界面前予以譴責。」[1]

　　史達林希望中國能替蘇聯擋住東方野心勃勃的日本，以防日本北攻西伯利亞，不願意中國重陷大規模內戰。中共則從此免除被國軍圍剿的窘迫，能夠「合法」生存。最終，「西安事變」使中共躲過一劫，得以喘息，「龍興」延安，也是張學良晚年不願再回大陸的心病。

　　不過，「捉放蔣」對東北軍、十七路軍來說相當不划算了，等於「陪著玩」，白白替紅軍得罪頂頭上司，以後怎麼過日子？東北軍失去少帥、一蹶不振；十七路軍則被分化散編。那麼，年資較長的楊虎城（1893～1949），在張學良送蔣被扣後，真實心態如何？造成東北軍「二‧二」內訌這一重大事件，實況如何？多數國人一直不知其詳。筆者偶涉南漢宸之子回憶錄，得窺此間一些真相。

---

[1] 愛德格‧斯諾《紅色中國雜記（1936～1945）》，黨英凡譯，群眾出版社（北京）1983年版，頁8～12。

少壯派哭諫

　　南漢宸（1895～1967），山西趙城人，辛亥時期與同學組織家鄉兩千餘民軍，帶到太原編為敢死隊，直接開拔娘子關抵禦清軍。可惜晉燕聯軍功敗垂成，敢死隊隨即遣散，南漢宸重回師範讀書。1926年，南漢宸由著名中共黨員劉伯堅介紹入黨，長期供職西北軍，與楊虎城關係特鐵。1929～31年，南漢宸一直任陝西省長楊虎城的秘書長。因傳出「秘書長專政」，陝政越來越「紅」，蔣介石發了通緝令，楊虎城冒險送他出洋。西安事變爆發後，精明的周恩來為方便與楊虎城溝通，電令時在北平的南漢宸急赴西安。等南漢宸輾轉趕來，蔣介石已被放回、張學良被扣，楊虎城整天被東北軍少壯派圍纏，要求拼死反抗，要回他們的少帥。這些少壯軍官均為張學良一力提拔，與少帥感情很深。

　　事變之初，楊虎城就意識到十七路軍可能要作犧牲，對部下說：「把這個攤子（指十七路軍）捧了，響！值得。」即為改變全國抗日形勢，十七路軍「響」這麼一下，值！不過，這會兒他當然不知道會「犧牲」到哪一步。等到決定「放蔣」，自己還是必須聽命於蔣的部屬，犧牲的「意義」才真正凸顯出來。

　　1937年1月，楊虎城一方面受東北軍少壯派壓力，另一方面又囿於中共「和平解決」定調，前後無法動彈，處境尷尬。下旬，他對老朋友南漢宸說：「昨天，東北軍少壯派六十多個人，圍坐在我的客廳裡痛哭流涕，鬧著硬要我率領他們跟南京方面決一死戰，營救張漢卿（張學良字）。這可叫我為難哩！」南漢宸只得根據延安中央的精神：「這事我也聽說了。仗是千萬打不得，你一定要穩住，還是要勸勸他們。周公（周恩來）說，要幫助他們認識和平解決西安事變這個偉大戰略決策的深遠意義。」楊虎城搖搖頭──

　　是啊，我也對他們勸說了，根本沒法說通。他們一個個熱淚盈眶、慷慨激昂，那種同仇敵愾的精神和悲憤欲絕的情緒，也實在讓人

感動哩！他們除了打仗、救張漢卿，別的啥話也聽不進去。

南漢宸只得鼓勵楊虎城：「你現在一定要堅持和平解決。不然，下邊非亂不可。」楊一陣沉默，歎了口氣：「實在難哩！早晚還得出亂子。」

楊虎城深夜突訪

1月27日，楊虎城發現南漢宸上了東北軍少壯軍官要除殺的黑名單，次日凌晨三點突訪南漢宸。進門後，反手關上門，重重倚在門上。南漢宸披上大衣請他落坐沙發，楊情緒不好，交叉雙臂，疲乏地：「我就站著談吧！」沉默了一會，開始低沉說——

我今天有要緊的事情同你談。我們兩人是十幾年的朋友關係，這種朋友關係可以分為兩部分，一部分是純朋友關係，一部分是政治關係。政治關係方面，十幾年來我是對得起你的。1928年在皖北的時候，你們要暴動，蔣介石又派韓振聲到皖北要我逮捕你，我不肯，我當時寧願拋開我的部隊，去了日本，我不願同你們決裂。1930年入關以後，我用你當秘書長，1932年冬，黃傑兵壓潼關，持蔣介石命令要逮捕你，我不惜冒著引起戰爭的危險，將你放走。從此我與蔣介石的關係越來越壞。因此，在政治上我是對得起你的。

你這次來西安，我當然不反對你站在你們黨的立場，但是，我希望你也要替我打算打算。你剛一來到時，我就對你說，和平解決就是犧牲我。張漢卿主張和平解決，並親自送蔣介石到南京，結果如何，現在差不多可以看出來了，回來希望不大，張漢卿的犧牲是差不多了。共產黨主張和平，可以同國民黨、蔣介石分庭抗禮，他們是平等的。我是蔣介石的部下，蔣介石的為人是睚眥必報的。和平解決以後，叫我怎樣對付蔣介石？所以，和平解決的前途就是犧牲我！

這種情形，你為什麼不替我想一想？你只一味地站在你們黨的方面說話。我現在不能看著自己就這樣完了。我們現在的政治關係是

不能再繼續下去了。但是我仍願與你保持純朋友的關係。現在局勢的發展很險惡，不知道會演變出什麼事來。我現在把你送到我老太太家裡去（三原縣東裡堡），你在那裡是安全的。你今後不要再過問西安的事情。

楊虎城說完，深深籲一口氣，重重靠在門板上，一動不動，不再吱聲。

周恩來定策

南漢宸知道楊虎城這番話不單單對他個人所說，而是要他帶給中共代表團。形勢的確很亂，有可能爆發內戰，楊虎城為事變作出很大犧牲，受到各方重大壓力，處境十分艱難，已無力掌控局面，內心極為焦慮、彷徨、痛苦。雖然很理解楊虎城，南漢宸仍只能如此回答：「我是共產黨員，絕對不能離開黨的工作，不能就這樣撒手不管。目前的局勢怎樣處理，我馬上就去找周公研究。」楊虎城點點頭，轉身拉開房門，輕輕走出去。南漢宸穿好衣服，摸黑匆匆趕往中共代表團住所。

此前幾小時，周恩來剛剛遭到少壯派軍官圍攻，他們先苦苦哀求，然後威脅要挾，口口聲聲要求紅軍出兵幫他們打中央軍，營救少帥。張學良機要秘書「苗瘋子」苗劍秋（1902～1989）大哭大鬧，張學良衛隊團長孫銘九（1909～2000）一面哭一邊向周恩來下跪，久久不起。周恩來、博古、葉劍英及代表團工作人員再三解釋勸說，這批軍官才於半夜時分離去。

周恩來一聽南漢宸的彙報，進一步感覺形勢嚴重，要南漢宸轉告楊虎城，中共方面一定對得起朋友。他與葉劍英天一亮就要趕去三原紅軍司令部開會，晚上一定趕回西安，告知中共方面的「戰」「和」態度。三原紅軍司令部會議上，周恩來、葉劍英與張聞天、彭德懷、任弼時、左權、楊尚昆再三研判，認為雖然不該打仗，但從西

安現實情況來看，如果紅軍堅決反對打，則會失去東北軍、十七路軍的信任，西安已經出現「紅軍出賣朋友」的聲音。針對時局，周恩來主張暫時保留自己一方的主張，在東北軍、十七路軍一致主戰的情況下，全力支援他們打好這一仗，與朋友同進退。當晚，周恩來、葉劍英趕回西安，向楊虎城傳達了紅軍的這一決定。

這裡，中共長期遮掩一截重要事實。1月，潘漢年作為南京密使來西安，東北軍少壯派軍官懷疑其身分逮捕了潘，從他身上搜出國共直接談判的文件，內有劃赤區為特區、提供軍餉、共產黨合法等，國民黨方面簽署人為張群。苗劍秋執持文件質問周恩來——

為什麼出賣我們「三位一體」協議？你們為什麼單獨談判？難道這就是你們同意讓張學良去南京的原因？這叫什麼統一戰線？現在誰還能作紅軍的朋友？你們不能在西安保持統一戰線，怎麼能在全國保持統一戰線？

苗劍秋與周恩來談了六小時，堅持與南京談判前必須釋張，但未能達成協議。苗罵周：「你真不識時務，是個蠢人。」這才有1月28日周恩來要車回三原紅軍司令部開會，說服中共接受「生死與共」，並明確對苗劍秋表示「你是正確的！」

東北軍高級將領王以哲、何柱國、于學忠本就不願與中共結盟，當他們發現周恩來與南京單獨談判，非常高興，「因為這給了他們一個決裂的藉口。」

周恩來也是迫於史達林的壓力，被迫從「反蔣抗日」轉到「擁蔣抗日」，對妥協解決「事變」也是一肚子不滿意。2月1日，周恩來約苗劍秋談話，說了一段相當違反黨性的話：

我很擔心、我很擔心，如果現在用投降解決這個事變，那麼一切都完了。你說的都是對的，現在我才體驗到李立三和陳獨秀當時面臨過的困難。[2]

2　愛德格·斯諾《紅色中國雜記（1936～1945）》，黨英凡譯，群眾出版社（北京）1983年版，頁18～22。

最高軍事會議

　　1月29日，少壯派軍官提議在渭南召開軍事會議，主和的高級將領與主戰的少壯派中級軍官爭執不下，鬧翻了。1月31日，張學良臨行前委託指揮的于學忠軍長從蘭州趕來，連夜召開東北軍、十七路軍、紅軍三方最高軍事會議，少壯派軍官列席旁聽，火藥味極濃。

　　楊虎城、于學忠、王以哲、何柱國、周恩來五人出席會議，幾名少壯軍官列席。會議由楊虎城主持，宣佈開會後，誰也不說話，長時間沉默，氣氛緊張。楊虎城：「請周先生先講吧！」周恩來原本就定策觀風向而定，不便先說：「我們今天是以你們兩方面的意見為準，還是請你們先講。」楊虎城轉向于學忠：

　　張先生臨走時，下手諭東北軍由孝侯兄負責。現在就請孝侯兄代表東北軍發表意見，不要推辭。

　　于學忠沉默一陣，斷斷續續說——

　　我剛從蘭州來，不瞭解整個局勢的情況。到西安後，東北軍內部有的主和、有的主戰，意見很不一致。我個人的意見，還是應該和平解決，不應該打仗……

　　于學忠表態主和，在座者略感意外。接著，于學忠從政治、軍事、營救少帥幾個角度闡述了不該開仗的理由。于學忠講完後，楊虎城問王以哲、何柱國的意見，兩人都表示同意于學忠的意見。這樣，東北軍負責人一致主和。

　　楊虎城此時說——

　　從道義上講，應該主戰；從利害上講，應該主和。東北軍方面既是主和，那麼我們還是實行同顧祝同談妥的方案，和平解決吧！不知周先生意見如何？

　　見會議開成這樣，周恩來露出笑容，順水推舟——

　　我們原來是堅決主張和平解決的，以後你們兩方有許多人堅決主戰，我們為了團結，只要你們兩方一致主戰，我們也可以暫時保留

我們的主張。現在你們兩方一致主和，我們當然是贊同的。不過，請你們注意內部的團結和設法說服你們的部下，否則恐怕還會發生問題的。

最高軍事會議開了六小時，列席的少壯軍官沒有發言權，看到高級將領一致主和，敢怒不敢言，加上會場內外戒備森嚴，他們無可奈何，但深受刺激。

最高軍事會議沒有向三軍發出作戰命令，而是向南京方面派出和談代表。[3]

2月1日，西安派員前往潼關談判，中共派出李克農。幾人在城門處遭少壯軍官攔截，不讓出城。東北軍特務團一部甚至包圍于學忠住地，要于放棄成命。何柱國大怒，痛加訓斥，欲執行軍紀，特務團一部才被迫撤去。

此處必須交代一關鍵細節：中共一直凸顯周恩來勸阻張學良送蔣回寧，既英明亦義氣。而事實是周恩來直到12月28日還對日本趕回的張學良政治顧問苗劍秋說：「我相信他很快就回來。」事實上，蔣介石也不同意張學良陪送南京：「這於你是不利的。」蔣的這一誠懇態度促使張學良下決心結束「事變」。[4]

「二‧二」政變

2月2日，苗劍秋、孫銘九、應德田等少壯軍官以「抗日同志會」名義召集會議，決定發動政變，除去東北軍上層妥協派，澈底改造東北軍領導核心，改變妥協決定。

政變一發動，軍長王以哲首先被殺。事實上，王以哲並不是最

[3] 南新宙：〈南漢宸的故事〉，載《紅旗飄飄》第25集，中國青年出版社1982年版，頁65～120。
[4] 愛德格‧斯諾《紅色中國雜記（1936～1945）》，黨英凡譯，群眾出版社（北京）1983年版，頁17、23。

堅決的主和首領，周恩來30日晚傳達中共「同進退」時，王還曾一度「主戰」。但少壯派此時已將所有贊同妥協的東北軍將領都視為障礙，孫銘九指揮的特務團在城裡四處搜殺「妥協派」，就連對軍政決策並不起作用的參謀處長徐方、交通處長蔣斌、副處長宋學禮等亦相繼被殺。何柱國等主和將領躲入楊虎城公寓，才倖免於難。

「二・二」政變只持續一天，三日凌晨，前線部隊撤下來，少壯軍官難以取得指揮權，各部迅速分化，均反對「政變」，表示寧可聽命南京中央。支持政變的，除十七路軍部分旅團長及城內激烈左派，少壯軍官在東北軍內部明顯孤立，陷入進退兩難困境。

三日上午，苗劍秋、孫銘九等清楚意識到他們無法控制東北軍，政變已造成嚴重後果——東北軍三個師宣佈「效忠中央」。他們不得不找到周恩來，「悔過認罪」，請求周恩來協助平息此事。周恩來一方面批評「殺王」，一方面打電話給楊虎城、于學忠，請兩人出面「善後」——主持局面。同時，考慮到中共與孫銘九、苗劍秋、應德田「三劍客」的長期密切關係，周恩來派劉鼎（中共駐張學良司令部代表）帶「三劍客」等人乘車祕密出城，遠避三原紅軍駐地。

2月3日，駐蒲城的東北軍騎10師叛變，將楊虎城在蒲城的民團全部繳械。駐周至、眉縣的東北軍106師也宣佈效命南京「中央」，脫離西安。緊接著，深為張學良信任的東北軍105師也轉身與潼關中央軍接頭，捕殺協助張學良聯共的高福源等東北軍官，反過來向西安方面警戒。東北軍如此迅速分化，西北「三位一體」已難維持。

毛澤東數電周恩來：「二・二」首犯必須槍決，無論是左派還是黨員，否則無以彌合東北軍分裂，從犯也不能收容。周恩來很快告知毛澤東：「二・二」事件後，少壯派潰亂，槍殺王以哲的特務連長于文俊被剖腹，四個團長被扣，一個營跑走，政訓處跑散，張學良公館機要人員也跑光了，機要文件被燒毀，孫銘九的特務團及抗先隊被迫遠避邠州，「抗日同志會」會員大起恐慌。東北軍危若累卵，很可能被蔣調離西北，甚至分化瓦解。這種情況下，不宜再打擊少壯派，否

則助長南京方面氣焰，便於敵方收買與各個擊破。周恩來對東北軍的情況當然比毛澤東看得清楚，延安迅速接受其建議。

「二・二」事件極大分化東北軍。幾天後，蔣介石宣佈所有忠於中央的東北軍駐留原地，其餘東調豫皖，接受整編。東北軍主要將領除投靠南京，其餘因「二・二」深受刺激，迅速失去對中共的信任。孫銘九等四人由劉鼎帶往紅軍駐地避禍，很快為東北軍上下得知，一些將領甚至懷疑四人所為乃中共指使，更有謠傳個別將領仍屬刺殺目標。東北軍上層人心惶惶，急於離開這一貧瘠的是非之地。

十七路軍解體

「二・二」也深刻影響楊虎城和他的十七路軍。「二・二」後，東北軍將領對楊「甚誤會」，懷疑楊會不考慮東北軍的死活。周恩來反復勸說，仍難釋嫌。楊虎城亦因中央軍將至，確信十七路軍必受壓迫。他明確告訴周恩來：十七路軍必難生存，只有交給紅軍才有出路，自己只好離開部隊。

2月8日，中央軍開進西安。次日，顧祝同率西安行營人員進駐西安。隨後，東北軍、西北軍、紅軍分別與顧祝同談判，「三位一體」瓦解。3月初，東北軍東調。不久，蔣介石明令撤銷十七路軍番號，着楊虎城出國考察，升其部下孫蔚如為軍長兼陝西省主席，馮欽哉升任軍長，調出陝西。其餘部隊由楊虎城自行提出安置方案，李行中為師長，許權中為李行中師的旅長，趙壽山為師長。這些都是楊虎城的基本部隊，這兩個師編好後，所有軍官都安置在這兩個師裡。南京同意這一方案後，楊虎城離西安赴上海準備出國。出國前，在上海身著將軍禮服照了半身八寸照片，連同〈出國告官兵書〉分別寄贈原十七路軍的團以上軍官。[5]

5 童陸生：〈楊虎城將軍散記〉，載《革命回憶錄》第9輯，人民出版社（北京）1983年版，頁132～144。

　　西安事變前，十七路軍共有兩個整編師、三個警備旅，再加上直屬部隊，總計28個團，六萬餘人。事變後，師長馮欽哉率部投蔣，被蔣擴編為第二十七路軍。接著，警備第一旅王俊部、警備第二旅兩個團、四十九旅先後倒向南京，「反水」共計14個團，兩萬餘人。十七路軍餘下不到四萬人，編為第三十八軍。自此，十七路軍由地方實力派，一變為出身不正的中央軍旁系雜牌。

　　至於楊虎城，當然為蔣介石深忌。1937年1月31日，戴笠給部屬的密電明確表達剷除楊虎城的意圖。[6] 6月29日，楊以「歐美考察軍事專家」身分被迫赴歐美。「七‧七」後，楊虎城多次電求回國，請纓殺敵。10月2日，接宋子文電「似可回國」。1937年12月經香港回國，與秘書、家人在武昌軟禁，長期關押。[7] 1949年春，國共重開和談，代總統李宗仁下令釋放，但命令未被執行。1949年9月6日，毛人鳳受蔣介石指示，將楊虎城及其幼子楊拯中、幼女楊拯貴，秘書宋綺雲夫婦及幼子「小蘿蔔頭」，處決於重慶戴公祠。

　　近年，楊虎城被北京表彰「為新中國成立作出突出貢獻百位英雄模範人物」，其英雄模範事蹟當然就是使中共起死回生的「西安事變」。

2013年12月15日於滬‧三湘

原載：騰訊網「大家」2013年12月22日、30日

6　台灣國史館藏檔：144－010114－0002－068。

7　陳雁：〈戴笠遺檔中的「西安事變」前後〉；載《世紀》（上海）2014年第2期，頁38～39。

延安一怪冼星海

一曲氣壯山河的〈黃河大合唱〉使冼星海名垂樂史，但很少有人知道他還躋身「延安四怪」。其他三怪：長髮披肩與眾不同的演員塞克（1906～1988，河北霸縣人）、狂放不羈獨往獨來的作家蕭軍（1907～1988，遼寧義縣人）、暴躁激烈易於犯上的譯家王實味（1906～1947，河南潢川人）。冼星海的「怪」是要求保證他吃雞吃糖，否則無法作曲。

艱難求學

冼星海（1905～1945），生於澳門貧苦漁家，父親在他出生前半年就去世了，但為遺腹子取了一個十分詩意的名字：星海。冼母投靠澳門娘家，1911年母子漂泊至新加坡。按說，如此家境不可能培育出音樂天才。

冼母洗衣幫傭，咬牙供兒上學。先入英人開辦之校學英語，再入華僑小學、中學，修習漢語，打下中英文基礎。此後，冼星海入嶺南大學新加坡分校——養正中學附小，得到最初的音樂訓練。1918年回粵，入讀廣州嶺南大學附屬義學。1919年以優秀僑生被嶺大附中錄取，後升嶺大預科，師生譽為「南國簫手」。這一階段，冼星海的音樂天才得到長足發展。他參加學校樂隊，演奏小提琴和單簧管，並任指揮。1926年秋，冼入北京大學音樂傳習所，專攻小提琴，同時兼職北大圖書館管理員以維持生活。1928年入上海國立音樂學院，結識田漢，參加「南國社」戲劇活動。1929年夏，冼星海因參加學潮被迫退學。10月，他克服經濟上種種困難，靠朋友幫助上船做苦工，免費渡海赴法，他要圓自己的夢想——入學全球音樂最高殿堂。

最初幾年，他在巴黎一家「北京飯館」跑堂打雜、拉琴助餐，以維持生活，還忍辱在咖啡館、大餐廳拉琴討錢。他住在貧民窟最高層狹小房間，無法直身，練琴只得鑽出小門上陽台。冬天取暖，得上街跑步。他先找到Ｐ・奧別多菲爾（Paul Oberdoeifer）學小提琴，再從路愛日・加隆（Noel Geallon）學作曲理論。憐憫其貧，兩位老師均免掉每月學費200法郎（合十塊國幣）。這一時期，他失業十餘次，經常餓癱街頭。一對白俄苦工夫婦伸出援手，經常請他吃飯。

這一段艱苦求學，冼星海描述──

我常常在失業與飢餓中，而且求救無門……在繁重瑣屑的工作裡，只能在忙裡抽出一點時間來學習提琴、看看譜、練習寫曲。但是時間都不能固定，除了上課的時間無論如何要想法去上課外，有時在晚上能夠在廚房裡學習提琴就好了，最糟的有時一早五點鐘起來，直做到晚上十二點鐘。有一次，因為白天上課弄得很累，回來又一直做到晚上九點鐘，最後一次端菜上樓時，因為暈眩連人帶菜都摔倒，挨了一頓罵之後，第二天就被開除了……我失過十幾次業，餓飯，找不到住處，一切困難問題都遇到過。有幾次又冷又餓，實在堅持不住，在街上軟癱下來了……有過好幾天，餓得快死，沒法，只得提了提琴到咖啡館、大餐館中去拉奏討錢。忍著羞辱拉了整天得不到多少錢，回到寓所不覺痛哭起來，把錢扔到地下，但又不得不拾起來。門外房東在敲門要房金，只好把討到的錢給他，否則就有到捕房去坐牢的危險（其實，如不是為了學習，倒是個活路）。有一次討錢的時候，一個有錢的中國留學生把我的碟子摔碎，掌我的頰，說我丟中國人的醜！……我想到自己多難的祖國，和三年以來在巴黎受盡的種種辛酸、無助、孤單，悲忿抑鬱的感情混合在一起，我兩眼裡不禁充滿了淚水，回到店裡偷偷地哭起來。在悲痛裡我起了怎樣去挽救祖國危亡的思念。[1]

---

[1]　馬可：《冼星海傳》，人民文學出版（北京）1980年版，頁252。

就在這樣的痛苦煎熬中，1931年春，冼星海成功創作了〈風〉。這首曲子得到老師們的讚譽。憑藉實力，經人介紹，冼星海結識了著名作曲家──保羅・杜卡，並終於圓夢，考入巴黎音樂學院的高級作曲班。當時，在那裡學習音樂的中國留學生，只有冼星海一人考入該班，並獲得榮譽獎。學校問他需要什麼獎項，他答曰：「飯票」。於是，學校送給他一疊飯票。1935年5月，杜卡教授突然病逝，冼星海不得不結束高級作曲班的學習，加上他急於回國探母，在友人幫助下，再次搭乘免費貨船回國。留法五年半，冼星海掌握了西方現代作曲技法，豐富了音樂修養，開闊了藝術視野，成為他走向藝術巔峰的重要台階。

抗日作曲家

回國後，冼星海在上海百代唱片公司、新華電影公司擔任配樂，為《夜半歌聲》等影片配曲，同時積極投入抗日救亡活動。「八・一三」淞滬會戰爆發，冼星海和洪深、金山、王瑩等組織上海救亡演劇二隊，1937年12月抵達武漢，一路相繼創作了〈救國軍歌〉、〈在太行山上〉、〈到敵人後方去〉等抗戰歌曲。

槍口對外，齊步前進！不傷老百姓，不打自己人！我們是鐵的隊伍，我們是鐵的心，維護中華民族，永做自由人！

這首塞克作詞、冼星海作曲的〈救國軍歌〉，堪稱抗日救亡第一歌，傳唱最廣影響最久的抗戰歌曲。1936年夏初，塞克晚飯後獨自走在昏暗馬路上，走著走著，不由自主邁出軍人步伐。他意識到：應該寫一首抗日軍歌。想到內戰未息，於是，「槍口對外」成了第一句歌詞，接著抗戰必勝、中華民族必然解放，「永作自由人」迅速躍出，成為全歌詞眼。回到住處，趁熱打鐵，塞克完成〈救國軍歌〉歌詞。第二天，塞克拿著歌詞，去冼星海處，將歌詞向冼星海面前一扔，點上最後一支香煙，將空煙盒也扔在冼星海桌上。冼星海端著飯

碗看了一遍歌詞，連聲叫好，顧不上尋找鉛筆橡皮和五線譜紙，立即
掏出隨身鋼筆，順手拆開塞克棄扔的煙盒，一邊吃飯，一邊用鼻子哼
旋律，不時用筷子敲擊碗邊打節奏，又不時停下來在煙盒紙上記些什
麼。就這樣，塞克抽完一支煙，冼星海就譜完曲子──僅用五六分
鐘！一支風靡全國的抗戰名歌就這麼產生了。

1937年9月，冼星海首次聽到延安這一地名。1938年3月4日，他
日記中──

今天悶得很，把《抗戰中的延安》讀過一次就感到很興奮。看
他們一班革命青年在節衣縮食去幹革命工作，不斷尋求真理和民族的
解放！我們雖然在後方，可是比起他們就覺得慚愧得多！我怕自己會
漸漸落後而大不前進。中國現在是成了兩個世界，一個是向著墮落處
下沉，而另一個就是向著光明的有希望的上進。延安就是新中國的發
祥地。[2]

延安歲月

1938年9月底，經周恩來過問，武漢八路軍辦事處轉來延安魯迅藝
術學院沙可夫院長的聘書，以及全系師生集體簽名的附信，聘請冼星
海赴延任教（魯藝音樂系主任）。正在猶豫不決，此時已有傳言──

聽說什麼都好，就是沒有自由。

一切聽組織分配，不准有個人志願。

進去了就不能出來，還必須參加共產黨。[3]

兩封延安催電又至，他問明提供自由創作環境及自由出入，10月
初攜新婚妻子錢韻玲（經濟學家錢亦石之女）赴延，11月3日抵達。
1939年5月15日遞交入黨申請書，6月14日加入中共。

---

[2] 紫卉：〈《黃河大合唱》的兩部手稿檔案〉，載《檔案春秋》（上海）
2006年第9期，頁2。

[3] 馬可：《冼星海傳》，人民文學出版社（北京）1980年版，頁243。

1938年11月～1940年5月，冼星海生活在延安，一生創作的巔峰期，寫出〈黃河大合唱〉、〈生產大合唱〉、〈九一八大合唱〉等大型聲樂套曲在內的百餘首作品。不過，音樂家冼星海內心激情似火，外表卻近於木訥，拙於言辭。到延安後，入住窯洞倒還沒什麼，吃小米卻「沒有味道，粗糙，還雜著殼，我吃一碗就吃不下了。以後吃了很久才吃慣。」畢竟留法六年的洋學生，如此簡單粗糙的生活，一時難以適應。他的思維定勢與生活習慣亦與周邊環境不時發生衝突，尤其對頻繁開會不甚習慣，白耽誤時間。而且，全延安沒一架鋼琴，只有「輕武器」──提琴、手風琴及一些中式樂器。有時，因無處發洩，竟將隔壁飛來的小雞打得滿屋亂飛，他負氣地對人說：「保證我吃雞，否則一行旋律也寫不出。」

但他很快被「改造」過來，不僅吃出小米的香，還慢慢習慣了開會、聽報告，甚至有點愛上政治學習。他寫信給田漢：「已澈底擯棄了『為藝術而藝術』」。1940年3月21日，他給一位友人寫了長信，這就是冼星海十分珍貴的一份自傳。據此信可知，冼星海在延安受到優待，每月津貼15元（含女大兼課津貼三元），其他藝術教員一律12元，助教6元。

1938年延安津貼標準：士兵（班長）一元、排長二元、連長三元、營長四元、團長以上一律五元，毛澤東、朱德也是五元，邊區政府主席林伯渠四元。惟著名文化人、大學者5～10元。1938～39年抗大主任教員艾思奇、何思敬、任白戈、徐懋庸每月津貼十元。[4] 王實味、陳伯達每月津貼4.5元。發的是延安「邊幣」，一元邊幣可買兩條肥皂或一支半牙膏或兩斤肉包子或十幾個雞蛋。[5] 也有人記述──

---

[4] 徐懋庸：《徐懋庸回憶錄》，人民文學出版社（北京）1982年版，頁121。

[5] 黃華：《親歷與見聞──黃華回憶錄》，世界知識出版社（北京）2007年版，頁43。

　　每人每月發一元邊幣，只能夠買一把牙刷一包牙粉，最困難時期，連這點錢也停發了。[6]

　　冼星海的優待級別已是最高規格。不過，藝術創造需要燃燒熱情，而熱情燃燒確實離不開充沛體力，沒有一定的物質基礎難以支持創造所需激情。因此，「冼星海吃雞」並非「小資」情調發作，而是工作需要。「吃雞」較之〈黃河大合唱〉有可比性麼？奈何延安物質條件太差，「吃雞」方成一怪。

黃河大合唱

　　1939年2月18日除夕夜，冼星海受邀來到延安西北旅社一間寬敞窯洞，與第二戰區抗敵演劇三隊聚集一堂，聆聽三隊詩人光未然的新作〈黃河大合唱〉。這首大型組詩來自詩人兩渡黃河及在黃河兩岸行軍打仗的親身感受。400多行的詩句，26歲的詩人一氣呵成，從頭朗誦到尾，全窯洞聽眾的心脈隨著抑揚頓挫的詩句跳動，最後一句「向著全世界勞動的人民，發出戰鬥的警號」，一片寂靜。頃刻，掌聲爆響。冼星海一直坐在靠門邊，霍然大步上前，一把抓過詩稿：「我有把握把它譜好！我一定及時為你們趕出來！」一窯洞的人報以熱烈掌聲。

　　為了創作好〈黃河大合唱〉，冼星海沒急著動筆，用了近一月時間向光未然與三隊演職員詳盡瞭解搶渡黃河的情形以及船工號子，默默醞釀。1939年3月26～31日，六天六夜，冼星海不間斷地完成〈黃河大合唱〉譜曲，一共八首，包括合唱、齊唱、獨唱、對唱、輪唱。創作前，延安吃雞不易，冼星海退而求其次，要求吃糖。冼喜愛甜食，要求光未然為「作曲」買兩斤白糖。一切齊備，冼星海盤腿炕上，開始創作。他一邊撮糖入嘴，一邊從超長煙桿（拔去筆尖的毛竹

---

[6]　蘇一平：〈延安西北文工團的閃光足跡〉（節選），載艾克恩編《延安文藝回憶錄》，中國社會科學出版社（北京）1992年版，頁244。

筆竿）吐出騰騰煙霧，妻子錢韻玲在旁為他熬煮「土咖啡」（黃豆粉拌紅糖）。就這樣，在延安窯洞裡，誕生了這首激昂狂野又婉轉抒情的樂章。音樂界認為二十世紀中國音樂能夠傳世的只有「兩首曲子一首歌」：小提琴協奏曲〈梁祝〉、二胡獨奏曲〈二泉映月〉，一首歌便是〈黃河大合唱〉。

〈黃河大合唱〉的音樂特點為中西結合，鋪入晉陝民歌及古曲〈滿江紅〉音型，氣勢雄偉佈局龐大，音樂與歌詞渾然一體，山呼海嘯的黃河怒濤奔湧出中華民族磅礡的抗戰力量。一位詩人說：「從歌聲中可以聽出一個民族的命運。」更重要的是它所依託的抗戰背景，表現出中華民族的雄厚偉力與必勝信心。

1939年4月13日，抗戰演劇三隊和「魯藝」音樂系樂隊在陝北公學禮堂舉行首演，觀眾千餘。冼星海親自指導，光未然親任朗誦，男聲獨唱田沖，女聲獨唱蔣旨暇，二重唱史鑒、劉晨暄。演出非常成功，轟動延安。1939年5月11日，毛澤東也聽了〈黃河大合唱〉，連聲稱好，單獨邀見冼星海。當毛澤東從魯藝副院長趙毅敏處獲知冼星海在創作中用壞不少蘸水筆，特贈冼星海一支派克鋼筆與一瓶派克墨水（老外送毛的延安稀罕貨）。李富春設法解決了冼星海的吃糖問題，留守兵團司令蕭勁光專門撥一孔窯洞給冼星海，配備一名通訊員照顧冼星海生活，並送來一筐蠟燭，供他夜間創作。

「風在吼！馬在叫！黃河在咆哮……」在延安迅速傳唱。冼星海被各單位請去教唱和指揮〈黃河大合唱〉，經常忙得回不了家，不久任命魯藝音樂系主任。〈黃河大合唱〉一直作為延安各種演出和晚會的保留節目，專門招待國共將領、民間團體及外國賓客，如國民黨元老張繼、僑領陳嘉庚、作家老舍茅盾、美國軍事考察團、馬歇爾將軍等。

另一支抗戰名曲〈生產運動大合唱〉，也是冼星海與塞克合作。1939年春，延安大生產運動搞得熱火朝天。塞克在延河邊散步，人來人往的大生產繁忙景象，深深觸動了他。恰巧，就在這段時間冼

星海多次向他索要歌詞,並專門囑咐寫一些「厲害的」。塞克眼前忽然一亮:大生產運動,支援抗戰,不是很有意義很「厲害」麼?於是,塞克決定寫一部反映大生產運動的大合唱,當即在延河邊構思。沒幾天,塞克完成腹稿。一天早飯後,塞克關起門,進入寫作狀態。掌燈時分,一部多場〈生產運動大合唱〉腳本一氣呵成。冼星海早在盼望塞克的歌詞,拿到腳本後,3月1日投入封閉式創作。白天,他閉門謝客;晚飯後,和塞克一起到東山或窯洞前散步,切磋作品。〈生產運動大合唱〉冼星海也僅用六天譜寫完畢。1939年3月21日,冼星海親自指揮,陝北公學大禮堂,魯藝師生舉行首演,獲得成功。

最後歲月

1940年,抗日戰爭進入艱苦的相持階段,為激勵軍民英勇抗戰,攝影家吳印咸拍攝了延安首部紀錄片——《延安與八路軍》,導演袁牧之點名要冼星海配樂。當時延安電影器材十分落後,冼星海與袁牧之等人於1940年5月秘赴蘇聯,完成影片後期製作,同時接洽購買先進的蘇聯電影設備。毛澤東請客送行,11月到達莫斯科。1941年6月22日蘇德戰爭爆發,不懂俄文的冼星海無法為戰爭效力,便想回國。但新疆軍閥盛世才這時與赤俄、中共翻臉,共方人員無法經由新疆返國。

1941年9月,冼星海一行離開戰亂中的莫斯科,到達蒙古,準備回國。然受阻於國境線,只得在烏蘭巴托流浪。1942年12月9日,他輾轉至阿拉木圖,化名「黃訓」(赴蘇後用名,母姓),取得「政治居留權」。在阿拉木圖,冼星海結識了哈薩克音樂界朋友,擺脫居無定所、食不果腹的窘境,重燃創作熱情,經常出席各種音樂會,並邀請哈薩克音樂家演奏當地民歌。他以敏捷樂思將哈薩克民歌改編成一首首小提琴曲和鋼琴曲,還創作了一系列表現蘇聯人民反法西斯戰爭的交響樂,如〈第二「神聖之戰」交響樂〉、歌頌蘇聯民族英雄的交

響詩〈阿曼蓋爾德〉、交響組曲〈滿江紅〉，並撰寫〈論中國的民族音樂形式〉、〈民歌與中國新音樂〉等論著。

1944年1月30日，冼星海來到哈薩克斯坦的庫斯坦奈州，入住十月大街44號22室。

生活相當艱苦，而營養比在阿拉木圖更差，自己的衣服和手錶等拿去市場出賣，還不夠供給幾個月生活，薪金實在是不多，經常還要斷頓。膳堂的紙證雖然發給，但不發給早晚餐營養品，只有等到月底才能領到一些，即使領得也只夠三四天吃。

這時，他不僅肺部有結核，還有肝腫、腹膜炎和心臟病，每天上醫院抽出好幾立升腹水。二戰快結束時，冼星海被送至莫斯科。重病中的冼星海，走投無路，找到莫斯科外文出版社的李立三。李立三將重病的冼星海接到家中。

戰爭尚未結束的莫斯科，各種物資都實行配給制，食品供應奇缺，李立三的住房也相當困難。更要命的是：李立三在蘇聯大肅反時期下獄，1939年11月4日「死裡逃生」獲釋，但停止黨籍，成為莫斯科無國籍遊民。原來居住的共產國際宿舍，早被他人佔用，只得擠在俄籍妻子的娘家。岳母家只有一間約30平米的屋子，當中拉一幅白簾，一邊是李莎（李妻）的嫂侄，一邊是李立三夫婦和岳母，1943年又增添女兒英娜。本已擁擠不堪，再把冼星海夫婦接進來，難上加難。李立三與家人商量後：把床鋪讓給冼星海夫婦，自己睡地鋪。李立三夫婦不僅幫助冼星海聯繫治病，更要解決冼星海夫婦的食品配給，日夜奔走，難得安寧。

一個多月後，在李立三的奔波下，總算得到史達林批示，在蘇聯國際救濟總會幫助下，冼星海入住克里姆林宮醫院，李立三夫婦經常前往看望照料。由於所患嚴重血癌，沉屙積疾，醫生回天無力。四個多月後，1945年10月30日，冼星海病逝，年僅40歲。李立三夫婦幫著料理後事，與蘇方一起為冼星海舉行隆重葬禮。致悼詞的是後來為〈莫斯科－北京〉譜曲的蘇聯著名音樂家穆拉傑利。冼

星海安葬在莫斯科近郊公墓，骨灰盛放於灰色大理石小匣，匣子正中鑲著一張橢圓形照片，周圍環繞緞製花束，下刻金色俄文：中國作曲家、愛國主義者、共產黨員：黃訓。

　　1980年代，經反復交流，冼星海遺孀專程赴俄，迎回骨灰盒。[7]

資料來源：

馬可：《冼星海傳》（附錄冼星海「我學習音樂的經過」），人民文學出版社1980年版。

秦啟明：《冼星海》，長江文藝出版社1980年版。

（與2006級碩士生孫曉丹合作）

初稿：2007年7月，補充：2009年6月9日於滬·三湘

原載：《世紀》（上海）2010年第4期

轉載：《新民晚報》（上海）2010年8月14日

《報刊文摘》（上海）2010年7月16日

《文摘報》（北京）2010年8月21日

《湖南工人報》（長沙）2012年8月15日

《文史博覽》（長沙）2012年第8期

---

[7]　李莎：《我的中國緣分》，李英男、姜濤編譯，外語教學與研究出版社（北京）2009年版，頁133～134。

胡績偉的非常婚戀

　　近年專力研究人文知識分子，閱讀傳記成了「專業」。自傳大多產於人生晚年，閱歷豐富的傳主都明白「自我招認」的分量，能夠做到「不虛美不隱惡」總是少數，攬功推過、自塑英姿、虛報冒領乃人性之常，不得不防。不過，有一種情況例外，可「免檢」放行——自我曝料自抖隱私。此外，能否直面「男女關係」，直述生命中十分重要的這一轱轆，既是考驗傳主誠實度的試金石，也是值得看客留意的一處觀景亭。

　　川人胡績偉（1916～2012），四川大學政經系肄業生，1939年底奉命秘赴延安，長期主編《邊區群眾報》，1949年後《人民日報》總編、社長，丙辰天安門事件平反報導四傑之一，全國人大教科文衛副主委，「六四」後著名持不同政見者，「兩頭真」代表人物。80歲上，他撰下《青春歲月——胡績偉自述》（河南人民出版社1999年版），不避不諱，詳述與堂姐婚戀，實在是一段只有那個時代才會有的人生故事。今天嚼之，別有一番滋味。

　　胡績偉出身四川威遠縣界牌場殷實鄉紳之家，先後就讀川南師範、華西大學協和高中（英國浸禮教會主辦）、四川省立一師、華西大學（美英加等國教會聯辦）數學系、四川大學政經系，1937年秋退學（僅讀一年），10月首批加入成都「民先」（中華民族解放先鋒隊），年底轉共產黨，1936年開始在成都主編左翼報刊。1939年底奉命赴延，任《邊區群眾報》總編，參加延安文藝座談會，1945年調《解放日報》採訪通訊部主任，新華社西北前線分社長；1949年西安《群眾日報》總編，1952年底調任《人民日報》副總編；紅色時代的人尖兒，長得很男人，什麼樣的對象找不到、不好找？可他偏偏愛上嫡親堂姐。

大伯父次女胡德輝（1912～1992），長胡績偉四歲，成都職業中學化工專業畢業生。兩人除了青梅竹馬，主要在家庭事務上二姐常常出手幫扶弱弟胡德恕（胡績偉原名），天然形成的「姐弟戀」。胡績偉15歲那年，因向二伯父討要高中學費成功，姐弟倆喜極擁抱——

我們是那樣的快樂，這快樂使我們忘卻了一切，我們很自然地臉貼著臉，嘴對著嘴，親吻起來。很快，二姐感到不對，在我懷中掙扎……從此，少年的我，陷入對二姐的深深愛戀之中。（頁147～148）

擁吻後，姐弟情感發生質變，胡績偉尋找一切單獨接近二姐的機會「發起衝鋒」，二姐總是推開，制止但溫柔，從不發怒斥責，只是歎曰：「傻三！」（胡績偉行三）「這更使我心裡燃燒起熾熱的愛火」。少年胡績偉雖然明白堂親相戀有違習俗禁忌，不能結為夫妻，但不明白違背這項禁忌的嚴重後果，不明白血緣太近影響遺傳。

1934年，二姐應聘東下宜昌中學任教，臨行兩人冷靜分析「形勢」。二姐勸三弟早日覓侶，三弟也勸二姐早日成家，祝她找到如意郎君。半年後，二姐與宜昌中學同事黃覺民結婚，1935年一同去了北平，想在那兒讀大學。胡績偉得訊，心情十分矛盾。他一方面為二姐高興，信上祝願他們恩恩愛愛、白頭偕老，一方面十分痛苦，將思念與愛戀深埋心底。1936年夏，二姐夫婦回成都，生下一子。

我們在表面上是很理智的，但我們還是偷偷地抱頭痛哭過。我責備她不該不同我打個招呼就決定結婚。二姐說，我們是堂姐弟，是不能結合的。

二姐勸三弟另選中意姑娘，不要再為這場沒希望的愛情守夜。（頁149～150）

本來，故事應該至此結束，偏偏二姐婚姻失諧，經常爭吵，二姐明確表示與丈夫的結合相當草率。看到二姐家庭出現重大裂痕，三弟冷卻的心涼灰復燃。二姐活潑開朗、敢說敢做，自幼在開明母親的影響下，志向高遠，事業型知識女性，還是個女權主義者，主張男女

平等、不做丈夫附屬，要有獨立職業，大大不合賢妻良母傳統標準，
很難得到一般男人賞識。

抗戰爆發後，胡績偉加入「民先」，二姐參加婦救會。1937年
底，胡績偉在川大語文教師車耀先引路下入黨。1938年春節，二姐在
趙世蘭（趙世炎六姐）介紹下入黨。二姐向三弟「推薦」好幾位優秀
女青年，胡績偉接觸下來，感覺與二姐差距甚遠，難萌愛意。雖然明
知愛上二姐是一場沒有前途的長跑，兩人戀情還是斷斷續續維持著，
只是固守道德底線，「不敢與社會的傳統道德背離得太遠」。

1939年5月，中共西南局在重慶舉辦新黨員訓練班，成都市委選
派兩名新黨員受訓，恰恰選中姐弟二人。到達重慶，趕上日本飛機大
轟炸，曾家岩八路軍辦事處夷為廢墟，訓練班借一大草棚棲身，男男
女女四十多人擠睡一棚，左邊睡男右邊睡女，男女分界線派定二胡接
壤：「你們是姐弟，挨著點，沒關係！」他們並排睡了一個月。胡績
偉深感幸運：「今生能夠如此親密地和二姐朝夕相處，那是多麼幸福
啊！」（頁151）

重慶回來後，胡績偉接到組織通知，說他連續辦報三年，已經
「紅」了，受到國民黨重點注意，立即去延安。此時，二姐已懷上丈
夫第二個孩子。臨別之夜，姐弟互道珍重，難捨難分，前面命運難以
預測——

　　離別在即，我們都難以壓抑情感的衝動，我和二姐終於攜手攀
登了八年來這場戀愛所達到的身心交融的頂峰。（頁152）

老實寫下這種偷偷摸摸的「第一次」，饒是走到人生邊上的晚
年，亦需相當勇氣。在我閱讀近千人的傳記中，直寫「非常婚戀」僅
胡老一人；直寫「第一次」，似未超過十人，記得有曹聚仁、馬識
途、汪靜之等。

1939年底，胡績偉到達延安，因有辦報經歷，派任主編《邊區
群眾報》。1942年整風，延安原有60餘種報刊「整編」為三家報紙
——發行量七千的《解放日報》（中共中央機關報）、發行量萬餘

的通俗讀物《邊區群眾報》（中共西北局機關週報）、只供高幹閱讀的《參考消息》。胡績偉全身心投入工作，尤其關注報紙的通俗性，粗通文字者一讀就懂，不識字者一聽就明白。《邊區群眾報》常用字僅四百。此時，一些女性主動示好，但沒有一位可代替二姐在他心目中的地位，遠方的二姐使他魂牽夢繞。

　　1943年夏，二姐在四川地下黨安排下也到達延安，改名胡一哉。紅色青年抵延後大多改名，以示與昔日劃清界限。不過，二姐一到延安就與同行者一起送入黨校五部，接受審查，予以「搶救」。胡績偉多方交涉，得到一刻鐘會見，兩人不能抱頭痛哭，也已泣不成聲。

　　此時，二姐丈夫黃覺民（抗戰初期加入中共）也奉命來延。1940年夏，二姐剛生下次女，丈夫赴延在即。臨別前，她向黃覺民正式提出離婚——

　　我們結婚幾年來的事實證明，我不能成為你希望中的那種賢妻良母。你到延安以後，完全有自由再找一個合乎你理想的人戀愛結婚，我絕不干涉。兩個孩子，由我和媽媽負責養大，你不必有什麼顧慮。

　　黃覺民：老實說，你和我分手以後，我再找一個並不難。可是你又帶著兩個孩子，再結婚就不容易了！你理想中的丈夫是什麼樣的人呢？

　　二姐毫不隱諱：我就是想找一個像三弟這樣尊重女性的男人！

　　丈夫冷笑：你想得太簡單了！在咱們這個社會裡，親叔伯的堂姐弟之間，是根本不允許結婚的。你死了這條心吧！

　　二姐頂回去：如果我找不到三弟這樣的男人，我寧願一輩子不再結婚。

　　1943年，二姐上重慶找到鄧穎超，帶著三歲女兒赴延，七歲兒子交給姐姐胡德如照料。

　　1944年夏，審查歷經一年才結束，胡一哉分配子長縣中學教書，她立即向組織遞交了與黃覺民離婚的申請報告。事前，她向三弟徵求

意見，詳述婚姻生活中的種種矛盾。胡績偉勸二姐儘量維持，畢竟已有一對兒女。二姐坦率相告──

　　我不是為了你，才決定和黃離婚的，更不是為了和黃離婚之後，能和你結婚，你不要抱什麼幻想。這完全是我自己的事。這是我人生道路上的一大難關，不衝過這一難關，可能會葬送我的前途。

　　二姐離婚後，三弟內心複雜，波瀾難平。一方面為二姐掙脫婚姻枷鎖高興，與她的結合有了希望；一方面仍感關山重重，難以飛度。此時，二姐又為三弟介紹了幾個對象，身邊也有一些姑娘對他有感覺。但胡績偉就是「世上只有二姐好」，那些年輕女孩就是不如二姐可愛！「我在延安生活了將近十年，又是一個單位的首長，對身邊的女同志從未動過心。」子長縣中教書的二姐，眼睛會說話，魅力難遮，身邊當然也有追求者。

　　由於延安男多女少，二姐饒是帶著「拖油瓶」（拖帶著前夫孩子），仍可「賣個好價錢」。但問題是，二姐三弟都覺得只有對方才是自己惟一最中意的終身伴侶。抗戰勝利之夜，兩人終於再次衝破理智堤岸，熱烈擁抱在一起。

　　這一階段，雖說兩人約定強化親情淡化愛情，畢竟二姐「自由」了，感覺不一樣了。由於是姐弟，他們的愛情得到很好掩護，兩人頻繁在一起散步談心，沒人懷疑他們在「搞對象」。他們在延河邊反復討論未來，嚴肅討論叔伯姐弟何以不能結婚的原因。他們詰問：為什麼姑表兄妹、姨表兄妹可以結婚，堂兄妹卻不行？最後認定這條傳統習俗出自男權意識，一種封建主義的東西。每次見面、每次討論，總是越來越堅定「我們的結合」合情合理合法，革命青年就應該打破這一封建陋習，堅決突破這一障礙，勇敢走出這一步。至於合法問題，國民黨的法律管不到陝甘寧邊區。「新的認識武裝了頭腦，爭取幸福的信心大大增加了。」

　　1946年夏，二姐接到組織通知，回延安集中，準備去華北。胡績偉想留住她，但二姐渴望工作，渴望幹出一番事業，很想隨幹部大隊

去華北，不願為婚姻為家庭放棄理想與事業。三弟留不住二姐，1946年秋末，兩人再次告別。

二姐走後，胡績偉害了肺病，住院療養。不久接到二姐軍郵，說她懷孕了！赴華北行軍途中，感覺身體起變化，月經也未按時來潮，噁心嘔吐出現了。當然懷的是三弟的孩子。她反復權衡，決定悄悄弄掉胎兒。她奔跑跳躍，蹚水負重，無論怎麼折騰，不管冷了熱了，就是搞不下這個孩子。她從邯鄲來信，要動手術把孩子做掉。三弟接信，又喜又憂，喜的是有了孩子，強化了正式結婚的意志與決心，憂的是戰爭環境，生活艱苦，流動性大，分娩生育會給二姐帶來許多困難，且尚未有一合法丈夫，孩子是誰的？麻煩呵！

胡績偉回信：孩子是寶貴的，環境可以逐步改善；兩人都30歲以上了，勸她千萬珍惜愛情果實，絕不要打掉孩子，希望她千萬堅持一下，把孩子生下來。此時，二姐入黨介紹人趙世蘭大姐恰在中央婦委，與二姐所在邯鄲婦聯很近，二姐向趙大姐傾訴自己糾結的婚戀，趙大姐非常同情，也勸她留下孩子，對外則稱孩子父親在西北前線，不能到後方探望母子。1947年4月，女兒飛飛出世，二姐將孩子寄養邯鄲老鄉家，1950年才接回。

這邊胡宗南進攻延安，胡績偉與西北局一同撤離，在陝北轉了一年，1948年4月回到延安。1949年初，中共勝利在望，三弟認為與二姐的婚事應有一個歸宿。他致函上司西北局宣傳部長李卓然、組織部長馬文瑞，講了與二姐戀愛的前前後後以及已有一女，請求批准正式結婚。1949年4月，馬文瑞代表組織回信，同意結婚。這封事關重大的組織回信，關鍵段落如下──

事情本有不妥之處，但又照顧到你倆過去的關係程度和特殊情況，遂予以同意，請你即代擬一給中組部調她之電報，交我批發，以便將她調來，成全你們的事情。

幸好那時中共尚無婚姻法，結婚毋須登記，上級批了，一切OK。1949年春，二姐胡一哉隨華北婦聯進了北京。1949年5月25日，

共軍攻佔西安，三弟胡績偉隨《群眾日報》進西安。中組部的調令用電報拍到北京：「調胡一哉到西安來結婚」，鬧了笑話。大家都說：「孩子都兩三歲了，怎麼才去結婚？」二姐也不願去西安。拖到1950年初，胡績偉參加中央宣傳工作團訪蘇，出國之前上北京集中學習兩三個月，才以丈夫身分入住二姐宿舍。沒有婚禮、沒有休假、也沒有遊山玩水，「卻度過了我們最珍貴的『蜜月』」。

此時，他們仍無自己的「窠」，分居京陝兩地。1951年春節，胡績偉因煤氣中毒差點嗚呼，二姐這才答應調西安團聚。1952年胡績偉調京任《人民日報》副總編，二姐參與籌建的西安國棉一廠尚未投產，工作無法脫身。1954年，該廠投產，二姐再次調京，北京紡織工業局副局長，兩人才算有了一個正式的家。此時，二姐40歲，三弟也已36歲。二十一年的戀愛長跑，總算修成正果。

這對堂姐弟家庭始終美滿。1996年，80歲的三弟在傳記最後寫道：「即使用今天改革開放的新眼光來看，我也認為這是最理想的家庭生活。」用當代滬語來說：「真當有點叫人笑勿動」。

對今人來說，堂姐弟之戀當然不具有任何「示範性」，但作為那個時代紅色青年的「革命婚戀」，至少聊可一探：「喲，他們這樣呢！」只是筆者心存一問：「飛飛可好？可出問題？」胡績偉的《青春歲月》只寫到1949年，竟未交代如此重大相關情節，只能估計問題不大，否則快人快語的胡老，一定會在什麼地方刮帶一筆。

剛剛聽說胡老全套傳記（四冊）在香港出版，真想馬上買來一讀。這位「兩頭真」可是全方位的「真」呵！《青春歲月》還交代一樁案底：胡德輝之所以改名胡績偉，乃是讀高二時因病住院一年，病床上自修高三課程；為節省一年時間，靠朋友湊錢，花了二十塊錢買了一張高中文憑，考入華西大學數學系。那位賣文憑者叫「胡績偉」，從此只好成為胡績偉。

中共隊伍中還有一對近親結婚的名人。1917年，帥孟奇與表弟許之楨結婚。1928年兩人先後赴俄學習，1930年帥回國，許留俄工作。

1932年，帥被捕入獄，多年無訊。許以為她已死，在蘇聯另組家庭。帥孟奇後來一直未再嫁，1949年後一直擔任全國總工會副主席。[1]

2009年8月25～26日於滬‧三湘

原載：《南方日報》（廣州）2009年9月6日

---

[1]　李銳：《李銳日記》，溪流出版社（美國，Fellows Press of America）2008年版，第1冊，頁128。

蕭軍：從延安開始的悲劇

　　遼寧義縣人蕭軍（1907～1988），出身東北陸軍講武堂，當過張大帥的騎兵，身體健碩，性格奔放。1938年3月，蕭軍從臨汾步行月餘至延安。毛澤東、張聞天、張國燾、康生等代表中共中央與邊區政府宴請蕭軍及丁玲、徐懋庸、何思敬等文化人。席間，蕭軍發言不同意延安「為政治服務」的文藝傾向，認為這一傾向會降低文藝水準。隨後，康生長篇發言，詳細闡述中共文藝政策，不指名地批評了蕭軍，蕭軍聽不下去，中途退席。[1]蕭軍一到延安，立即格格不入。

　　舒群一同到達延安，周揚歡迎舒群前往自己主持的魯迅藝術學院工作，卻不要蕭軍。[2]1942年春整風以前，蕭軍是延安「四大怪人」之一，其餘三怪為翻譯家王實味、藝術家塞克、音樂家冼星海。毛澤東邀請塞克談話，竟遭塞克拒絕，說是「有拿槍站崗的地方我不去。」毛澤東撤去崗哨，塞克這才由鄧發陪同前往。[3]那會兒的毛澤東，還不是「偉大領袖」。

　　整風開始後，蕭軍遭到「典型待遇」。1942年6月初，中央研究院批判王實味大會，蕭軍與王實味素不相識，但十分不滿會場上的蠻橫混亂，歸途中發了幾句牢騷，被一女人聽去，向「文抗」黨組打了小報告。幾天後，中央研究院派四名代表向蕭軍抗議，要他賠禮道歉，蕭軍拒絕，寫〈備忘錄〉呈毛澤東。1942年10月19日，延安召開「魯迅逝世六周年紀念大會」，蕭軍當眾宣讀〈備忘錄〉，公開為王實味鳴不平。黨內外七位作家——丁玲、周揚、柯仲平、李伯釗、劉

[1] 徐懋庸：〈我和毛主席的一些接觸〉，載《徐懋庸回憶錄》，人民文學出版社（北京）1982年版，頁99。

[2] 王德芬：〈蕭軍在延安〉，載《新文學史料》（北京）1987年第4期，頁106。

[3] 高華：《紅太陽是怎樣升起的》，香港中文大學出版社2000年版，頁325。

白羽，黨外陳學昭、艾青，與蕭軍車輪大辯論，從晚上二十點一直到凌晨兩點，兩千多名與會者無一離場。主持大會的吳玉章見雙方僵持不下，便打圓場──

蕭軍同志是我們共產黨的好朋友，我們一定有什麼方式方法不對頭的地方，使得蕭軍同志發這麼大火！大家應當以團結為重，我們有什麼不對的地方應當檢討檢討！

蕭軍聽了吳玉章的話，氣消不少──

吳老的話還使我心平氣和，這樣吧，我先檢討檢討，百分之九十九都是我錯，行不行？那百分之一呢，你們想一想是不是都對呢？

丁玲斬釘截鐵頂抗──

這百分之一很重要！我們一點也沒錯，百分之百全是你的錯，共產黨的朋友遍天下，你這個朋友等於「九牛一毛」，有沒有都沒關係！

蕭軍氣極──

百分之九十九我都攬過來了，這百分之一的錯誤你都不承認，既然如此，你儘管朋友遍天下，我這「一毛」也別附在你這「牛」身上，從今以後咱們就拉、蛋、倒！

蕭軍用手勢重重地頓了三下，怒沖沖拂袖而去，大會不歡而散。深受刺激與侮辱的蕭軍，「審幹」開始後受中組部招待所蔡主任擠兌，1942年12月3日下鄉務農自養，脫離中共供給。

1944年3月，毛澤東派秘書胡喬木接回蕭軍。蕭軍入中央學校，向副校長彭真提出入黨。彭真表示熱烈歡迎，但認為蕭軍自由不羈、個性好強，找蕭軍談心──

黨的原則是少數服從多數，下級服從上級，地方服從中央，領導你的人工作能力不一定比你強，你能做到具體服從嗎？

蕭軍立答──

不能！我認為不對我就反對！更不能服從、照辦！誰要是命令我、支使我，我立刻就會產生一種生理上的反感，這是我的弱點！難

以克服的弱點！看來我還是留在黨外吧！省得給黨找麻煩！[4]

　　保持五四個性的蕭軍，對服從「生理上反感」。1948年7月，蕭軍才正式遞交入黨申請書。中組部長彭真彙報毛澤東。8月，經毛批准，東北局正式通知蕭軍——可參加黨小組生活。此時東北局秘書長劉芝明領導、宋之的主編的《生活報》批判蕭軍的《文化報》。8月26日，《生活報》抓住《文化報》一句「各色帝國主義」，指責蕭軍影射「反蘇」。不久，東北局撤銷蕭軍一切職務，蕭軍未能「參加黨的生活」，終身滯留中共組織之外，一生坎坷，差點成為個體行醫戶。[5]

　　1980年代初，筆者在黑龍江大學親聆蕭軍演講，他指著陪伴的女兒說：她都30多歲了，江青竟不讓她結婚，說這種黑子女結什麼婚？難道要她去多生幾個小反革命？1979年10月31日，蕭軍在全國四屆文代會上發言：「從1949年起我就被埋土裡了……我整整冬眠了30年！」[6]

　　蕭軍一生確實不服管教，1930年在東北陸軍講武堂因帶頭反抗暴政而被開除；1942年5月2日，延安文藝座談會首日，毛澤東致開幕詞後，蕭軍第一個發言，宣稱政治、軍事、文藝輩分平等，誰也不能領導誰，要像魯迅那樣絕不寫頌揚文章，自己不僅要做中國第一作家，而且還要做世界第一作家。[7]此言一出，即遭恥笑。

　　一生受壓的蕭軍，這麼一位敢於公開衝撞的反骨分子，1982年似乎仍被「改造」過來了——

　　我們能有今天的局面：祖國獨立了，民族解放了，人民翻身了，以及開始走向一個沒有人壓迫人、人剝削人……歷史上每一寸小

[4] 王德芬（蕭軍妻）：「蕭軍在延安」，載《新文學史料》（北京）1987年第4期，頁110～113。
[5] 張毓茂：〈重評「文化報事件」〉，載《百年潮》（北京）2004年第11期，頁70。
[6] 蕭軍發言載全國四屆文代會《簡報》第49期，1979年11月5日。轉引自秋石：《兩個倔強的靈魂》，作家出版社（北京）2000年版，頁206。
[7] 秋石：《兩個倔強的靈魂》，作家出版社（北京）2000年版，頁204。

小的改革和進步，那全是由若干革命先行者的熱血和頭顱、生命和汗水、辛勤勞動、艱難忍耐……而換得來的。……我們不想到這一些，我們就渺小……一個人能夠在這偉大與渺小之間的鏡子面前照一照自己，那種永遠也得不到滿足的「自負」的尾巴也可能會翹得要低一些，或者狠一下心自己動手割掉它，──總的說來人民並沒有虧待您！……──一切以人民革命利益為依歸。[8]

　　晚年蕭軍看來還是被「黨化」了，無法掙脫「時代局限」，全是那個時代的紅色邏輯與「標準用語」，認為1980年代「不扣帽子不打棍子」相對寬鬆的環境，已經千好萬好，完全滿足了。[9]「延安出身」的蕭軍，思想上尚存重大局限，認識不到個人自由才是現代民主最重要的地基。青年時代對服從「從生理上就會反感」的蕭軍，晚年稍得「社會承認」，便完全認同左傾邏輯，轉身要求青年割去翹尾巴的「自負」。

　　延安一代絕大多數很難走出青年時代認定的價值範疇，很難對赤潮左說產生價值質疑，甚至不可能看到馬列主義的反現代性。當然，1980年代的社會環境尚未為延安一代的整體反思提供歷史可能。在資訊封閉的條件下，無論早期紅軍的燒殺、蘇區大肅反、1960年代初的大饑餓、文革大屠殺等，還是反思所需的西方現代思想，均被阻斷。正因為如此，李慎之、李銳、胡績偉等「老延安」的晚年反思鶴立雞群、熠熠發光，可貴可敬。相形之下，蕭軍晚年「改造後」言論則體現了無法掩飾的悲劇性。

2006年11月下旬於滬‧三湘

原載：《開放》（香港）2007年1月號

8　蕭軍：《從臨汾到延安》，山西人民出版社1983年版，頁1。

9　秋石：《兩個倔強的靈魂》，作家出版社（北京）2000年版，頁210。

王瑩：從童養媳到明星到囚犯

　　王瑩（1913～1974），原名喻志華，1930～40年代著名影星。王瑩出生蕪湖一沒落書香之家，幼年喪母，被繼母送入修道院女學堂，幾年後被賣給南京城南薛姓富商為童養媳，飽受折磨。因偶然機會得到金陵協和神學院美籍女作家賽珍珠（後獲諾貝爾文學獎）幫助，幾經周折投靠擔任校長的舅母，考入長沙湘雅醫學院，改從母姓。1928年，王瑩轉入上海藝術大學攻讀文學。上海藝術大學因散播赤色思想，被法租界巡捕房查封，王瑩轉入復旦大學文學系，復旦劇社主要成員。這一時期，她經常發表文章，短篇小說〈衣羽〉發表於《東方雜誌》，受到左翼作家關注，不久經阿英介紹祕密入黨。

　　1929年8月1日，王瑩參加南京路飛行集會，與張愛萍（後為中共上將）一起被捕，工部局過堂後與女生佘一夢當場釋放。[1] 1930年3月，王瑩加入新成立的「中國左翼作家聯盟」，六七月間加入「中國左翼劇團聯盟」，與袁牧之等同台演出，1933年加入明星電影公司，多部影片主演，一躍為滬上影劇明星。1934年5月，王瑩東渡求學。日本三大影片公司都邀她合作拍片，她因劇本可能有損祖國而拒絕。1935年初，應著名導演史東山邀請回國，因國際遠東情報局負責人華爾敦案被捕二週。1936年11月，王瑩在上海金城大戲院主演夏衍話劇《賽金花》，後赴南京巡演。出道不久的藍蘋（江青），爭演賽金花，哭鬧不休。經夏衍、于伶最後商討，還是王瑩主演，藍蘋為此深深銜恨王瑩。

　　抗戰爆發後，王瑩參加上海救亡演劇二隊，沿津浦、隴海、平漢線演出《保衛盧溝橋》、《放下你的鞭子》、《最後勝利》等劇。

---

[1]　張愛萍：〈抗日戰爭初期在上海組織蘇浙敵後游擊戰爭主要情況〉，載《上海黨史資料通訊》1989年第8期，頁14～15。

這一時期，因出演街頭劇《放下你的鞭子》，王瑩再添星光。1939年
4月下旬，王瑩與影星男友金山率領劇隊下南洋為抗戰募款，所到之
處，萬人空巷，南洋中英文報刊一片讚譽，稱26歲的王瑩是「馬來亞
情人」。旅居新加坡的徐悲鴻在廣場上看到救亡劇團的演出，深感觸
動，邀王瑩合作，耗時十日繪出以王瑩為香姐形象的油畫〈放下你的
鞭子〉，題詞「中華女傑──王瑩」。畫幅接近真人比例，王瑩身穿
白底藍紋花服，手持紅綢，微蹲展舞，圍觀男女衣衫襤褸，有的穿軍
服持槍，真實表現了抗戰時期場景。畫成之日，徐悲鴻與王瑩於畫前
合影。徐悲鴻生前多次公展這幅作品。該畫曾由僑領陳嘉庚珍藏，
1954年流入收藏家之手，後被台北博物館收藏。2007年4月7日香港蘇
富比拍賣會，該畫賣出7200萬港幣天價，不僅刷新徐悲鴻油畫拍賣紀
錄，也創下了中國油畫最高紀錄。

　　1940年，新加坡與馬來西亞殖民當局懾於日本壓力，將王瑩、金
山驅逐出境。1941年，王瑩、金山、鳳子等在香港參加夏衍、司徒慧
敏、章泯等人組織的「旅港劇人協會」。是年，王瑩與白崇禧中校機
要秘書謝和賡的戀情日漸公開，開始與金山疏遠。太平洋戰爭爆發
後，王瑩、金山、夏衍、蔡楚生、司徒慧敏由香港乘漁船至澳門，輾
轉赴渝，受到重慶文化界熱烈歡迎。

　　1942年7月，王瑩與謝和賡雙獲國府公派留美生資格（一說周恩
來安排），攜手赴美。年長一歲的謝和賡（1912～2006），桂林人，
1933年在北平讀大學時祕密加入中共，周恩來、董必武、葉劍英直接
領導的「特密」黨員；先派入西北軍馮玉祥部，任吉鴻昌軍長上尉秘
書；1934年因桂籍身分潛派桂系，頗受李宗仁、白崇禧賞識，任機要
秘書，兼任國民黨大本營國防會議秘書，前後八年，為中共提供了大
量情報。王瑩留美前，周恩來單獨見她，囑她赴美後除不斷求藝，還
要向美國民眾廣泛宣傳中國抗戰，尤其必須努力爭取賽珍珠。賽珍珠
幼年隨父母來華，在中國長大，幫助過王瑩。賽珍珠雖然反對共產主
義，但她在美國聲望很高，並在太平洋戰爭爆發前明確呼籲美國政府

參戰，對打破美國當時的孤立主義起了作用。[2]

留美期間，王瑩先入耶魯攻讀文學，後入鄧肯舞蹈學校。她以留學生身分與賽珍珠合作，將《放下你的鞭子》譯成英語，同時組織劇團到美國各地巡演。賽珍珠為王瑩主持記者招待會，向美國公眾介紹中國抗戰。王瑩亦被選為世界青年學生代表大會巡迴演講團中國代表，到美國各廠各校宣講中國抗日，呼籲開闢第二戰場。1943年春，應美國政府邀請，王瑩在白宮用英語演出〈放下你的鞭子〉，賽珍珠報幕，受到羅斯福總統夫婦、華萊士副總統夫婦、內閣官員、各國駐美使節熱烈歡迎。演出結束，羅斯福夫人與她合影留念，並率子女及禮賓官員送她到白宮大門。多年後，王瑩被稱「第一個在白宮演出的中國演員」。王瑩還為美國多家中文報刊供稿，協助史沫特萊撰寫《朱德傳》。1950年，王謝正式結婚。

1950年代初，王瑩、謝和賡中共身分敗露，一度被美國移民局以「違反移民法」查扣，流放小島。1954年，夫婦倆被美國以危害國家安全罪驅逐出境。一說中國外交部通過第三國與美國進行交換，用朝鮮戰爭中的美國俘虜換回王謝。1955年底，王謝夫婦回到中國，董必武、廖承志設宴洗塵。謝和賡安排在人民出版社《世界知識》雜誌，任高級編輯兼歐美組長，王瑩任北京電影製片廠編劇。

反右前「鳴放」，國際問題專家謝和賡貼出反對官僚主義大字報，並要求保護古蹟牌樓，提出黨中央不應佔用古蹟，中南海應向百姓開放。1957年6月8日，《人民日報》發表毛澤東親擬社論〈這是為什麼〉[3]，風向一轉，謝和賡打為右派，下放北大荒勞改，王瑩也因淪為「右屬」失去工作。一年多後，周恩來、董必武出面干預，全身浮腫的謝和賡得以回京。夫婦遷居北京西郊香山狼見溝，刻意避世。

王瑩專注小說創作，完成兩部自傳體作品《寶姑》、《兩種美國人》
（記述她與謝在美國的被捕流放）。

　　文革風起，王瑩遭重點抄家。江青還惦著當年爭演《賽金花》，
群眾大會上點了王瑩的名，多次說「王瑩壞得很」，定性「黑線人
物」、「黑明星」、「老吸血鬼」、「美國特務」。王瑩進了北影牛
棚，終日遭批鬥受辱打。[4]1966年7月1日（一說1967年2月1日），夫婦
雙雙被捕，關入秦城監獄。王瑩在獄中慘遭折磨，下肢癱瘓，不能說
話，1974年3月3日瘐死獄中，終年61歲。遺體匆匆火化，死亡書上只
有囚號6742（1967年第42位「進住」）。

　　1975年5月，謝和賡關押近九年後出獄，得知愛妻已亡，精神幾
近失常。經長期治療，安排外交部工作。「四人幫」倒台後，王謝案
沉冤得雪，王瑩的《寶姑》、《兩種美國人》亦得出版。近年，王瑩
家鄉蕪湖認為出了這麼一位起身童養媳的才女明星，乃是值得出示的
旅遊人文資源，列為一大亮點。王瑩以名惠後，澤被鄉梓，萬萬想不
到的身後之隆。爾曹身與名俱滅，不廢江河萬古流。只能說歷史大致
還公正，善惡終得其位。不過，身後是非畢竟比不得生前清濁，追認
追名終屬補償性哀榮。正邪真謬的辨認速率，實為社會文明一大標誌
性刻線。需要歷史安慰逝者，需要一定時間才能辨識最基礎的是非，
只能說明當年的價值標準距離理性中軸實在太遠太遠了。

2008年1月8日～6月5日於滬‧三湘

原載：《南方都市報》（廣州）2010年10月28日

---

[4]　老鬼：《母親楊沫》，長江文藝出版社（武漢）2005年版，頁137。

一樁是是非非的延安生意

　　1942年9月，延安眾多學院之一的自然科學院（北京工業學院前身），因種種原委未組織人馬夏季燒炭。中秋將臨，冬天已近，學校財政枯乏，無錢買炭，於是發動群眾，全校師生停課一週，外出「搞生產」——搞錢以購越冬木炭。

　　學校教員大多為來自國統區的青年知識分子，大學部與預科二十歲左右的學生總共六七十人，補習班學生占大多數，年齡14歲上下，且多為女生。除了組織一批學員上被服廠打工，搞錢的門路很有限。

　　醫訓班學生、緬甸歸僑馬興惠（1916～　），1938年底赴延，最初服務於延安東面40公里的甘谷驛第二兵站醫院，這次決定上那兒想想辦法。臨行前，向校總務科借了一條扁擔、兩隻草編籠子，再向新市場貿易公司經理借了六萬法幣（延安亦隨全國通貨膨脹），加上自己的兩萬元，離開延安南門外杜甫川的學校，上路了。途經鹽站，突然決定買上鹽帶去，或許能賺點錢。於是，他用八萬元法幣買了100斤鹽。百步無輕擔，何況百斤之擔，走出不遠就大汗淋漓，接著疲勞饑餓，最後簡直邁不動步，走一小段路，就得卸擔歇息。從日出走到黃昏，仗著年輕，總算到達甘谷驛兵站醫院。

　　醫院裡的老熟人熱情接待他，可馬興惠關心的是鹽價，得到的卻是一盆從頭淋到腳的涼水：「這裡的鹽比延安還賤，你要賣給誰去？」啊唷喂，不僅一天的拼搏付之東流，還要蝕本哩！醫院裡的人議論紛紛，非常同情，最後總算以原價留給醫院，保住老本。醫院上下，從首長、醫生到護士、炊事員七嘴八舌勸他休息幾天，回延安另想辦法「搞收入」，只有個別人建議他再往前趕一站，上延川縣軋軋苗頭。馬興惠不甘心空手而回，接受了這一建議。

次日清晨，大睡通宵的馬興惠醒來，四肢疼痛，掙扎爬起，吃過早飯後沒精打采地向延川走去。走出沒多遠，一中年男子挑著重擔走來，樣子比自己昨天還狼狽。兩人交會，漢子停擔，喘著粗氣哭著央求：

同志，你在幹什麼？能不能幫我把這擔鮮葡萄賣給醫院？

馬興惠回答：八路軍的醫院，誰能有錢吃得起葡萄啊?!

但此人像抓住救命稻草，讓馬興惠坐下，傾訴其苦。原來，他是離此三十里延長縣農民，家在延河邊，院中兩株葡萄樹，沒捨得上當地集市，等著中秋節運到延安賣個好價錢。今天陰曆八月十四，夫婦倆清晨即起，小心翼翼剪下葡萄，就在夫妻倆抬著馱筐往驢背上放時，不小心碰著驢屁股，驢子受驚跑了，夫婦放下馱筐追驢，不見驢影，老婆央求鄰居尋驢，他則揣幾個饃饃挑擔上路，生怕葡萄爛掉。他說這挑擔子足有120多斤，自己從未挑過這麼重的東西走長路，看看太陽，估摸已走了四小時，才走了三十里，已是苦不堪言，可距離延安八九十里，實在挑不動了，既擔心這擔葡萄賣不出去爛掉，損失大大的，更惦著家裡驢子是否找回。他苦苦哀求眼前這位「八路」替他想想辦法。最後說：

不行，我情願不要葡萄了，也得回去找驢子。你能不能把這些葡萄買下？

馬興惠：八路軍沒錢，買不起這麼多。

農民：這也沒過秤，集上沒貨也沒個價，你到醫院裡去看看，借著多少錢都行。

馬興惠：借不著的，我昨晚送了一擔鹽來，醫院裡許多人費了好大勁才湊給我八萬塊。都給了你，我今兒一天的飯錢也沒有了。

農民一聽他有八萬元，高興了，追著求著：

好同志，多少就八萬元吧！我還有幾個乾饃，你帶去路上吃。

馬興惠發慈心：這東西值多少錢我也不懂，看你急成這個樣子，我就幫個忙，要下試試吧。

於是，交了錢，兩人對換筐擔，「八路」馬興惠再次負擔上路，當然掉頭向延安。為了趕中秋市場，也怕葡萄爛，他沒進兵站醫院，直接趕路。這挑葡萄加上筐，足有130斤，比昨天的百斤鹽擔重得多，也是一開始還行，越走越重，及至中午，太陽當頭，大汗淋漓，實在走不動了。幸好在延河邊，找個陰涼處，睡了一大覺。醒來後喝著延河水啃完那幾個乾饃，檢查一下葡萄筐，捨不得吃整串葡萄，只吃了碰掉的幾粒，哇！真甜！咬牙挑起擔再上路。

上午走了40里，下午體力更差，每走二里就得歇擔大喘一陣，走十里則要「大休」一陣。「大休」之時，他趴在路邊，給自己「充電」——掏出日記本掙扎著寫一段，用得最多的詞兒是「堅持」、「拼搏」，最起作用也是最後一句：「堅決完成學校任務！」

終於，馬興惠頑強到達杜甫川，肚子餓癟、汗已出盡、力已衰竭、渾身發抖。此時，天已烏黑，窯洞燈光多數已滅。幸好一位同班同學外出歸校，替他挑擔上山回宿舍。不過一里多山路，這位同學歇擔數次。馬興惠：「我實在沒有本事再客氣地說一聲『讓我挑吧』！」

學校晚飯時間早過，馬興惠只得空肚一頭倒下，立即昏睡過去。第二天醒來已是上午，宿舍裡空空蕩蕩，同學們都外出了，早飯時間已過。馬興惠餓著肚子咬牙忍痛挑擔上街，勉強挨到新市場溝口，喘息未定，一位穿著地方制服的中年男子走來：「你這葡萄是賣的嗎？」馬興惠點頭。「多少錢一斤？」

馬興惠因不知行情：沒價，多少錢都它，獨一份！

來人親切地：好好說，我都要了！

馬興惠編著說：你看值多少？這是我從200里外的延川縣擔來的。

中年男子：這東西確實沒價，延安多年都沒見過了。我是邊區交際處的，來了外面客人（按，可能榆林新一軍長鄧寶珊和西安國民黨什麼人物），咱們商量作個價，好不？

馬興惠也老實交底：好吧！我是杜甫川自然科學院的學生，幹這事是領導動員搞生產，為買過冬木炭的。

對方：時下一斤豬肉2.7萬元，這一斤算兩斤肉錢，怎麼樣？

這麼高的價，大大出於預料，馬興惠有點懵了，卻故作鎮靜：

太少，幾百里路擔來，你雇個毛驢，也得給來回四天的運費！

對方：那就一斤給你六萬元，再貴我也不敢買了。

馬興惠見好就收：你是給公家買的，我是給公家賣的，我們是給公家辦的事，同意你說的了。

那人轉身向商店借來一杆大秤，果然130餘斤，兩個筐算十斤，按120斤成交，馬興惠挑擔送到交際處。開收據時，那人說：

你太辛苦了，又給送到門上，條子就寫730萬元（多給十萬）吧！

然後，他從金庫領出七八捆嶄新法幣付給馬興惠。

一趟買賣淨賺91倍還多，短短一天，八萬成了730萬！出了交際處大門，馬興惠高興得忘乎所以。臨近中午，兩頓沒吃了，路過新市場，決定好好犒勞一下自己，買了一斤粘糕、一大碗羊雜碎湯（公家人一般吃不起這兩大件），美餐一頓。回到學校，放心鬆體納頭再睡，又是一晝夜！醒來時，同學們又都外出了。馬興惠獨自在鋪上思量，雖說大大超額完成任務，但還有五天時間，似乎還可「發展成果」。想到甘谷驛醫院接受傷兵，熟人多，可能會有人幫著想法賺錢⋯⋯四下無人，大主意只能自己拿，擔上筐又上路了。

畢竟二十來歲的青年，兩頓飽飯加上勝利喜悅，渾身都是勁。肩腿還有點疼，已不在話下，健步如飛，過甘谷驛時，他改變主意，沒進醫院，直奔延川縣。翻過雁門關山，趕到石頭河時，已是農村入睡時刻。他叫開騾馬店大門投宿，次日黎明上路，下半晌趕到延川縣拐昴村趙老二家，1939年他收傷兵時住過的房東。老房東見了他很高興，說你上次不是給老侯家閨女治過病嗎？如今她招了個綏德養老女婿，開了油坊，榨磨些香油、做些綠豆粉絲，日子過得不錯。那閨女總說忘不了你的救命之恩咧，明早我就去把她叫來看你。

第二天上午，老侯一家男女老少五口人都來了，一陣親熱問候，打問這次來意，馬興惠實話相告「搞生產」，老侯便說那就拿些

咱家的油和粉絲。四十斤小磨香油、四十斤打好捆的綠豆粉絲，就算他們家感謝馬醫生的救命之恩。馬興惠說八路軍有紀律，再說送這麼大的禮也不敢收，至少得給成本價，這都已是對他的極大支持了。最後，硬塞給80萬，老侯勉強收下。

這次，他挑著80斤擔子上路，比前兩次的擔子輕鬆多了。200里路，不到兩天就到了。進了延安城，太陽還在西山頂上。他挑擔徑直走進邊區交際處，找到那位買葡萄的同志——

我是個醫生，兩年前救活了這家病得快死的獨生女，這是他家為感恩而送我的「搞生產」，我象徵性地硬丟下八十萬原料錢，你看看作個價留下吧。

此人是交際處專搞物品的大內行，一看便說——

這兩樣東西都是延安的高檔缺貨，多年都見不到了，且品質特別好。邊區乾旱，不種芝麻，芝麻都是從河東運來，香油貴賤買不到哩！這樣吧，油每斤給你按四斤肉錢算，粉絲作油的半價，斤量就你說的數算賬。我不能拿公款送禮，但也不能虧坑什麼人，尤其像你這樣好的大學生。

如此這般，馬興惠又捧著650萬元出門。

650萬＋730萬＝1380萬！扣除本錢、伙食費、路上所丟同學的鋼筆（賠款十萬），馬興惠上繳1300萬元——五頭大肥豬之價，這次全校「搞生產」總收入亦未達此數。

然而，好事難做，好心不一定有好報。正當馬興惠慶幸斬獲頗豐，喜滋滋等待表揚，校內傳出閒言碎語，說他的錢來路不正！怎麼就他一人能耐？短短一週搞來這麼多錢？馬興惠在正式上交錢款時給院長徐特立寫了「情況彙報」，簡述這次「搞生產」過程，信和錢款一併由黨支部轉呈學院。

馬興惠所在支委開會專題討論馬興惠「搞了大錢」，有人認為「方向」不對。支委在上繳錢款與馬興惠給徐老的信時，附上支委這一討論意見。學校領導層也有議論，班主任與總務科長將他叫到辦公

室核實情況，「我自然感到壓力，勝利的喜悅被一掃而光。」

這邊正在「核實情況」，那邊徐特立捏著馬興惠的信來了，班主任還未彙報完畢，徐老搖手打斷——

我派去邊區交際處的同志回來了，情況和這信上寫的完全一致，人家十分誇讚學校和這個學生，感謝給他們解決了招待貴賓的困難。而我們自己有些人則說長道短，全校學工人員，在這次生產中，誰曾爬山走過幾百里路？誰曾出過那麼大的力，流過那多麼大的汗？誰曾上交這麼多的錢？這是為公還是為私？是好事還是壞事？難道還不清楚嗎?!古人都主張「是是非非」，我們共產黨人更要是非分明，要用馬列主義的立場、觀點、方法來觀察和處理問題。

馬興惠站在一旁，感動得熱淚直流，徐老用衣袖替他擦拭——

我趕緊躲過，並且深深一鞠躬之後離開了。[1]

這則資料乃當事人馬興惠五十年多後的回憶，題名〈徐老斷是非〉。可見，馬興惠在乎的還是五十年前的「是非」。筆者讀之，感慨甚多，分述如下：

一、延安自然科學院之所以出現質疑「方向」的聲音，乃是對商業的鄙視，對「暴利」難以接受。質疑者看來，這不是「投機倒把」麼？「搞買賣」能等於「搞生產」麼？不靠生產得來的「利潤」，其他都是歪途，除了剝削豈有它哉?!可見，當時延安思想界已對商業發生根本認識上的偏頗。「方向」之爭實為此後全國嚴禁私人行商之先兆。徐特立能斷一事之是非，卻無力阻止此後全黨整個「方向」之是非。

二、農民求賣葡萄、老鄉平送油粉、交際處感謝購得缺貨，掙了大錢的馬興惠除了大苦大累，也是瞎貓碰到死耗子，撞大運撞出來的「利潤」。於鄉農於學校於交際處，三方各得其利，皆大歡喜，何有什麼「方向」問題？這方向哪來的？符合誰人利益的「方向」？還

---

[1]　馬興惠：〈徐老斷是非〉，載賈芝主編《延河兒女——延安青年的成才之路》，人民出版社（北京）1999年版，頁150～157。

不是根據教條、根據那些馬列名詞——「剝削」、「投機倒把」。眾所周知，2009年8月24日，全國人大常委會終於正式從法典中摘去「投機倒把」。[2]五十多年呵，這點認識上的進步不容易呵！

　　三、退一萬步，就算馬興惠「搞生產」手段有問題，但他上繳96%的利潤，按說也能證明「無私」，不說撈好得表揚，至少不應受懷疑吃批評吧？吃了大苦、賺了大錢，竟要流大淚，好人傷身又傷心，說明什麼？當然是紅形形的延安邏輯出了問題。奈何當時延安人難以發現耳。而且，五十年後的馬興惠，在憶文中也不明白悖謬何在，說明赤左思潮嚴重擰歪延安一代的判斷力，連常識都弄不清楚了。徐老為小馬的辯護，僅僅根據「無私」，而非認識到「手段」本身其實也沒問題。商業使各地互通有無，物盡其用，利盡所歸，流通也能創造價值。延安紅色意識形態的這一偏差，乃是日後出現「三大改造」、「投機倒把」的價值基礎。

　　四、延安那會兒物流極其不暢，生意太好做了，百里之遙，商利至少五倍。一個學生，手持八萬，短短六天，來往兩趟，獲利162.5倍，今日商人還不羨慕煞?!再次證明：要想富，走商路。只要趕上了，真的可以空手套白狼。後來，「三大改造」——對農業、手工業、工商業生產資料私有制的社會主義改造，全都「公」了、無私了，鄉農倒是不被「剝削」了，但他們栽種的農副產品也無法變現。因為他們不能上市場去賣，要割資本主義尾巴的！全國商業因缺乏競爭而一家獨大，懶散蠻霸，不僅全國無商不活，鄉農的日子反而越過越窮。農民當然會算帳，權衡利弊，當然寧可受「剝削」也要將東西賣出去，多少能得一點。這不是最簡單的道理麼？要求商人一個個都做「活雷鋒」，幾人能長年堅持？再說運輸銷售都要成本，虧本生意

2　〈「投機倒把」將成歷史名詞〉，原載《解放日報》（上海）2009年8月25日。《文摘報》（北京）2009年8月25日摘轉。是日，全國人大常委會在四部法律中刪去「投機倒把罪」，「以適應社會主義市場經濟和社會發展要求」。

誰做得起？況且，要求商人無利，不也是對商人的剝削麼？而沒了商人，各地之間如何互通有無？如何物流其暢、物盡其用？這麼淺顯的ABC，中共政府竟需要40年時間才「覺悟」，要鄧小平「九二南巡」才結束繞死人的「社」「資」之辯。

　　馬興惠好心無好報的延安故事，凝聚了十分典型的延安風味，可咂出許多來自革命源頭的滋味。

2009年8月28日於滬‧三湘
原載：《檔案春秋》（上海）2010年第7期
轉載：《特別關注》（武漢）2010年第10期

延安女幹部王季愚

　　本人乃黑龍江大學1978級學子，在校期間並未與聞前黨委書記王季愚女士（1964年離任）。2008年3月底，上海外國語學院（王最後任職單位）召開「紀念人民教育家王季愚同志誕辰100周年」活動，不少社會名流出席，包括座師周艾若先生。前去看望艾若師，隨手翻閱紀念會冊，得知王季愚乃1930年代左翼文學青年，1939年入黨的「延安老幹部」，多嘴一問：「延安下來？當年一定左得厲害吧？」不料，艾若師應答：「左還紀念她？就因為她不左，我才來的！」八十一周歲的艾若師乃周揚長子，也算京上文化界名宿，專程來滬，沒有一點「內在動力」，怕是搬請不動他的。

　　「就因為她不左，我才來的！」使我對這位延安女幹部產生興趣，讀了紀念會贈閱的《平凡人生——王季愚傳略》，想為她寫一點東西。

　　王季愚（1908～1981），四川安岳縣黃林坳人，著名劇作家于伶前妻（大學同學，1932年冬結婚），1933年肄業國立北平大學法學院經濟系，通俄文。1936年，依靠僅修學兩年的俄語底子，耗時三年翻譯高爾基《在人間》。1939年1月在上海加入中共；1940年8月，于伶移情別戀，王季愚攜一子一女輾轉去延安，入魯迅藝術文學院編譯室；1945年秋赴東北，佳木斯東北大學文學系副主任；1949年後，黑龍江省委委員、哈爾濱外國語學院院長、黨委書記。1958年，哈爾濱外國語學院「躍進」升格黑龍江大學，她任黑大黨委書記兼副校長，1964年調上海外國語學院院長兼黨委副書記。1981年5月6日病逝。

　　眾多延安老幹部中，王季愚只是一朵小浪花，官職不大，聲名有限。本人近年研究二十世紀中國知識分子，尤其關注延安一代，吸引我一下子走近王季愚的主要是兩點：延安老幹部、不左。憑常識，

這相輔相反的兩點必定裏含豐富歷史內涵。讀完《平凡人生──王季愚傳略》，再聽艾若師略略介紹，果然！

華劭，1957年哈爾濱外國語學院的青年教師，隨口說了一句「不要對毛主席喊萬歲」，有人扭送，要求「劃右」，院長王季愚將他保護下來：「年輕人願講話，並無它意。」

高靜，哈外專青年俄語教員，業務拔尖，被人告發「嚴重政治問題」，哈爾濱市委要求公安局拘留審查，王季愚認為證據不足，不能作為立案依據。此後，市委開除高靜黨籍，王季愚仍將高靜作為業務尖子使用，讓他參加蘇聯專家親授的副博士學位課程，並任班長。針對高靜的「政治疑點」，王季愚說了一句那一代老幹部不容易說的話──

事物都是複雜的，沒有解決的疑問，並不等於本人真正有問題，責任在於我們提出了沒有證據的疑問。

經歷過那個年代的人，都明白什麼叫到處揪抓「疑似敵人」，王季愚這段話確實截到要害。「提出了沒有證據的疑問」，多少冤案就是這樣鑄成的。但又有多少人（尤其執行赤左政策的老幹部），能夠認識到這一點？反右中，她叮囑相關幹部：「要區分政治上的問題和思想認識上的問題。」

「大躍進」時期，王季愚又出言──

現在什麼都有人抓，就是教學、上課沒有人抓。

沖天幹勁要與科學分析相結合

教師看書是為了教課，現在一個星期有五個晚上開會，看書的時間少了，長期下去，必然要影響教課品質。

1961年12月14日，她一份發言提綱中：

怕運動多，怕會議多；不同意大字報競賽；對農村人民公社抱半信半疑，社會主義有優越性，為什麼人民公社搞不好？對城市人民公社有抵觸情緒，對反浮誇抱同情；全國性市場緊張來自中央、來自主席。

　　文革批鬥大會上，面對數千高呼「打倒王季愚」的革命群眾，王季愚凜然傲言：「今天你們鬥臭我，要不了五年，我還會香起來。」當時，能有幾位老幹部有這份自信？中央專案組離開哈爾濱時，扔下一句話——

　　走了全國不少地方，像王季愚這樣「頑固」的人，很少見。

　　但也正是這份「少見」，打動了後人，打動了我。

　　這位被青年呼為「松花江畔的媽媽」，文革期間每月僅30元生活費，扣除房租水電及訂一份《文匯報》，只剩下20元，還要交黨費、抽煙，精神分裂症的女兒需要自費入住精神病院，實在太緊巴太局促。這一時期，王家門縫裡經常有人塞進信封，內夾糧票、油票、煙票，也有一些現金。信封內外不著一字，至今也不知道都是些誰。大霧彌夜，主動伸援，其溫其暖彌足珍貴。至少說明王季愚平日積德，是非在民心。作為一級領導，這也是檢驗政績的最佳時機。

　　她的老搭檔、黑大副書記趙洵女士（1917～1988）——

　　新的時代會出現新的人物，但像她這樣的人是不會再有了。因為生長和培育她的土壤、時代已經過去了。

　　王季愚之子王力平（前上海市委副書記、市政協主席），對母親也有一段較深入的概述——

　　母親作為那一代知識分子中的一個，她的理想、追求、成長、進步、挫折、失誤、坎坷，都是那個時代的產物。正是在那個時代中，客觀境遇和她自身的努力畫出了她的人生軌跡，這其中有閃光點，那是時代光輝滄海中之一粟；也有曲折、悲愴，那是他們那一代人為信念付出的代價。[1]

　　一代人物逐逝波，延安一代過去了，產生延安一代的時代已不可能重複。但出於左而相對不左，王季愚因此在辭世27年後仍會有人紀念，包括我這位不請自到的黑大「後學」。

---

[1]　趙劭堅等：《平凡人生——王季愚傳略》，上海書店出版社2006年版，頁191、195。

　　今人紀念逝者，總是有選擇的。而所依據的，必然是今天的價值標準。如果王季愚一生行跡左得厲害，完全有悖今天評價尺規，怕是無法感動後人了。至少，我這位與王季愚並不認識的「不相干者」，不會寫這篇文章。

　　正如其子王力平所說，王季愚一生中的曲折悲愴，「是他們那一代人為信念付出的代價」。走至文革，絕對不是延安一代所希望的結果。今人能夠看到紅色革命的負面，當然是更全面認識了這場革命，也更理性更深刻地看待中共。得承認，我們腳下墊襯著王季愚延安一代的台階。

　　王季愚在暴烈的左傾年代用自己的翅膀力所能及地庇護了一批人，澤被她所工作過的校園，正是這批人組成今天紀念她的隊伍，並使我這樣的「黑大後學」也認識了她。獲得這樣的紀念，濺起這樣的「歷史迴響」，得以工作實績為襯裡，必須有點真正的歷史貢獻。

　　黑龍江大學擁有王季愚這樣一位前院長，自是黑大的幸運，也是眾多黑大學子的驕傲。現任黑大黨委書記楊震引用臧克家紀念魯迅的名句——

　　有的人活著，他已經死了；有的人死了，他還活著。

（資料來源：趙劭堅等《平凡人生——王季愚傳略》，上海書店出版社2006年版）

2008年4月1～3日於滬・三湘

原載：《黑龍江日報》2010年5月14日（刪削稿）

延安文化人的生活

軍事共產主義

　　延安生活沿襲南方蘇區軍事共產主義，以資歷為據，稍作區別，級差甚微，男女無別，追求人人平等的價值理念。每一場「革命」的發動階段都會提出高於既有政權的道德標準。海倫・斯諾描繪——

　　中國的共產主義是最原始的共產主義，平分了又平分，一直分到原子。……「各盡所能——各取最低需要」。[1]

　　延安官兵級差微弱。據艾青（1910～1996）、卞之琳（1910～2000）提供資料，1938年津貼標準：士兵（包括班長）一元、排長二元、連長三元、營長四元、團長以上一律五元，毛澤東、朱德也是五元，惟著名文化人、大學者5～10元。1938～1939年抗大主任教員艾思奇、何思敬、任白戈、徐懋庸每月津貼十元。1940年代初期，延安經濟困難，高知待遇降下來。中央研究院的范文瀾、艾思奇、王實味、陳伯達每月津貼4.5元，雖略低於朱、毛的5元，但高於邊區政府主席林伯渠的4元。徐懋庸（1911～1977）兼一點「魯藝」課程，每月另有五元津貼，加上稿費，「所以，我是很富的，生活過得很舒服。」[2]

　　特權當然存在，只是較隱性。如按延安物價，哈德門牌香煙三～四角／盒，毛澤東每月抽煙就得百多塊錢，自己付不起的，得靠

[1]　（美）尼姆・威爾斯（Nym Wales）：《續西行漫記》（《Inside Red China》），陶宜、徐複譯，三聯書店（北京）1991年版，頁75。
[2]　徐懋庸：《徐懋庸回憶錄》，人民文學出版社（北京）1982年版，頁121。

公家發。[3]1938年1月，梁漱溟與毛澤東在延安窯洞長談六夜（晚飯後自黎明），毛澤東給梁漱溟斟茶，「而自酌酒，酒是白酒，亦用不著菜肴。煙亦恆不離手。」[4]

訪延的安娜・路易絲・斯特朗（Anna Louise Strong，1885～1970）——

像賀龍這樣的師長，每月的工資為中國幣五元，朱德為六元，折合成美金連兩個美元都不到，只抵得上其他中國指揮官通常工資的一個少得可憐的零頭。[5]

胡喬木——

當時國民黨的縣長月工資為180元，邊區的縣長津貼僅二元，邊區政府主席的月津貼也不過五元。[6]

閻錫山的晉軍，士兵月餉11元法幣、少尉24元、中尉33元、少校96元，升官確實帶著發財。[7]1939年，國軍士兵月餉八元。[8]1944年，重慶《新華日報》短評：國民黨上將月薪1.6萬元法幣，中將1.1萬，少將八千，一等兵55元，二等兵50元（只能買最劣香煙三四包、火柴五六盒），最高與最低相差320：1。[9]中共的「官兵平等」，確具可比性。

延安生活雖苦，但對中共黨員來說，安全感第一位。地下工作者曾志（1911～1998），抵達延安後的感覺——

3　原景信：《陝北剪影》，新中國出版社（漢口）1938年5月初版，頁15。
4　梁漱溟：〈訪問延安〉，載《我生有涯願無盡——梁漱溟自述文錄》，中國人民大學出版社（北京）2004年版，頁127。
5　安娜・路易絲・斯特朗：〈人類的五分之一〉（1938），載李壽葆、姚如璋主編《斯特朗在中國》，三聯書店（北京）1985年版，頁134。
6　胡喬木：《胡喬木回憶毛澤東》，人民出版社1994年版，頁133。
7　蕭軍：《從臨汾到延安》，山西人民出版社1983年版，頁215。
8　（美）白修德：《中國抗戰秘聞——白修德回憶錄》，崔陣譯，河南人民出版社1988年版，頁54。
9　王健民：《中國共產黨史稿》（增訂本），中文圖書供應社（香港）1974～75年，第3編・延安時期（下），頁672。

　　不但有安全感，而且精神生活乃至物質生活都是很富足的。作為來自國統區的地下工作者，我對延安的體驗可能是與眾不同的。[10]

　　曾志不僅得到安全感且感覺舒適，並不認為延安生活有什麼艱苦。不過，這只是地下工作者的感受。對絕大多數來自城鎮的赴延知青來說，延安生活還是十分艱苦。

　　1936年8月，斯諾記述——

　　在這裡陝甘邊區，人們就像五千年前他們祖先那樣生活在這黃土群山裡。男人蓄髮梳辮，婦女全都裹足。他們難得洗澡。據說陝西老鄉一生只乾淨過兩次：結婚喜日他自己洗一次澡，再就是出殯那天別人幫他洗。[11]

　　1938年3月，《掃蕩報》記者原景信從西安赴延——

　　（一路上）既少村莊，又乏人煙，荒涼得不堪入目！……種的是山坡，住的是破窯，吃的是小米。窯洞就是原始人住的「穴」，又黑又臭。……人民生活表面上雖比原始人好一些，但個個有菜色，實際上卻還不如原始人！[12]

　　抗戰初期，延安赤區轄地26個縣（後縮至23縣，1944年擴至30縣一市）[13]，面積12.9萬餘平方公里，地廣人稀，人口150萬（一說135萬）[14]，另有資料僅50萬[15]。1936年7月9日，周恩來對斯諾抱怨——

───────────

[10]　曾志：《一個革命的倖存者》，廣東人民出版社1999年版，下冊，頁322～323。

[11]　（美）愛德格・斯諾：《紅色中華散記（1936～1945）》，奚博銓譯，江蘇人民出版社1991年版，頁127。

[12]　原景信：《陝北剪影》，新中國出版社（武漢）1938年5月初版，頁5。

[13]　文伯：〈陝北之行〉，原載《中央日報》1944年7月29日～8月7日。轉引自王健民：《中國共產黨史稿》（增訂本），中文圖書供應社（香港）1974～75年，第3編・延安時期（上），頁335。

[14]　王健民：《中國共產黨史稿》（增訂本），中文圖書供應社（香港）1974～75年，第3編・延安時期（上），頁255。

[15]　原景信：《陝北剪影》，新中國出版社（武漢）1938年5月初版，頁31。

在江西和福建，大家都帶著鋪蓋卷來參加紅軍，這裡他們連雙筷子都不帶，他們真是一貧如洗。[16]

環境衛生更是原始簡陋，遠離文明。「窩窩頭上叮滿蒼蠅，坑上滿是跳蚤，被子縫裡擠著蝨子，在這種環境，你就需要吃得下、躺得下的勇氣和毅力。」大生產運動掀起後，種菜必須與糞便打交道，「半天下來，任憑你怎麼洗，端飯碗的手都是臭烘烘的。」[17]延安飯鋪「醉仙樓」（全城共兩家），「停留在菜刀上的蒼蠅，多到好像鋪上層黑布。」[18]

赴延路上，「一路投宿，幾乎沒有一家客棧沒有臭蟲跳蚤蚊子。」[19]于光遠到達延安首夜大戰跳蚤，落荒逃出房間，抱被睡在場院幾根原木上。[20]胡績偉也記述了終生難忘的大戰臭蟲──

我一個人睡在一個舊窯洞裡，臭蟲多得可怕，一排排一串串地從各種縫隙中爬出來，結隊進攻，真是聞所未聞，見所未見，令人毛骨悚然的怪事。開初我用手指抹殺，以後用手掌抹殺，弄得滿手臭黃水，還是殺不完。好在我隨身帶了針線，趕快把自己帶來的床單縫成一個口袋，把身體裝在裡面，儘管這樣，還是輾轉反側，到天快亮時才迷糊了一小會兒。起床一看，床單上血跡斑斑。[21]

丁玲（1904～1986）紀實小說〈在醫院中〉，記述了老鼠溜邁被頭的細節。[22]女生早晨照鏡子也是麻煩事，得排隊，輪到者左顧右盼

16　（美）愛德格・斯諾：《紅色中華散記（1936～1945）》，奚博銓譯，江蘇人民出版社1991年版，頁71。

17　王惠德：〈憶昔日〉，載吳介民主編《延安馬列學院回憶錄》，中國社會科學出版社（北京）1991年版，頁71～72。

18　趙超構：《延安一月》，上海書店1992年版，頁135。

19　陳亞男：《我的母親陳學昭》，文匯出版社（上海）2006年版，頁99。

20　于光遠：《于光遠自述》，大象出版社（鄭州）2005年版，頁77～78。

21　胡績偉：《青春歲月──胡績偉自述》，河南人民出版社1999年版，頁234。

22　丁玲：〈在醫院中〉，原載《谷雨》（延安）1941年11月。參見楊桂欣編：《觀察丁玲》，大眾文藝出版社（北京）2001年版，頁73。

不願離去，鏡子女主人終於「咱們還是『共產』吧！」，一摔分四，擴增利用率。每人腰間永遠掛著一個罐頭盒做的大茶缸，女生用它吃飯喝水、刷牙洗臉，甚至沖腳、洗屁股。[23]

入學陝北，各校學生第一課——挖窯洞，解決棲身之所，木窗木門，連根釘子都沒有，整個窯洞沒有一片金屬，玻璃更是奢侈品，只有後來美軍聯絡組的窯洞才有。[24] 上課、吃飯、開會都在室外，所幸陝北少雨。李維漢——

同學們說陝公的室內活動就是睡覺，確是如此。冬天，空中飄著雪花，教員頭頂雪花上課；雨天，泥濘滿地，教員赤腳上課。數九寒天吃飯，飯涼菜凍，若遇上狂風，飯菜裡還要摻雜點沙塵、草芥。課桌課椅是沒有的。學員的被子一物兩用，白天捆起來當坐凳，晚上打開睡覺。以後在露天廣場用石頭、泥塊砌一些坐墩，算是小小的改善了。[25]

魯藝情況也差不多，教員沙汀（1904～1992）——

沒有固定的教室，一般都頭上戴頂草帽，在露天裡上課。遇到落雨，就擠在一眼較為寬敞的窯洞裡進行學習。同學們一般只有用三塊木板做成的簡易矮凳，雙腿上則放塊較大的木板，權當書桌。[26]

文學系學員穆青（1921～2003）——

我們每週只上幾次課，一般學習都在露天，冬天找塊太陽地，夏天躲到陰涼地。大家一人一個小板凳，走到哪兒搬到哪兒，膝蓋就是「自備」書桌。[27]

---

[23] 蔣巍、雪揚：《中國女子大學風雲錄》，解放軍出版社（北京）2007年版，頁184、135。

[24] 安娜·路易絲·斯特朗：〈中國人征服中國〉，載李壽葆、施如璋主編《斯特朗在中國》，三聯書店（北京）1985年版，頁176。

[25] 李維漢：《回憶與研究》，中共黨史資料出版社（北京）1986年版，上冊，頁411。

[26] 沙汀：〈漫憶擔任主任後二三事〉，原載《文藝報》1988年4月16日。參見艾克恩編《延安文藝回憶錄》，中國社會科學出版社（北京）1992年版，頁79。

[27] 穆青：〈魯藝情深〉，原載《人民日報》（北京）1988年5月26日。參

　　抗戰初期，延安知青吃小米蔬菜、穿土布蹬草鞋，一週才能吃一次麵條或餃子。1939年6月，中國女大「400多名學生只有一隻籃球，書籍和藥品也非常缺乏。」[28]陝公早晨四人共用一盆洗臉水，三餐小米，四人合吃一鐵盒土豆或南瓜。[29]燕京生、澤東青年幹部學校教育長黃華（1913～2007，後為外長）——

　　伙食很簡單：小米飯和七八個人共吃的一小盆水煮蘿蔔，偶然有一兩片土豆。[30]

　　落實到人的定額具體為「每人每天一斤糧（高粱粗小米，只能喝稀飯），二錢鹽，三錢油。」[31]南方「資產階級小姐」長吃小米可就受罪了，她們抱怨——

　　過去在家時，這都是餵小鳥兒的。

　　嚼啊嚼啊，唾沫都咽乾了，怎麼也歸不攏。

　　有的半年多腸胃都無法適應——

　　到延安後半年多還是不適應，吃了小米飯大便不通，憋死了。[32]

　　一位粵籍女生——

　　我們這些由祖國南端而來到北國的女青年，由於氣候、環境、飲食的巨大變化，一月三次月經來潮，舉步維艱。當時月經使用的粗草紙，把皮膚都擦破了。[33]

　　見艾克恩編《延安文藝回憶錄》，中國社會科學出版社（北京）1992年版，頁139。

[28]　江文漢：〈參拜延安聖地〉（1939年11月17日），載《檔案與史學》（上海）1998年第4期，頁7。

[29]　緋石：〈我與王實味〉（1996），未刊稿。載黃昌勇《王實味傳》，河南人民出版社2000年版，頁97。

[30]　黃華：《親歷與見聞——黃華回憶錄》，世界知識出版社（北京）2007年版，頁43。

[31]　黃俊耀：〈踏遍陝北山山水水的民眾劇團〉，原載《戲曲研究》第21期；參見艾克恩編《延安文藝回憶錄》，中國社會科學出版社（北京）1992年版，頁231。

[32]　蔣巍、雪揚：《中國女子大學風雲錄》，解放軍出版社（北京）2007年版，頁135。

[33]　李雲冰：〈迂回曲折赴延安〉，載延安中國女子大學北京校友會編：

睡也是大問題。陝公、抗大的學員七八人擠睡窰洞土坑，鋪一層茅草，擠得連翻身都困難。女大生的臥位寬度只有一尺半，起夜回來常常發現沒了位置，要拱進去慢慢擠幾下才能「收復失地」。[34]蜷身睡習者，很快得到糾正——直腿挺睡。延安保育小學，「我們一個窰洞要擠十幾個人，睡在一個大通鋪上，夜裡翻身都喊『一二』，一齊動作，否則是翻不動的。」[35]相比京津滬穗城市生活，相隔天壤。一些赴延青年悄然離延，轉去川渝。[36]

安娜・路易絲・斯特朗——

每一種教育進行兩個小時，往往第一小時上課，第二小時討論、學習或休息。睡覺的時間相當長，這在某種程度上彌補了口糧的不足。飯是小米飯或饅頭加一些蔬菜，但是一天只有兩頓。[37]

平均主義的供給制，體現了人人都是「革命螺絲釘」，蘇聯的共產國際稱為「藍布螞蟻群」、「紅色工蜂群」，對改造有棱有角的個人主義大有裨益，非常有利於加強組織紀律性。這一延安經驗成為日後「大躍進」的歷史根據。1958年8月21日，「大躍進」進入高潮，毛澤東在北戴河中央工作會議上根據延安經驗說——

要考慮取消薪水制，恢復供給制的問題；過去搞軍隊，沒有薪水沒有星期天，沒有八小時工作制，上下一致，官兵一致，軍民打成一片，成千成萬的人調動起來，這種共產主義精神很好。人活著只搞飯吃，不是和狗搞點屎吃一樣嗎？搞供給制，過共產主義生活，這是

《延水情：紀念延安中國女子大學成立六十周年》，中國婦女出版社（北京）1999年版，頁149～150。

[34] 蔣巍、雪揚：《中國女子大學風雲錄》，解放軍出版社（北京）2007年版，頁131。

[35] 任湘：〈我選擇了地質勘探〉，載賈芝主編《延河兒女——延安青年的成才之路》，人民出版社（北京）1999年版，頁368。

[36] 喬松都：《喬冠華與龔澎——我的父親母親》，中華書局（北京）2008年版，頁21。

[37] 安娜・路易絲・斯特朗：〈人類的五分之一〉（1938），載李壽葆、姚如璋主編《斯特朗在中國》，三聯書店（北京）1985年版，頁138。

馬克思主義作風與資產階級作風的對立;還是農村作風、游擊習氣
好,二十二年的戰爭都打勝了,為什麼建設社會主義就不行了呢?為
什麼要搞工資制?這是向資產階級讓步,是借農村作風和游擊作風來
貶低我們,結果是發展了個人主義;建議幹部帶頭恢復供給制;恢復
供給制好像是「倒退」,「倒退」就是進步,因為我們進城後退了,
現在要恢復進步,我們帶頭把六億人民帶成共產主義作風。

　　1958年8月31日,毛澤東又針對供給制與薪給制發表看法,不同
意平均主義會出懶漢的說法──

　　我不相信實行供給制,人就懶了,創造發明就少了,積極性就
低了,因為有幾十年的經驗,證明不是這樣的。

　　作為政治家,毛澤東十分清楚供給制的政治效用,故以政治掛
帥為旗號要求恢復供給制。1958年8月9日,毛澤東巡視山東曆城縣北
園鄉,對山東省委書記譚啟龍說:人民公社的好處是可以把工農商學
兵合在一起,便於領導。8月13日《人民日報》報導毛巡視山東,特
意點明這句話,置引題醒目處。[38]

　　軍事共產主義是延安文化人生活的社會天幕,對1949年後國史走
向影響甚巨。對延安文化人來說,則從價值方向、經濟可能等各個方
面,從形而上至形而下全方位規定了延安文藝的品質,也是研究延安
文化人有趣且有核的一處「觀景亭」。

延安物價

　　抗戰前期,物價尚低。何滿子(1919~2009),1938年入武漢
《大漢晚報》,月薪40元,「至少可以解決生活問題了。」1940年,
何滿子在成都編《黃埔日報》「血花」副刊,以少校速記員開薪80
元／月,可負擔一位失業朋友的生活費;所編副刊稿費千字兩元,

---

[38] 羅平漢:《「大鍋飯」──「烏托邦」記憶》,廣西人民出版社2002年
版,頁65~67、30。

每月掌握約300元稿費，都甚至想用這筆錢自辦一份32開小型張刊物。[39]1939年10月的河南洛陽地面，物價之低廉讓走南闖北的曾志終身難忘——

　　我對河南小攤小鋪價格之低印象很深。一大碗麵條，一碟鹹菜，加住宿一夜，只要兩毛錢。糊辣湯在這一帶很有名，無論到哪裡都有賣的，一湯碗糊辣湯加四個油炸饊子只要五分錢。一毛錢買一碟熟驢肉（約三兩重），兩毛錢買三四斤煮熟的花生。這些價格比起湖北襄樊來要便宜許多，但也說明這裡的消費水準低，群眾生活較苦。[40]

　　1936年8月，陝甘寧赤區甘肅地界一隻雞二角錢，一頭豬一元，一頭羊三元。老鄉用這些牲畜換錢買食鹽、棉布、大煙。除此之外，鈔票就毫無價值了。[41]

　　1938年，山西汾陽東南一帶，八路軍團長楊得志（1911～1994）請帶路老鄉買一塊錢雞蛋，竟買來二十斤。一位老鄉替尚未婚娶的楊團長找來一位高小畢業的俊姑娘，兩頭都願意，女方父親要楊團長出一百塊錢彩禮，楊最多只能給幾百斤糧食，人家不幹。楊得志後升旅長，過汾河前，還想帶走這位姑娘，「最後還是沒有帶成，主要還是因為拿不出那100塊錢來。」[42]此時幣值還相當堅挺。

　　1937年4月，雇請瞿秋白赴俄採訪的俞頌華（1893～1947），以《申報》記者身分採訪膚施（延安），記載所見——

　　愈是往北，人民的生活愈是苦。當地的人以灰色的麵條或饃饃和以紅的辣椒醬及灰色的鹽果腹。吃不起麵的人，即以山芋或小米當飯。我們在路上常常以雞蛋充饑。那邊雞蛋尚不貴，且到處可買，一

[39] 何滿子：《跋涉者——何滿子口述自傳》，北京大學出版社1999年版，頁13、21～23。

[40] 曾志：《一個革命的倖存者》，廣東人民出版社1999年版，頁313。

[41] （美）愛德格・斯諾：《紅色中華散記》（1936～1945），奚博銓譯，江蘇人民出版社1991年版，頁127～128。

[42] 《吳法憲回憶錄》，北星出版社（香港）2007年7月第2版，頁198～199。

角大洋可買六枚煮熟的。[43]

　　延安物價也很低廉，豬肉每斤二角，一角可買十來個雞蛋。[44]陳明遠（1941～　）折算延安一元相當1990年代末30～35元人民幣。[45]若按相對標準，至少合2008年人民幣百元以上。延安整肅貪汙的紅線沿襲江西蘇區標準：貪汙500元以上槍斃。[46]

　　曾志記述的延安物價還要便宜——

　　延安的群眾很少種菜，也不太會種菜。可是大路菜，例如蘿蔔、白菜、土豆、紅棗都還容易買到，就是豬肉、雞蛋之類也並不缺，還便宜。一斤豬肉就兩角錢。延安人還有個習慣，不吃「豬下水」，因此豬的肝、心、肺、腸、肚就尤其價賤。[47]

　　于光遠回憶延安文化溝口「勝利食堂」，只擺得開兩三桌，烹飪水準亦僅相當北京街頭小飯館，已是延安最高檔次飯店。幾十年後，于光遠還津津有味記得那裡一道甜食「三不粘」——不粘碗、不粘筷、不粘嘴。「三不粘」乃傳襲至今的延安名點——油炸雞蛋羹，雞蛋、麵粉、白糖、食油炸製而成。[48]

　　像如今涉外賓館一樣，延安也內外有別，涉外物價甚高。1938年3月下旬訪延的武漢記者原景信，入住中華旅社，小小一屋，一半泥炕，擠睡五六人，每晚收費四角；用餐，一盤菜三角，一碗湯三角——

---

[43] 俞頌華：〈從上海到西安和陝北〉，載《申報週刊》（上海）1937年第2卷第20期，頁439。

[44] 徐懋庸：《徐懋庸回憶錄》，人民文學出版社（北京）1982年版，頁121。

[45] 王光榮：〈日軍戰俘在延安「洗禮」〉，載《百年潮》（北京）2004年第9期，頁36。參見陳明遠：《知識分子與人民幣時代》，文匯出版社（上海）2006年版，頁41、43。

[46] 李琴：〈楊立三的經濟實踐與經濟思想〉，載《炎黃春秋》（北京）2008年第5期，頁53。

[47] 曾志：《一個革命的倖存者》，廣東人民出版社1999年版，下冊，頁323。

[48] 于光遠：《于光遠自述》，大象出版社（鄭州）2005年版，頁83。參見董邊等編：《毛澤東和他的秘書田家英》，中央文獻出版社（北京）1989年版，頁221。

如果每頓吃一個菜，一個湯，一盤麵條，幾個饅頭，差不多就需一塊大洋。來延安的大多是文人，文人的錢多半是絞腦汁換來，被這樣的剝削，實在有點不甘心。所以每頓飯吃完的時候，大家總愛說一句：「縣太爺的一月薪金，又被我們一頓吃光了！」但旅館老闆回報的，卻是一陣得意的微笑！

腳夫，八路軍每天只須給中華旅社伙食費三角／人，穿綠軍裝的國軍就得給三元／人。[49]

延安稿酬

江西蘇區也有稿酬。創刊1931年底的《紅色中華》乃赤區政府機關報，發行量最大。1931年12月18日《紅色中華》第二期刊登徵稿啟事，歡迎論文、時評、社會調查、各項新聞等稿件，要求「通俗簡明」，一經發表「從優酬謝」，每篇稿費「二毛至一元不等」。[50]延安時期，直屬紅一方面軍政治部的人民抗日劇社，社長危拱之（1905～1973，葉劍英妻），1936年6月3日在《紅色中華》報上發佈「徵求劇本啟事」──

凡是經過審查後，有小部分修改尚可表演的各種劇作品，一律給以酬報：一、話劇、歌劇，一般每齣大洋貳元；二、活報每個五角；三、歌及土調每個兩角；四、倘有特別出色，表演有很大成功而受看者稱許的，給以特等酬報；五、雙簧及滑稽的短小作品與活報大洋貳角。

1936年8月，紅二、四方面軍還在長征途中，為「在全國和外國舉行擴大紅軍影響的宣傳，募捐抗日經費」，中共中央決定出版《長征記》。8月5日，毛澤東、楊尚昆聯名向紅一方面軍各部發出徵稿電

---

[49] 原景信：《陝北剪影》，新中國出版社（漢口）1938年5月初版，頁18～19、33。

[50] 余伯流、凌步機：《中央蘇區史》，江西人民出版社2001年版，頁815。

報與信函，希望積極撰稿，展示長征實況。徵稿信曰：「來稿請於九月五日以前寄到總政治部。備有薄酬，聊致謝意。」1936年10月28日，紅軍總政治部發佈〈《紅軍故事》徵文啟事〉——

為著供給紅軍部隊的課外教育材料，為著宣傳紅軍的戰鬥歷史，特決定編輯《紅軍故事》叢書。每稿至多不超過二千字……來稿採用後，酌致現金或物質報酬。

1937年5月10日，毛澤東、朱德聯名發出〈中央軍委關於徵集紅軍歷史材料的通知〉，以紀念「八一」十周年，並組建了11人的強大編委會——徐夢秋、張愛萍、陸定一、丁玲、吳奚如、舒同、甘泗淇、傅鐘、黃鎮、蕭克、鄧小平。通知明確：「一切創作稿件和紀念品，送來經採用後，均給以五角至二十元的現金酬報。」此書後由徐夢秋、成仿吾、丁玲編成，1942年11月出版。

1940年4月15日，隸屬中華全國文藝界抗敵協會延安分會的《大眾文藝》創刊，毛澤東題寫刊名，蕭三主編，第一期刊登稿約：「來稿一經登載，酌致薄酬。」1940年8月1日，中共西北局宣傳部的邊區大眾讀物社創刊《大眾習作》，毛澤東題寫刊名，致信社長周文，對該刊讚賞有加。創刊號「約稿」——

寄來的稿子，凡是登載出來的，每一千字送稿費一元。

1941年5月16日，中共中央機關報《解放日報》在延安創刊，博古社長，毛澤東題寫報名與發刊詞，「創刊號」報眼刊出「本報啟事」（二）——

本報竭誠歡迎一切政治、譯著、文藝作品、詩歌、小說……等等之稿件。一經揭載，當奉薄酬。

1941年9月，延安業餘雜技團登報徵集魔術、武術、雙簧、大鼓、相聲等稿件——

來稿經採用者，致以每千字三至五元稿費。未經採用，但本團認為有保留與研究價值者，亦致稿酬，餘稿一律退還。

這則啟事特別之處有二：一是以千字為計酬單位，同時照顧到

稿件品質；二是留下的稿件也給一些稿費。

1941年前，錢物稿酬並存，之後多為現金稿費，但「物酬」並未絕跡。「物酬」包括毛巾、肥皂、筆記本、紙張、鉛筆等。這些物品當時奇缺，公家所發根本不夠用。文化人每月按規定、分級別供給幾張紙，領取時要嚴格登記。人們寫稿一張紙兩面寫字。能用上新毛巾和肥皂，就屬於「上檔次」了，周邊羨慕不已。寫稿得「物酬」，很自豪很驕傲的大事。還有的物酬為贈送書刊，以刊為酬。1940年9月創刊的《歌曲月刊》「稿約」：「來稿發表後，以本刊一冊為酬，版權歸作者所有，但本刊有選編權。」一年後該刊改為《歌曲半月刊》，仍是「來稿選用者，可以本刊為酬」。該刊約為2～5角／冊。[51]

延安早期油印刊物基本無稿費，贈送一份當期刊物為酬。後來的鉛印報刊才支付稿酬。1941年物價飛漲前，稿酬標準大體為1元／千字。也有鉛印刊物不給稿酬的，如《文藝突擊》。[52]1939年初，毛澤東委託邊區教育廳長周揚參與《陝甘寧邊區實錄》編纂：「備有稿酬（每千字一元五角）」。[53]1941年9月10日，毛澤東在中央政治局擴大會議上說：「對研究實際問題的文章，要多給稿費。能使馬克思主義中國化的教員，才算好教員，要多給津貼。」[54]明顯表示出政治價值對稿酬的調節。

還有特殊稿酬。1943年，魯藝秧歌劇〈兄妹開荒〉演遍延安，中央黨校幾位炊事員托人給演員送來兩雙襪子、兩條毛巾、兩塊洗

[51] 孫國林：〈延安時期的稿費制度〉，載《中華讀書報》（北京）2007年10月17日，第19版。
[52] 朱鴻召：《延安日常生活中的歷史》，廣西師大出版社（桂林）2007年版，頁22～23。
[53] 毛澤東致周揚信（1939年1月22日）。載《毛澤東書信選集》，人民出版社（北京）1983年版，頁138。
[54] 毛澤東：〈反對主觀主義和宗派主義〉（1941年9月10日）。載中共中央文獻研究室編：《毛澤東文集》第二卷，人民出版社（北京）1993年版，頁374。

衣皂——

這些東西在當時是非常珍貴的，這是由於炊事員工作的特殊需要專門發給他們的，他們捨不得用，送給我們。面對這些東西，我們感動得都哭了。[55]

1941年延安出版物60餘種，整風後1943年只剩三種——中共中央機關報《解放日報》、面向文化程度很低者的《邊區群眾報》（西北局機關報，常用字僅四百，發行量萬餘）[56]、僅供一定級別幹部的《參考消息》，其他出版物均須經中宣部審查。《解放日報》不僅成為唯一資訊來源，還提供「最標準」的思想觀點。每天下午16～17時，從中央到基層都派通訊員去領報，清涼山下的《解放日報》社十分繁鬧，領報回來的通訊員成為最受歡迎的人。[57]級別化《參考消息》的出現，標誌性地說明延安開始控制資訊，延安知識分子只能讀到《解放日報》，資訊統一化的同時必然伴隨思想封閉化，這一重大拐點的出現，當然十分典型地說明「延安雛型」的許多內涵。

延安作家的馳騁之地十分狹促，文藝稿只有一家去處——《解放日報》第四版副刊，稿費二升小米／千字。這點「稿費」相對延安作家當時的供給制收入，不無小補。《解放日報》發行七千餘份，延安影響最大的媒體。1944年6月訪延的重慶記者趙超構，如此評價《解放日報》四版編輯艾思奇：「他既然掌握著延安文壇的天秤，我們就無從否認他的權威。」[58]

[55] 李波：〈黃土高坡鬧秧歌〉，原載《新文學史料》（北京）1985年第2期。參見艾克恩編《延安文藝回憶錄》，中國社會科學出版社（北京）1992年版，頁209。

[56] 胡績偉：《青春歲月——胡績偉自述》，河南人民出版社1999年版，頁175。

[57] 朱鴻召：〈唯讀《解放日報》〉，載《上海文學》2004年第2期，頁78、83。

[58] 趙超構：《延安一月》，上海書店1992年版，頁166、165、145。

稿費用途

　　延安文化人得了稿費，多與人分享，或被朋友「共產」，獨自享用者極少。這幾乎成了一種約定俗成的「規矩」。在這個問題上如「小氣」，會受譏嘲非議。延安詩人卞之琳回憶——

　　誰要是從郵局接到重慶、香港以至上海孤島匯來的一筆稿費，就招呼朋友，三三五五，一分而光。

　　《一個中國革命者的私人紀錄》一書，詳細記述蕭三夫婦、蕭軍夫婦，用稿費在餐館消費的生動場面——

　　蕭軍那時有點錢，點菜花樣多，醬牛肉、鹵雞、鹵肝、叉燒肉樣樣都點一些，喝了白酒，剩下的菜，統統打包帶走。

　　蕭三一家剛來勝利食堂，多吃西餐……慢慢地他們一家改吃中餐，點一份炒肉絲，簡簡單單，吃飽為止。蕭夫人（俄羅斯人）很會點菜：糖醋里脊、青椒肉絲如此等等。

　　周立波、陳學昭、曾克，張季純、鍾敬文、馬可等都談到當年延安「一人得稿費，大家去消費」的愉快經歷。[59]

　　1941年，魯藝文學系學員穆青（1921～2003），在重慶、延安發表了幾篇通訊——

　　這在同學中引起了反響，一來那時很少有人在報刊上發表作品；二來能收到十元、二十元的稿費，這對每月僅發二元津貼費，只能吃到南瓜、土豆的同學們來說無疑是個福音。因此，不管每次是誰收到稿費，大家便歡呼雀躍，到橋兒溝街上買些熱燒餅和一碗碗羊雜碎，飽餐一頓。

　　穆青有了一點文名，魯藝各級領導找他談心，動員他上《解放日報》當記者，「當時我們都不願當記者，一心想努力成為一名作家。」最後，由副院長周揚親自約穆青於延河邊，從組織紀律性說到

---

[59] 孫國林：〈延安時期的稿費制度〉，載《中華讀書報》（北京）2007年10月17日，第19版。

愛倫堡——當記者並不妨礙當作家，「沿著河岸走了幾十個來回，終於被他說服了。」1942年8月30日，穆青與同學張鐵夫一起來到《解放日報》——

　　從此，我便結束了令人留戀的魯藝文學系的學習，走上了新聞工作崗位，直到今天，整整45年。[60]

　　1945年8月，田家英（1922～1966）收到一點稿費，邀請老友陸石上延安北門外小飯館，要了一盆回鍋肉、一個「三不粘」、兩碟小菜、兩碗陝北黃米酒。三十九年後陸石（1920～1998，中國文聯秘書長），感慨不已：「這在當時，已是很豐盛的午餐了。」[61]

　　毛澤東和其他中共要角的文章著作得到稿費，大都用於贊助公益或個人應酬。1940年「延安各界紀念五四青年節籌委會」發起有獎徵文，歷時一年多，徵得作品150篇。第二年6月9日評選結束，毛澤東捐贈300元為獎金，周恩來、王稼祥各捐200元，吳玉章捐100元，董必武捐50元。

　　毛澤東用《論持久戰》的稿費請許多人「喂」了一頓，並組織延安哲學研究會。[62]1939年初，柯仲平的延安民眾劇團經濟拮据，開辦費僅40元。李富春送來100元，毛澤東也送了100元，賀龍送來20元。柯仲平一宣佈消息，全團歡騰，買了一頭駄驢、一盞汽燈、一些化妝顏料，服裝則是從當地群眾中臨時借用，老百姓大多把演出當真人真事。延安要角的錢主要來自稿費。1940年，毛澤東再送給劇團300元（據說是《論持久戰》稿費），周恩來、董必武、博古也各給劇團送了50元，陳雲捐助一台照相機，劇團大大「闊」了一把，除了

---

[60] 穆青：〈魯藝情深〉，原載《人民日報》（北京）1988年5月26日。參見艾克恩編《延安文藝回憶錄》，中國社會科學出版社（北京）1992年版，頁139～140。

[61] 陸石：〈我心匪石〉，載董邊等編：《毛澤東和他的秘書田家英》，中央文獻出版社（北京）1989年版，頁221。

[62] 徐懋庸：《徐懋庸回憶錄》，人民文學出版社（北京）1982年版，頁108。

買騾子、毛驢、衣箱，還剩100多元。[63]

博古也經常拿稿費補貼新華社、《解放日報》俱樂部文娛活動。週六舞會、娛樂晚會，都要用錢。[64]延安知青何方（1922～）：延安僅羅瑞卿有一輛自行車，羅的〈八路軍的政治工作〉在重慶出版，他用稿費買的車。[65]

1939年6月下旬，周恩來、博古自重慶歸來，延安舉行歡迎晚會，有一把「大提琴」，一把胡琴固定在一個空「美孚」汽油筒上。[66]

經濟的放射效應

雖說泛政治化是延安文藝的基本特色，但經濟對延安文藝仍有不可小覷的制約力。知青赴延就離不開孔方兄。陝西臨潼知青何方，距離延安不過800里，似僅一箭之遙，仍需籌集路費才能前往——

那個時候參加革命是要花錢的，一路上吃的、用的、住的，一切都是自己拿錢。路費和行李要自理。……所以那個時候去延安參加革命的窮人不多。一是大多不知道延安是怎麼回事；二是即使聽說過，一時也不容易籌到路費和準備好行李。從國民黨地區去延安，太窮的人還真參加不起這個革命呢！

成都的田家英、曾彥修因路遠，赴延各需六十塊錢，兩人都是好不容易才湊上。八路軍西安辦事處只管開赴延介紹信，不管路費，

---

[63] 黃俊耀：〈踏遍陝北山山水水的民眾劇團〉，原載《戲曲研究》（北京）第21期；參見艾克恩編《延安文藝回憶錄》，中國社會科學出版社（北京）1992年版，頁233、235。

[64] 溫濟澤：《溫濟澤自述》，中國青年出版社（北京）1999年版，頁410。

[65] 何方：《從延安一路走來的反思》，明報出版社（香港）2007年版，上冊，頁84。

[66] 江文漢：〈1939年江文漢延安訪問記〉（1939年11月17日），黃天霞譯，原載《檔案與史學》（上海）1998年第4期，頁11。

搭乘辦事處的卡車去延安，每位車資十四塊大洋。[67]因此，赴延知青絕大多數出身不佳，均為地富、資本家、官員、教師等「剝削階級」或中產家庭。無產階級原來就很少出讀書郎，遠赴延安，開銷不小，更去不了的。

經濟理所當然地還制約著延安文藝的方方面面。1941年春，綏德的幾位詩歌愛好者張蓓、高敏夫、郭小川等人自費創辦《新詩歌》，1941年8月15日出了第三期，綏德西北抗敵書店經售，價目「每張二角」。這一期詩歌作者──

高敏夫、張蓓、郭小川、公木、蕭三、李雷、賀敬之、胡代煒、馮牧、余修、侯唯動、袁烙、隱夫、俞波、李立方、李子奇。[68]

赴延知青多為中小知識分子，搞思想搞研究不行，搞熱情淺表的文學倒是正好，一時間延安出了200多個大小詩人。只要在報紙上發表幾首詩，便是詩人一個。1940年，延安大詩人蕭三（1896～1983）──

在延安的青年寫的詩最多（文學刊物，例如《大眾文藝》上，75～83%是詩歌）。[69]

「饞」是延安人的主旋律。1938年初訪延的美軍上校──

伙食是每日兩餐，只有單調的小米。……身上有錢時，他們就到鎮上一家飯館，把錢花在八寶飯上，因為他們太缺少甜食了。[70]

中國女大生王紫菲晚年回憶：到延安後最深的感受就是饞，又身無分文，走在延安街上，見了攤上雪花銀似的白麵饅頭，真眼暈，

───────────

[67] 何方：《從延安一路走來的反思》，明報出版社（香港）2007年版，上冊，頁41、45。

[68] 朱子奇：〈延安和綏德的《新詩歌》及其他〉（代序），載朱子奇、張沛編《延安晨歌》，陝西人民出版社1984年版，頁4。

[69] 蕭三：〈詩到難成便是才〉，原載《新詩歌》（延安）第四期（1940年）。朱子奇、張沛編《延安晨歌》，陝西人民出版社1984年版，頁10。

[70] （美）埃文斯‧福代斯‧卡爾遜：《中國的雙星》，祁國明、汪杉譯，新華出版社（北京）1987年版，頁149。

真想偷幾個吃。一次，三位中國女大生逛市場，兜裡總共只有二分
錢，只能買一瓶老陳醋，在瓶上刻劃下三等份，先是很珍貴地用舌尖
舔，覺得味道好極了，酸酸甜甜香香的，就再也忍不住，小狼一般咕
嘟嘟一口所喝下自己那一份。原來就空腹無油水，其中一位回窯洞不
久就肚子劇痛，滿床打滾，嘔吐不止，從此該女生不再沾醋。[71]

華君武（1915～2010）剛到延安，參加晚會回來，肚餓無食，白
天糊窯洞窗紙剩下半碗麵粉調的漿糊，他當了宵夜。「時隔43年，似
乎還回憶起那碗漿糊的美味，當然，這並不是說經常有漿糊可做宵夜
的。」[72]

直到抗戰勝利，延安交際處長金城（1906～1991，後任中央統戰
部副部長）──

邊區的生活雖然經過大生產運動，比抗戰最困難時期有了很大
的改善，但總的來說還是比較艱苦的。比如一般大灶雖然油、肉和菜
蔬比過去有了很大增加，各種粗糧也可任你吃飽，但大米白麵還是不
充裕的，往往一個星期只能吃上一兩次。[73]

抗大生何方：二兩一個的大饅頭，有的北方男生一頓起碼能吃
十三四個，女生也有能吃十一二個的。一次改善生活吃包子，食量頗
大的「抗大」生盧振中（後任武漢華中工學院副院長），二兩一個
的包子連吃24個才問：「什麼餡？」下飯的菜，春夏還有自己種的青
菜，秋冬就只能吃曬乾的菜葉，放點鹽撒一點生棉籽油。開展大生產
後，生活改善較大，十天半月會餐一次，每人分到一碗紅燒肉，不少
人吃撐得無法爬山回宿舍，東一個西一個仰倒路邊，還有的人不停跑
步消食，有的則拉了肚子。即使如此，還是惦著盼著會餐。香煙更是

---

[71] 蔣巍、雪揚：《中國女子大學風雲錄》，解放軍出版社（北京）2007年
版，頁135～136。

[72] 華君武：〈魯藝美術部生活剪影〉，原載《延安歲月》；參見艾克恩編
《延安文藝回憶錄》，中國社會科學出版社（北京）1992年版，頁364。

[73] 金城：《延安交際處回憶錄》，中國青年出版社1986年版，頁270。

稀罕貨，開大會聽報告，總有人搶坐第一排，為的是撿拾「中央首長」扔棄的煙屁股。[74]

1940年延安自然科學院，十四歲的羅西北（1926～2005，羅亦農獨子），領回節日會餐——每人一斤麵、一斤餡，本應包好餃子到食堂去煮，但他等不了，包一個在炭火盆裡烤一個、吃一個，包完了也吃完了。[75]

延安經濟最困難的1941～43年，機關比部隊的伙食標準要低。最高規格宴請「四菜一湯」。[76]1938年3月的甘泉縣，縣長與勤雜工一律每天1.4斤小米，三分菜錢，一年兩套軍裝，一月一塊津貼。而且，縣政府每月經費只有24元。[77]中共其時道德自律還較強。

1940～41年，棉衣發不下來，凡有破棉衣的，發一塊布補一下洞，湊合著穿。1941年夏吃了幾個月的煮黑豆和包穀豆。學習用品，每人每月發半根鉛筆，得用鐵皮夾上寫字，寫盡為止；紙張也緊張得很，只發幾張土麻紙，最好時每月發兩張油光紙；三個月發一枚蘸水筆尖，墨水自製調配；三人合用一盞小油馬燈，每晚只有二錢蓖麻油，這還是「黨中央」很重視的學制正規的自然科學院——

對科技人員是很優待的。教師們吃小灶一天有半斤白麵，每年發套新棉衣。我們學生發的鉛筆、紙等，在陝北公學是沒有的；我們住的木板床幾個人鋪一條氈子，沒有被子的人可發給一床小被子，在陝北公學也是沒有的；一週還能吃兩次肉，一次饅頭，我在陝北公學時，幾個月都吃不上一次饅頭。[78]

[74] 何方：《從延安一路走來的反思》，明報出版社（香港）2007年版，上冊，頁73～74、93～95、120。

[75] 趙士傑：〈越過急流和險灘——記羅西北〉，載賈芝主編《延河兒女——延安青年的成才之路》，人民出版社（北京）1999年版，頁334。

[76] 陳俊岐：《延安軼事》，人民文學出版社（北京）1991年版，頁98、13。

[77] 原景信：《陝北剪影》，新中國出版社（武漢）1938年5月初版，頁13。

[78] 林偉：〈憶自然科學院發展中的一些情況〉，載《延安自然科學院史料》，中共黨史資料出版社（北京）、北京工業學院出版社1986年版。參見朱鴻召編選《眾說紛紜話延安》，廣東人民出版社2001年版，頁169。

1940年前後，140萬人口的邊區要供給八萬黨政軍人員；中共部隊、機關只能自給1/5生活所需，4/5需邊區百姓負擔，生活條件自然好不起來。[79]1944年，毛澤東承認「三年以前大家的伙食不好，病人也很多，據說魯藝上課有一半人打瞌睡。大概是小米裡頭維他命不夠，所以要打瞌睡。」[80]晉察冀根據地生活也艱苦，姚依林——

到1942年，就看清楚了敵我在體力上的差異：我們穿草鞋、布鞋、輕裝爬山比不上日本人穿大軍靴、背重物爬山爬得快。山地游擊戰爭的大問題是生活問題，它影響了戰鬥力。……那時，吃上一次豬肉一定是過節！全體歡騰，手舞足蹈，《紅纓槍》唱詞「拿起紅纓槍，去打小東洋」改編為「拿起洋磁缸，去舀豬肉湯！」[81]

延安文化人中流傳一句笑語——「客請」，謂延安人太窮，得由外來客人作東。1938年8月31日，卡之琳到達延安，每月領取兩元津貼，只能上街頭小吃攤買五分一碗的醪糟雞蛋打牙祭，幾分錢買一包花生也會數人共用。粵籍留歐舞蹈家戴愛蓮（1916～2006）訪延，就是由她「客請」主人。[82]

1938年5月上旬，美國駐華使館參贊卡爾遜上校（Evaws Fordyce Carlson,1896～1947），在延安郊村遇上美國援華醫生馬海德，請馬海德去一家八寶飯出名的館子吃晚飯。一路上，許多人向馬海德打招呼，學生、店員、男人、婦女，馬海德便邀他們一起去吃飯——

他如此大方地利用了我的好客使我發笑，他知道我手頭不緊。我們走到飯館時，後面跟隨了十幾個年輕的男女，他們笑著鬧著，完

[79] 逄先知主編：《毛澤東年譜（1893～1949）》（中卷），中央文獻出版社（北京）2005年1月第2版，頁319。

[80] 毛澤東：〈關於陝甘寧邊區的文化教育問題〉（1944年3月22日），載中共中央文獻研究室編：《毛澤東文集》第3卷，人民出版社（北京）1996年版，頁107。

[81] 姚錦編著：《姚依林百夕談》，中國商業出版社（北京）1998年版，頁89～90。

[82] 陳明遠：《知識分子與人民幣時代》，文匯出版社（上海）2006年版，頁41。

全沉浸在聚餐的快樂中。每個人點了自己要的菜，有人吃完了站起身就走人，有的圍坐在一起大講過去的經歷，誰也不感到拘束，誰也沒想到要回報點什麼。[83]

　　經濟上的緊張當然會影響情緒。艾青、田間、凌子風、歐陽山、孔厥、袁靜、張仃等延安文化人，多為中灶（營團級）待遇、伙食一般、津貼很少，一上市場明顯缺錢，無法邀友聚餐，更不可能購買書籍字畫，不免經常發發牢騷說點怪話。艾青、孔厥因此犯「小資產階級自由主義與個人主義」錯誤，不時遭到組織「修理」。[84]

　　若脫離延安供給體制，追求自由，怕是不行的。整風後期審幹階段，延安四怪之一蕭軍（1907～1988），不願屈服中組部招待所蔡主任的刁難（蕭妻懷孕八月，蔡堅持必須本人下山就餐，不同意蕭遞送，而蔡本人卻由小鬼送至山上窯洞）。1943年12月上旬，攜家前往延安縣川口區第六鄉劉莊，不要中共的供給，蕭率妻兒墾荒，過著幾近穴居的原始生活。三月後，胡喬木由縣委書記陪著找來，勸他回城，蕭軍思慮再三，全家返城，回入體制。[85]

　　1939年9月創辦的《文藝突擊》，延安第一份文藝雜誌，抗大政治部秘書科奚定懷、鄭西野發起，約請「文協」柯仲平、劉白羽等參加，請毛澤東寫了刊名，得到政治部主任張際春、秘書科長譚冠三的支持。最初兩期油印，後改鉛印。先為旬刊，後改半月刊、月刊，每期定價五分、一角。出版經費原為捐款，在毛澤東帶動下，其他中共要角也捐了款，達二三百元。至第六期，經費告罄。奚定懷（1917～　）：「為了解決經費不濟，曾到晉西北一帶募捐，但終因經費困難而被迫停刊。」1941年5月《解放日報》創刊，售價一角，

[83]　（美）埃文斯‧福代斯‧卡爾遜：《中國的雙星》，祁國明、汪杉譯，新華出版社（北京）1987年版，頁154。
[84]　陳明遠：《知識分子與人民幣時代》，文匯出版社2006年版，頁45。
[85]　王德芬（蕭軍妻）：〈蕭軍在延安〉，載《新文學史料》（北京）1987年第4期，頁110～113。

後漲至二角、五角，1943年2月再漲至一元，當然只有公家訂閱，私人無力獨訂。[86]

延安文化園地雖然局促單一，稿費總量低薄，刺激力量不強，但效應因聚焦而勁爆。一文既出，萬目爭睹，關注度極高。1944年，郭沫若的《甲申三百年祭》在延安翻版四萬冊，一週銷光。[87]

政治類書籍是最搶手的暢銷書，國統區也一樣。1945年7月，前清舉人黃炎培（1878～1965）訪問延安五日，回渝後出版《延安歸來》，他違背書報檢查制度逕直印刷。黃說：我不是替誰宣傳，不過是受「良心的使命」。《延安歸來》初版兩萬冊，幾天之內搶購一空，此後印刷十幾萬冊，轟動一時的暢銷書，影響巨大。[88]黃炎培的拒絕送審點燃轟轟烈烈的「拒檢運動」，國民黨中常委通過決議，宣佈撤銷新聞圖書檢查制度。[89]國府那時就實現「言論自由」了。

1946年初，老編輯趙景深（1902～1985）總結抗戰時期文藝──

要指出哪一本是劃時代的偉大作品，或抗戰期間有什麼大著作，幾乎使我回答不出來。[90]

趙景深的這一評價當然包括延安文藝。

從總體上，延安生活的窘迫（夜間點燈都受限制），延安文化人時間利用甚受制約，半饑餓狀態又使他們失去潛心創作的心態。泛政治化更使他們必須「走與工農相結合的道路」，失去關注自身感受的「合法性」，文藝創作必須的「小我」已繫著不甚光彩的「小

---

[86] 朱鴻召：〈唯讀《解放日報》〉，載《上海文學》2004年第2期，頁82、86。

[87] 趙超構：《延安一月》，上海書店1992年版，頁166。

[88] 金城：《延安交際處回憶錄》，中國青年出版社1986年版，頁232。

[89] 梅劍主編：《延安秘事》，紅旗出版社（北京）1996年版，下冊，頁702～703。

[90] 趙景深：〈文藝的離去和歸來〉（民國三十五年新年），載趙景深：《文壇憶舊》（上海北新書局1948年4月初版），上海書店1983年版，頁151。

資」，階級學說使他們只能沿著一條軌道行走，失去價值多元化與思維豐富化的理論支撐。

　　拂去歷史風塵，延安文藝無論從思想上還是藝術上，均有一股掩飾不住的扁平化特質。深究其源，經濟因素也是必須追溯的源頭之一。

初稿：2008年5月中旬初稿；補充至2008年9月3日於滬‧三湘
原載：《新文學史料》（北京）2010年第1期
轉載：《中國文學年鑒》（2011）

延安紅色婚戀

　　喝延河水，上寶塔山，懷抗日志，談革命情。延安情事攜帶著
種種濃烈的紅色特質，能從一個維度反映那段歲月的各種資訊，包括
一塊塊裏帶深厚內涵的斑紋、一滴滴至今尚未完全乾涸的淚水。

革命＋戀愛

　　葉賽寧詩句——

　　世界上只要有人群的地方，愛情的歌就會反復地歌唱。[1]

　　有人群的地方就有愛情風波。留法文學女博士陳學昭（1906～
1991）抵達延安，很快發現——

　　愛情！愛情！前方正酣熱於炮火，後方一切還照舊繼續著，人
們戀愛、嫉妒、相擠……[2]

　　延安婚戀的特色是「革命」，紅色基調，屬於標本式的「革命
＋戀愛」。個體性愛與集體紅業緊密結合，形而下微觀愛情連接形而
上宏觀價值，個人生命與黨與國家的前途相繫相連，內涵與外延均有
相當張力，光彩與力度既「前不見古人」，也完全有可能「後不見來
者」。那些唱著抗戰歌曲步行赴延的各路知青，英勇豪邁，慷慨激
昂，既有風蕭蕭兮易水寒的悲壯，也有隻手擎天拼換山河的氣概，亦
不乏「萬一活到勝利後」的憧憬。

　　對於延安一代來說（抗戰時期進入中共陣營約三十萬知青），
革命理想似乎近在眼前就能實現，紅色情侶對未來的期待值甚高，精

---

[1]　（俄）葉賽寧：〈親愛的一雙小手像對天鵝……〉，載《葉賽寧抒情詩
　　選》，劉湛秋、茹香雪譯，上海譯文出版社1982年版，頁169。

[2]　陳學昭：《延安訪問記》，廣東人民出版社2001年版，頁224。

神層面的幸福指數相當高。1941年，胡耀邦與李昭在延河邊「約愛三章」：先是革命同志，然後才是生活伴侶；成家以後，不忘為共產主義奮鬥的大事業；要經受得住各種考驗，同舟共濟始終不渝。[3]較之今天形而下消費時代的男財女貌，延安紅色婚戀的形而上精神維度要高得多，理想成分大得多。

不過，事物總是辯證的，延安一代既然享受到紅色的熱度與革命的高度，也就不得不同時品嘗政治的苦澀。十分強烈的泛政治化全面滲透延安生活，自然也滲入最個人化的婚戀，延安青年接受的誡律也是政治訓令──

在這偉大的時代中，個人是微不足道的一件事！……革命的同志男女問題，首先要遵從組織決定。我們對一個「愛人」的要求，也正像對任何同志的要求一樣，脫離不了「階級尺度」。必須有堅定不移的「立場」，正確的「觀點」和良好的「作風」。男的對女的，女的對男的，也沒有什麼兩樣。所以正確的戀愛觀，必須是以一定的思想水準與政治認識為基礎的！他所謂的「立場」是指「無產階級立場」；「觀點」是指「勞動觀點」（亦即所謂為工農兵服務的觀點），良好的「作風」是指反對「自由主義作風」的意思。

新同志為自己辯護是不被准許的，並且要受到「不虛心」的批評。[4]

人一多，事就多，花絮自然亦多。延安婚戀有自由戀愛、組織分配、歷盡坎坷、第三者插足、愛上老外，三姐妹嫁三兄弟的「三劉嫁三王」，各有各的戲，各有各的故事，包括一些酸澀的故事。[5]不過，革命也給了一些特殊的「自由」，川人胡績偉就突破傳統觀念，

3　蔣巍、雪揚：《中國女子大學風雲錄》，解放軍出版社（北京）2007年版，頁179。

4　劉紹唐：《紅色中國的叛徒》，中央文物供應社（台北）1956年12月第5版，頁80、101。

5　蔣巍、雪揚：《中國女子大學風雲錄》，解放軍出版社2007年版，頁209。

娶了嫡親堂姐，且未婚生女。[6]

共軍進城，進入「火紅的1950年代」，延安夫婦們的婚戀品質達到最高峰值，「勝利後」的感覺真正「千年等一回」，今天的青年無緣品嘗。可隨著一場場政治運動次第展開，延安夫婦「政治第一」的婚戀也因政治跌宕起伏，最初的幸福度與後來的痛苦度成正比，各種花絮不斷飄出，甚至裹帶斑斑血跡。相當一部分延安夫婦前甜後苦，也是無法複製的「代際特色」。

性別比例嚴重失衡

赴延女青年甚少（一般家庭都不願放女孩單飛），延安男女性別比例嚴重失衡。1938年前30：1，1941年前後18：1，1944年4月8：1。[7]抗大一期1400餘名學員，女生僅50名。[8]真正「狼多肉少」。赴延女性多為城鎮知青，形貌氣質較之鄉姑高出一截，面對湧來眾多異性，擇偶餘地很大，行情熱俏。她們自我感覺「多麼的稀有和矜貴」，[9]她們定譜「王明的口才，博古的理論」，非大官、大知識分子不嫁。工農幹部與小知識分子甚為吃癟，標準一路放低，最後竟至——

一是女的、二是大腳、三是識字就好。男的身分是一落千丈，女的身價是直線上升。……男找女的，幾乎到了饑不擇食的地步。[10]

1939年3月8日，延安中國女子大學籌建，7月20日開學。校長王明，副校長柯慶施，政治部主任孟慶樹（王明妻），教務主任張琴秋

6　胡績偉：《青春歲月——胡績偉自述》，河南人民出版社1999年版，頁343～354。
7　朱鴻召：《延安文人》，廣東人民出版社2001年版，頁88。
8　尼姆・威爾斯（Nym Wales）：《續西行漫記》（Inside Red China），陶宜、徐復譯，三聯書店（北京）1991年版，頁76。
9　歐陽山：《聖地》，花城出版社（廣州）1983年版，頁1330。
10　趙雲升、王紅暉主編：《元帥夫人傳》，中共黨史出版社（北京）2003年版，頁140。

（茅盾弟媳）。教員多為兼職，李初梨、趙毅敏、丁玲、冼星海、何穆（陳學昭丈夫）等，專門培養中級以上婦女幹部，1941年8月併入延安大學。[11]該校為延安集資興辦，毛澤東、周恩來、董必武、鄧穎超捐出擔任國民參政員的工資，洛甫、王稼祥、葉劍英、陳雲、鄧發、劉少奇、張鼎丞等人也有捐助，加上各部門支持，依山挖出百餘窰洞而草成。[12]開學時學生近五百。[13]

　　中國女大的女生們在延河邊洗腳，對岸男同胞列隊傻看，女生擠眼直笑：「瞧，咱們的『尾巴』又來了！」時間一長，女生們將那些常來河邊看她們的男人封為「河防司令」，內中有後來「開國元勳」一級的將領。抗聯出身的留蘇女生黎俠，每天清晨都能在窰洞窗口發現幾封求愛信。哈爾濱姑娘郭霽雲的「回頭率」極高，許多男性以各種方式向她求愛。南方姑娘鍾路一到延安便遭南洋華僑及廣東男士「圍追堵截」，整日窰洞門縫、衣服口袋塞滿字條，人稱「被圍困的女八路」，被逼無奈，鍾路只好公開戀情——麗花有主，對象是1936年就入黨的粵籍青年張力克（1917～2004，後任瀋陽市委書記），1941年早早結婚，以擺脫各路糾纏。[14]

　　工農老幹部的求愛信，一般只有幾句，但都有關鍵內容——「我愛你！」[15]因文化程度低，有的工農幹部只能抄別人情書。1946年，長征老幹部陳復生（1911～2013）抄人家大學生的情書，追到小20歲的沈桂明（承德高小女生）。[16]

---

[11]　李維漢：《回憶與研究》，中共黨史資料出版社（北京）1986年版，上冊，頁428～429。

[12]　石瀾：《我與舒同四十年》，陝西人民出版社1997年版，頁73～74。

[13]　王健民：《中國共產黨史稿》（增訂本），中文圖書供應社（香港）1974～75年，第3編・延安時期（上），頁321。

[14]　蔣巍、雪揚：《中國女子大學風雲錄》，解放軍出版社（北京）2007年版，頁184、186～187。

[15]　李逸民：《李逸民回憶錄》，湖南人民出版社1986年版，頁97。

[16]　陳復生：《九死復生——一位百歲老紅軍的口述史》，中央文獻出版社（北京）2010年版，頁195～197。

茅盾之女沈霞（1921～1945），1940年5月與弟弟沈霜隨父母赴延，先入中國女大。1941年8月，中國女大與其他幾所學校合併為延安大學，沈霞入俄語系高級班，男同學蕭逸（周揚秘書）猛烈追求。1944年5月，沈霞日記——

在延安要就是愛人，要就是不來往，建立朋友關係是不可能的，自己還沒有什麼，兩旁人已經為這場戲貼了海報了。[17]

「資源嚴重匱乏」，女青年拒絕結婚幾乎不可能。丁玲名篇〈「三八節」有感〉：「女同志的結婚永遠使人注意，而不會使人滿意的。」若嫁了工農幹部，知識分子擲來嘲諷：「一個科長也嫁了麼？」若嫁了知識分子，工農幹部有意見：「他媽的，瞧不起我們老幹部，說是土包子，要不是我們土包子，你想來延安吃小米！」[18]延安響徹這樣的聲音：「老子不識字，還不是革命嗎？」[19]

還有無比強勢的「組織分配」。1937年，紅四方面軍長征女性王定國（22歲），組織安排給54歲的謝覺哉，說是一項莊嚴神聖的革命任務，王定國爽快應答：「保證完成任務！」打起背包走上夫人「戰鬥崗位」。鄧小平與卓琳的婚戀則是鄧從前線回延安，一眼相中這位北平大學生，留下一句「請幫忙做做工作」便走了，組織出面，卓琳雖嫌其矮，還是嫁了。[20]1937年，王震娶了東北籍的北平大學化學系女生。[21]1945年，26歲的朱明嫁給59歲的林伯渠。

延安也少不了最古老的故事。和平醫院的王抗博醫生與張看護生下一孩，王醫生不肯負責，張看護自殺於醫院。「在延安，像這樣

---

[17] 劉守華：〈塵封六十年日記，茅盾之女坦露內心獨白〉，載薩蘇編：《史客·兩情》，金城出版社（北京）2012年版，頁123。

[18] 丁玲：〈「三八節」有感〉，原載《解放日報》（延安）1942年3月9日，第4版。

[19] 謝覺哉：《謝覺哉日記》，人民出版社（北京）1984年版，上冊，頁426。

[20] 蔣巍、雪揚：《中國女子大學風雲錄》，解放軍出版社（北京）2007年版，頁188～189。

[21] （美）福爾曼：《北行漫記》，解放軍文藝出版社（北京）2002年版，頁47。

的事是很平常的。」[22]一些成長於封閉環境的女孩，很少接觸異性，抵延後一下就倒在「第一個敢於擁抱她的男人」懷裡。延安屢鬧愛情風波，整風前「延安的結婚率離婚率相當高」。[23]革命並未改變男尊女卑的國色。丁玲記述：「離婚大約多半都是男子提出的，假如是女人，那一定有更不道德的事，那完全該女人受詛咒。」[24]也還有火伕強姦殺人的刑案。[25]

挑大的嫁與找「大小姐」

挑「大」的嫁，嫁大幹部是延安姑娘的必然選擇。雖然延安紅女一腦門子婦女解放，追求獨立平等，還有一些紅女拉起「不嫁首長」的大旗，如中國女大生郭霽雲拒絕劉少奇的求愛。[26]

另一位抗大女生拒絕校長林彪。這位女生被帶到校長室，帶她過來的人便離開了。女生不知道校長找她幹什麼，靜候校長說事。不善言詞的林彪一開口就是「我們結婚吧？」一點思想準備都沒有的女生楞住了，等明白校長在求愛，推門哭出：「我不幹！我不幹！」[27]

現實面前，絕大多數延安女性還是只能以「對革命的貢獻」為價值，以職級為高低，真正堅持「平等」者，終究不易。陳學昭：「聽說有許多外來的女孩子，都以能嫁一位長征過來的八路軍老幹部為榮耀的。」[28]延安報紙刊有一幅著名漫畫──〈新娜拉出走〉，諷

---

[22] 齊世傑：《延安內幕》，華嚴出版社（重慶）1943年3月1日初版，頁14。

[23] 陳亞男：《我的母親陳學昭》，文匯出版社（上海）2006年版，頁303。

[24] 丁玲：〈「三八節」有感〉，載《解放日報》（延安）1942年3月9日。

[25] 李南央編：《父母昔日書》，時代國際出版有限公司（香港）2005年版，上冊，頁239。

[26] 蔣巍、雪揚：《中國女子大學風雲錄》，解放軍出版社（北京）2007年版，頁340。

[27] 莫文驊：《莫文驊回憶錄》，解放軍出版社（北京）1996年版，頁349～350。

[28] 陳學昭：《延安訪問記》（1938～39），廣東人民出版社2001年版，頁191。

刺赴延女性為爭取獨立自由離家，到了延安後又淪為大幹部附屬。1937年12月3日謝覺哉日記：「小資產階級的戀愛神聖觀，應該打倒。因為它一妨礙工作，二自找苦吃。」[29]在價值標準高度一元化的延安，紅色女性選擇的價值多元化實為無本之木。

延安婚戀另一深有意味的集體現象：絕大多數中共高幹娶的都是「資產階級大小姐」，都喜歡中產以上家庭出身的女學生，喜歡她們身上的氣質韻味，都不肯「走與工農相結合的道路」，不肯找工農女性。1949年進城後，大批中下層幹部「鳥槍換炮」，或頂不住「糖衣炮彈」──地富女兒與城裡資產階級小姐投懷送抱，紛紛蹬掉原配，另娶新妻，名曰「婚姻革命」。1953年，僅法院受理離婚案即達117萬件，形成中國有史以來第一次離婚大潮。[30]

「解放牌」浩然（1932～2008）記述──

邪氣是由那些吃上公糧、穿上幹部服和軍裝的農民們給攪和起來的。當初他們在村子裡幹莊稼活的時候，又窮又苦，很害怕打一輩子光棍兒，千方百計地娶上個老婆，就心滿意足地哄著老婆給他生孩子，跟他過日子。後來共產黨在農村掀起革命浪潮，出自各種不同的動機他們靠近革命，最終被捲進革命隊伍裡。隨大流跟大幫地挨到勝利時期，他們竟然撈到一個以前做夢都沒想到過的官職。地位變化，眼界開闊，接觸到年輕美貌又有文化的女人，腦袋裡滋生起喜新厭舊的毛病，就混水摸魚、乘風而上，紛紛起來帶頭「實踐」新婚姻法，生著法子編造諸般理由跟仍留在農村種地、帶孩子、養老人的媳婦打離婚。由於他們的行為，形成一種時興的社會風氣：凡是脫產在外邊搞工作的男人，如若不跟農村裡的媳婦鬧離婚，就被視為落後、保守、封建腦瓜，就沒臉見人，就在同志中間抬不起頭來。

我們的老縣長，年近半百，很追時髦。他在貫徹新婚姻法的工

29 謝覺哉：《謝覺哉日記》，人民出版社（北京）1984年版，上冊，頁189。
30 黃傳會：《天下婚姻──共和國三部婚姻法紀事》，文匯出版社（上海）2004年版，頁99、103、211。

作中，在縣直機關起帶頭作用，跟鄉下那位與他同甘共苦患難幾十年的老伴離婚之後，馬不停蹄地跟一個比他兒子還小若干歲的女青年幹部配成新夫妻。此事在薊縣傳為新聞，傳為「佳話」，轟動一時，風光一時。有這麼一位領導做表率，縣直機關的男人們，不論年歲大小，不論原來的配偶與之感情如何，幾乎都比賽似地搶先進、追時興，吵吵嚷嚷跟鄉下的媳婦鬧離婚。

……縣委書記彭宏同志指責我思想「封建落後」，不捨得跟一個沒文化、梳著小纂的農民媳婦打離婚的事兒。[31]

丈人縣──米脂

1941年初，王震率三五九旅從前線回陝北，屯墾南泥灣，駐紮綏德、米脂一帶，有較長的休整時間。王震有意讓一批老紅軍就地找對象，解決嗷嗷叫的「個人問題」。米脂乃陝北首富縣份，地主、富農比例較高，他們的女兒們絕大多數接受教育，此前就一直有米脂富家姑娘嫁給各級赤幹，「以至於該地成為紅軍幹部選妻的重點。在解放軍內部，米脂縣被稱為『丈人縣』。」[32]抗戰後，由於挨得近，不少米脂姑娘入學抗大、陝公，至今不少健在的延安高幹之妻仍是「米脂婆姨」。

一位團長與一位司務長（排級）同時看上一位姑娘，各托媒人，姑娘不知誰的官大，便問部隊上的介紹人，恰好這人幫著司務長：「當然司務長大」，姑娘便嫁了司務長，事後才明白上了大當。後來，三五九旅重返前線，不能帶家屬，讓女眷回娘家又怕出事兒，

[31] 浩然：《我的人生──浩然口述自傳》，華藝出版社（北京）2000年版，頁96、167。
[32] 周錫瑞：〈「封建堡壘」中的革命：陝西米脂楊家溝〉，原載馮崇義等主編《華北抗日根據地與社會生態》，頁9～10。轉引自岳謙厚、郝東升〈抗戰時期中共領導下的米脂地主經濟〉，載《中共黨史研究》（北京）2009年第6期，頁83。

便辦了一所半封閉的家屬學校，意在「看」住她們，只能學文化看演出、聽時事報告，但不能與男性多接觸，尤其不能和外單位搞聯歡，更不能辦舞會。[33]此為中共「保護軍婚」之起源，如今大陸「破壞軍婚」仍要判刑三年，而且只判「第三者」，不判與之「合謀」的另一位「破壞軍婚者」。

延安知青吃小米土豆、穿土布蹬草鞋，一週才能吃一次麵條或餃子。抗大學生「在延河裡洗臉，在露天吃飯。」[34]陝北公學四人共用一盆洗臉水，三餐小米，四人合吃一鐵盒土豆或南瓜。[35]黃華：「伙食很簡單：小米飯和七八個人共吃的一小盆水煮蘿蔔，偶然有一兩片土豆。」[36]定額具體：「每人每天一斤糧（高粱粗小米，只能喝稀飯），二錢鹽，三錢油。」[37]

物質生活的困難也使延安婚戀染帶紅色悲壯，使他們高度認同「精神結合」，這一價值取向直接影響1950～1960年代的全國婚戀觀，時諺流云：「五十年代嫁工人」、「六十年代找軍人」。

槍斃黃克功

1937年10月，延安發生轟動全國的黃克功案件。「抗大」三期六隊長黃克功，逼婚未遂，延河邊槍殺「陝公」女生劉茜。南京《中央

[33] 何方：《從延安一路走來的反思》，明報出版社（香港）2007年版，上冊，頁80～81。

[34] 江文漢：〈延安訪問記〉，載《檔案與史學》（上海）1998年第4期，頁6～7。

[35] 緋石：〈我與王實味〉（1996），未刊稿。載黃昌勇《王實味傳》，河南人民出版社2000年版，頁97。

[36] 黃華：《親歷與見聞──黃華回憶錄》，世界知識出版社（北京）2007年版，頁43。

[37] 黃俊耀：〈踏遍陝北山山水水的民眾劇團〉，原載《戲曲研究》第21期。參見艾克恩編《延安文藝回憶錄》，中國社會科學出版社（北京）1992年版，頁231。

日報》也報導這一桃色兇殺案。

黃克功（1911～1937），江西南康人，1927年參加中共，歷任紅軍班長、排長、連長、師宣傳科長、團政委，參加四渡赤水、婁山關等戰鬥。紅軍抵陝時，已是身經百戰的紅軍旅長。

劉茜（1921～1937‧10），山西定襄人，太原友仁中學生，「民先」負責人。盧溝橋事變後，「憤暴日侵凌，感國難嚴重」，在中共護送下，通過封鎖線赴延，入學抗大第十五隊。校領導譽為「年齡最小，表現最好」。黃克功恰任第十五隊隊長，與劉茜相識、戀愛。此後，劉茜隨隊轉入陝北公學，黃克功調回抗大，兩人接觸漸稀。

隨著時間推移，劉茜發現與黃克功在生活情趣、習慣愛好等方面差異較大。尤其黃克功恃功甚傲，不時發生摩擦。劉茜先感覺乏味苦惱，最後認為裂縫難以彌合，寫信給黃克功——

你不要再急急地想結婚……我希望我的愛人變成精神上的愛我者。

是年，黃克功26歲，劉茜僅16歲，十分活潑，與其他男性接觸較多，黃克功很妒嫉，猜疑她「隨處濫找愛人」。劉茜向黃克功解釋——

我們像親兄妹一般地過著生活來到延安，但我們是同學之合，而沒有和其中之一個產生什麼愛的，我們一塊遊山玩水，一塊打球，一塊討論，無形中失去了男女之界。現在仍是那般的。

劉茜用多種方式疏遠黃克功，寫信暗示、送還物品、拒絕接受錢物，最後明確拒絕。黃克功卻深陷情渦難以自拔，認為失戀是人生莫大恥辱。

1937年10月5日傍晚，黃克功佩帶勃朗寧手槍，偕抗大訓練部幹事王志勇到陝北公學找劉茜，校門前遇見劉茜與董鐵鳳等人在一起，黃克功約劉茜到延河邊散步。劉茜不便拒絕，遂離開同學，與黃克功、王志勇同行。天色已黑，王志勇先行回校，黃克功在河灘上與劉茜談判，再次要求公開宣佈結婚。劉茜斷然拒絕，遂發生尖銳爭

吵。黃克功先持槍威脅，後失去理智開槍。劉茜中彈倒地呼救，黃克功又向她頭部打了第二槍，劉茜當即斃命。

黃殺人後，十分鎮靜，回到抗大宿舍洗去鞋上與外衣血跡，擦拭手槍，將劉信加寫日期（10月4日），企圖捏造反證。次日，「陝公」董鐵鳳等見劉茜一夜未歸，來黃處詢問，黃假裝不知。不久，劉茜屍體在河灘被發現，身旁有兩粒勃朗寧手槍彈殼。被捕後，黃克功辯稱：「她眨睛無情，惡言口出」，「劉氏狼心毒惡，玩弄革命軍人，損功名譽，當時則氣憤填胸，乃拔手槍予擊之，一槍未擊斃，故加一槍。」[38]審訊組以抗大政治部副主任胡耀邦為組長。

惡性情殺案在邊區引起地震，群眾反應強烈，要求嚴懲兇手。也有不少人認為黃克功有功，年紀還輕，應該給他戴罪立功的機會。中共中央要延安各單位討論此案，一時議論紛紛，然不外乎兩種意見：

一、作為老革命、老紅軍、老黨員，強迫未達婚齡少女結婚，已屬違法，採取逼婚手段，更違犯婚姻自主。此外，黃克功不顧國難當頭，個人戀愛第一，達不到目的就喪心病狂殺害革命同志，無異幫助民族敵人，實屬革命陣營敗類，觸犯邊區刑律，破壞紅軍鐵的紀律，應處極刑，以平民憤。女生反應尤烈。

二、另一部分人認為，從理論上黃應處死刑，但國難時期，應珍惜每一人才，讓其為國效勞。黃克功槍殺劉茜，已損失一份革命力量，不能再殺黃克功，不能再失一份革命力量。應免除死刑，讓他上前線戴罪殺敵，讓他的血淌在民族解放的戰場上。

黃克功被捕後，一邊真誠認罪（一說認罪不服罪），一邊認為自己資格老、功勞大，「上峰」會從輕處罰。他致信毛澤東，請求留他一條生路——

法庭須姑念我十年艱苦奮鬥一貫忠實於黨的路線，恕我犯罪一時，留我一條生命，以便將來為黨盡最後一點忠，實黨之幸，亦功之

---

[38] 朱鴻召：《延安日常生活中的歷史》，廣西師範大學出版社（桂林）2007年版，頁282。

最後希望也。

主持抗大工作的副校長羅瑞卿，素重黃克功，前往探監，但表示軍法如山，黨不能徇私情而棄原則。在研究處理黃克功的會議上，羅瑞卿表示：「任何人都要服從法律，什麼功勞、地位、才幹都不能阻擋依法制裁。」[39]

葉子龍回憶毛澤東很憤怒：「這是什麼問題？這樣的人不殺，我們還是共產黨嗎?!」中共高層經討論，決定處以死刑。10月11日，陝北公學大操場，數千人公審大會。審判長雷經天，抗大、陝公選出四位陪審員，抗大政治部副主任胡耀邦、邊區保安處黃佐超、高等法院檢察官徐世奎為公訴人。中共中央總負責張聞天親臨現場。延安各單位代表發言，分歧很大。審判長宣佈暫時休庭，由法官們商議最後裁決。當審判長問黃克功有何請求，他說只有一個願望——

希望死在與敵人作戰的戰場上，他要求給他一挺機關槍由執法隊督陣，死在向敵人的衝殺中。

當宣佈死刑並立即執行，黃克功未表示任何反抗抵觸，既不激動亦不消沉，只是轉過身舉起雙手，高呼口號——

中華民族解放萬歲！打倒日本帝國主義！中國共產黨萬歲！

隨後，他跟著行刑隊，穿過人群，走向刑場，偌大會場，一片靜寂，不少人流下憐惜的淚水。

這時，法庭收到毛澤東親筆信，要求當著黃本人的面向大會宣讀。審判長與張聞天商議後，命令帶回黃克功，由審判長宣讀毛信。當黃克功知道毛澤東來信，並向他當面宣讀，流露出希望和感激的表情。毛信全文如下——

雷經天同志：

你的及黃克功的信均收閱。黃克功過去鬥爭歷史是光榮的。今天處以極刑，我及黨中央的同志都是為之惋惜的。但他犯了不容赦免

---

[39] 散木：〈毛澤東批准槍斃黃克功〉，原載《新民晚報》（上海）2012年4月21日。《文摘報》（北京）2012年4月26日摘轉，第8版。

的大罪，以一個共產黨員，紅軍幹部而有如此卑鄙的、殘忍的，失掉黨的立場的、失掉革命立場的、失掉人的立場的行為，如為赦免，便無以教育黨，無以教育紅軍。無以教育革命者，並無以教育做（每）一個普通的人。因此，中央與軍委便不得不根據他的罪惡行為，根據黨與紅軍的紀律，處他以極刑。正因為黃克功不同於一個普通人，正因為他是一個多年的共產黨員，是一個多年的紅軍，所以，不能不這樣辦。共產黨與紅軍，對於自己的黨員和紅軍成員，不能不執行比較一般平民更加嚴厲的紀律。如此國家危急、革命緊張之時，黃克功卑鄙無恥殘忍自私至如此程度，他之處死，是他的自己行為決定的。一切共產黨員，一切紅軍指戰員，一切革命分子都要以黃克功為前車之鑒。

請你在公審會上，當著黃克功及到會群眾，除宣佈法庭判決外，並宣佈我這封信。對劉茜同志的家屬，應給予安慰及撫恤。

毛澤東

1937年10月10日

聽完毛澤東的信，黃克功深深低下頭，然後又高呼那三句口號。這一次行刑隊沒再干涉，等他呼畢，帶他重新走出會場。數千在場者都看到黃帶著認罪服法的態度離去。

黃克功案件後，毛澤東特意上抗大作了「革命與戀愛」的講演，提出革命青年戀愛應遵循三原則——革命的原則、不妨礙工作和學習的原則、自願的原則。數月後，毛澤東在抗大集會再評——

這叫做否定之否定。黃克功一顆子彈否定了劉茜，違反了政策，破壞了群眾影響，我們一顆子彈，又否定了黃克功，堅持了政策，挽回了群眾影響。

黃克功案件說明中共勃興時的「公正」，漣漪波及至今。如今延安王家坪大型標誌性建築「延安革命紀念館」（耗資五億餘元建造），該案都有一席之地——專門介紹此案的圖片。

組織配婚

在延安及各赤區，未經組織批准結婚，可是犯了大忌。14歲赴延的夏沙，17歲與文工團同事戀愛，18歲懷孕。她找到副政委張際春（後任中宣部副部長，1968年迫害致死），主動坦白，請求處分。張際春肄業於湖南衡陽省立三師，在中共裡就算知識分子了，他給夏沙的處分還算柔性──「無限期延長入黨預備期」。整風搶救運動中，「生活問題」與「政治問題」掛鉤，夏沙成了抗大重點批鬥對象，她在大會上誠懇檢討「資產階級生活作風」。[40]新四軍畫家陳亞軍與鹽城中學女生談戀愛，也被開了大會，狠鬥一場。[41]還有許多因戀人出身不佳受到組織勸阻、批判，鬧出不少自殺悲劇。1948年冀察熱遼赤區《群眾日報》電報員韓志新與地主女兒戀愛，遭到批判，斥為「包庇地主」、「接受賄賂」，韓志新思想緊張，用步槍自殺。[42]

結婚、離婚必須經過組織審批。馮蘭瑞（1920～　，中顧委員李昌妻）欲與前夫離婚，1943年春遞交報告，1944年才獲批准。[43]馮蘭瑞出生貴陽小康之家，1934年初二輟學參加星光讀書會，1937年春參加救國會，1938年1月入黨，職業革命。六舅謝凡生是她第一位紅色啟蒙老師，使她有機會讀到高爾基的《母親》、綏那菲莫維奇的《鐵流》等赤俄書籍。1940年，馮蘭瑞赴延，入中央青委。1950年代《哈爾濱日報》總編。此後，她放棄報社領導職崗，考入中央高級黨校政治經濟學專業。

[40] 朱鴻召：《延安日常生活中的歷史》，廣西師大出版社（桂林）2007年版，頁244。
[41] 黃仁柯：《魯藝人──紅色藝術家們》，中共中央黨校出版社（北京）2001年版，頁68。
[42] 李冰封：〈並非家務事〉，原載《書屋》（長沙）2001年第6期。載李南央編著：《我有這樣一個母親》，開放雜誌（香港）2003年版，頁177。
[43] 馮蘭瑞：〈「真話」中的謊言〉，載《開放》（香港）2006年11月號，頁83。

32歲的八路軍團長高自如，各方面都符合結婚條件，打報告申請與29歲的鮑侃結婚。上司彭真不予批准，八路軍團長不能與一名非黨員結婚。1946年春，高自如在華北犧牲。1947年4月，鮑侃入黨，才獲得與戀人結婚的先決條件。這一遺憾，鮑侃攜帶終身。[44]

如果組織出面，就大不一樣了。新四軍不少單身高幹，多利用工作接觸或集體廣播操，直接挑選城市女生。陳毅、粟裕、彭雪楓等都是這樣抱回佳偶。[45]他們轉過身，也用同樣方法為部下解決「個人問題」，不時上演「亂點鴛鴦譜」。

「紅妃」張甯（林立果未婚妻），其父張富華，江西興國人，1929年加入紅軍，1940年代初膠東軍區十三團政治部主任。一天，女兵連清晨出操，膠東軍區司令許世友在窗前問張富華：「你看上哪一個？」張指著一位高個美女：「我要那匹大洋馬！」就是張甯之母，膠東文登縣侯家集方圓百里出名的大美人，高挑身材，粉面桃花，彎眉大眼高鼻樑。張甯記述——

第二天組織出面找媽媽談話，三言兩語介紹了爸爸的情況，好事就算定下了。第三天晚上媽媽背著自己的行軍包進了爸爸的屋子，擺了一桌花生、紅棗和一瓶土燒酒，兩人結婚了。媽媽為逃避包辦婚姻投奔革命，成了共產黨員後，卻又由「組織包辦」嫁給了比他大16歲的我爸爸。這種事在戰爭年代不稀奇，許多當年在戰爭第一線拼命的指戰員，他們的夫人有許多是在與我媽媽大同小異的情況下與丈夫結合的。這叫「革命感情」。[46]

這年，張甯之母只有17歲。組織力量大如天，毫不誇張。

八路軍戰將聶鳳智（上將）、向守志（1988年上將），也是這一

---

[44] 蔣巍、雪揚：《中國女子大學風雲錄》，解放軍出版社（北京）2007年版，頁232～233。

[45] 郭本敏、袁玉峰主編：《回望硝煙》，中央文獻出版社（北京）2007年版。參見〈激情燃燒的歲月〉，載《文匯報》（上海）2007年8月11日，第6版。

[46] 張甯：《紅妃自傳》，內蒙古文化出版社1998年版，頁4～5。

時期從女生中覓得佳偶。一些紅色女生提出反對「首長路線」，襄樊女生林穎（1920～　）乃帶頭人之一，一時名噪「小延安」──河南確山竹溝（新四軍四師駐地）。但林穎在收到彭雪楓（1907～1944）第一封情書二十天後，便「下嫁」這位1930年參加革命的老紅軍。新四軍第一旅老紅軍萬海峰（1920～　，1988年上將），1943年10月得娶上海護校女生趙政。[47]首長與小兵，難以「平等」呵！

吳法憲也是在新四軍三師覓得上海女生陳綏圻（1923～2011）。陳綏圻1940年加入中共，1941年上海黨組織決定她入蘇北赤區，任職新四軍三師政治部。後為吳法憲辦公室主任，隨吳法憲一起倒台。[48]

歷經五四好不容易爭取來的婚戀自由，就那麼「高尚」地交出去了。這種組織「安排婚姻」，認識24小時之內就結婚等「革命愛情」，一路拋留「革命婚戀」花絮，不免悲劇連連。

不少女知青進入赤區後，很快被組織指婚，走了真正「與工農相結合的道路」。她們被指婚的都是「功勞很大」的長征老幹部，城市女生進退兩難，當時就出名言：「老幹部可敬不可愛。」周揚評曰：「格格不入呵！」[49]知識女性與工農幹部文化上的差異，當然成為影響紅色婚姻的「不和諧因素」。

1950年代以後，「領導意旨」成了不少青年女性的可怕咒語。某單位頭目追求某女，女方看不上，這位頭目竟找個茬將此女送進勞教所。直至1980年代，勞教所接受「勞教對象」僅須單位人事部門一紙信函，毋須核實，更毋須任何審判程序。[50]

47　郭本敏、袁玉峰主編：《回望硝煙》，中央文獻出版社（北京）2007年版。參見〈激情燃燒的歲月〉，載《文匯報》（上海）2007年8月11日，第6版。

48　吳法憲：《吳法憲回憶錄》，北星出版社（香港）2007年7月第2版，下冊，頁957。

49　趙浩生：〈周揚笑談歷史功過〉，載《七十年代》（香港）1978年9月號，頁31。

50　邢小群：《往事回聲──中國著名知識分子訪談錄》，時代國際出版有限公司（香港）2005年版，頁213。

臨時夫人

延安的紅色老外擁有「臨時夫人」。兩位蘇聯聯絡員與日共領導人岡野進（野阪參三），長期滯延，請求中共協助解決「個人問題」，為他們物色「臨時夫人」，聲明回國時將不帶走。中共還真出面挑選說合，成就「好事」。後來，兩位蘇聯人回國，「臨時夫人」結束任務，「臨時丈夫」各留下一筆錢，以為答謝。三八式女幹部沈容（1922～2004）直至晚年仍不解——

> 我從來認為戀愛、結婚是神聖的、自由的，怎麼可以由組織分配，而且還是臨時的？真是不可思議。這兩位女士都不懂俄文，真不知道他們的夫婦生活是怎麼過的。共產黨一直宣傳民主自由，反對封建，怎麼會答應蘇聯人的這種無理要求？[51]

李德（1900～1974）也有中國夫人。還在江西蘇區，33歲的李德看中一位共青團領導的漂亮妻子，他按西方習慣不斷向她獻花送禮，擠眉弄眼，動作輕佻。這位團中央領導人趕緊向黨中央彙報，要求組織制止李德的調戲。「黨中央」領導感覺很棘手，研究半天，決定「因勢利導」，為這位洋大人安排「臨時夫人」。他們選中團中央粵籍姑娘蕭月華。[52]

蕭月華（1907～1983），廣東大埔人，工農出身，1924年由彭湃妻蔡素屏介紹入團，1927年轉黨，少共中央局秘書長胡耀邦的幹事，不漂亮但強壯，為人厚道，文化較低，在組織磨泡與下「死命令」，她抱著「為革命而犧牲」的精神嫁李德，生有皮膚黝黑一子。抵達延安後，李德追求上海影星李麗蓮，蕭月華哭訴至毛澤東處，堅決要求離婚，李德即娶李麗蓮。

蕭月華證婚後，先入抗大一年，後任地方婦女工作；1946年入東

---

[51] 沈容：《紅色記憶》，北京十月文藝出版社2005年版，頁97。

[52] 余伯流、凌步機：《中央蘇區史》，江西人民出版社2001年版，頁1069～1070。

北，歷任縣委組織部長、察哈爾軍區組織部科長；1949年後南下，湖南交通廳辦公室主任，1960年返部隊離休，授銜大校；1976年省政協委員，1982年初副軍級安置。

　　一說李德與李麗蓮認識在與蕭月華分手之後。與蕭離婚後，李德情緒低落，幾次要求回蘇聯，均未批准，百無聊賴的李德只好靠打獵、散步打發時間。一天傍晚，李德沿著延河散步，「顧問同志，您好！」一聲問候打斷李德思緒，只見幾位青年女性正在河邊洗衣，李德認出裡面有毛夫人江青，更吸引他的是江青旁邊那位姑娘，漂亮臉蛋，一襲合身連衣裙，微風吹來，那麼婀娜多姿。江青連忙介紹，姑娘叫李麗蓮，也是演員，剛從上海來到延安。

　　李麗蓮（1914？～1965）會說英文，又有藝術修養，他們常常一起談論藝術，李德感覺覓得知音。熟悉之後，兩人越聊越投機，感情與日俱增。一天，聽完李麗蓮唱歌，李德陶醉而激動地向李麗蓮說：「麗蓮，你唱得太好了，簡直像百靈鳥一樣動聽！」見李麗蓮很高興，李德進一步大膽表白：「麗蓮，我們結婚吧！」李麗蓮羞澀地低下頭，李德順勢抱入懷，深情一吻。

　　1938年，李德與李麗蓮結婚，李德十分快樂。李麗蓮不僅能歌善舞，文化水準明顯高於蕭月華，能談論中外種種奇聞逸事，李德十分享受。李麗蓮還將藝術學院一些朋友介紹給李德，他們的院子裡充滿歡聲笑語。李德的留聲機播放著優美音樂，他們跳著歡快舞蹈。李德過上了前所未有的好日子。

　　1939年8月，一個周日清晨，李德突然接到通訊員送來紙條，只有張聞天的一行字：「速來機場，你飛往莫斯科。」六年與共產國際隔絕聯繫的李德，急忙穿衣與妻告別，匆忙騎馬趕到機場。一架美式道格拉斯飛機已經發動，毛澤東、張聞天、周恩來等人已在那裡。原來，周恩來攜妻與養女孫維世赴俄療治臂傷，蔣介石為周派來自己的專機。共產國際要求李德同機回俄述職。很快，李麗蓮也趕到機場，要求與李德一起飛俄。李德請示毛澤東，毛讓找張聞天，張說李麗蓮

沒有蘇聯入境簽證。周恩來一旁插話，說到莫斯科後爭取一下，李麗蓮可隨後赴蘇。但此一別，即為永訣。李德離華後，與李麗蓮再未謀面。1965年4月，李麗蓮病逝北京。[53]

李德晚年在東德撰寫《中國紀事》，十分懷念與李麗蓮度過的時光。對於其他女性，特別在中國其他情遇，隻字未提。

禁欲氛圍

海倫・斯諾是最早訪問延安的老外之一，撰有《延安四個月》（1937）：

清教主義、禁欲主義以及斯巴達主義的哲學，主宰著延安的一切。[54]

1937年1～9月，艾格尼絲・史沫特萊（1890～1950）以《法蘭克福報》記者身分採訪延安。一次高級軍事幹部會議期間，她試著教這些高級幹部跳舞——

在延安的婦女中間，我贏得了敗壞軍風的惡名。[55]

禁欲主義總是革命隊伍中的主旋律，清教徒式低欲氛圍乃延安基調，立有「二八五七團」允婚門檻——二十八歲、五年黨齡或七年工齡、縣團級幹部。[56]達不到三項條件，自己識相點，往後退退。一位抗戰初期參加新四軍的上海中學生，十一年後再見老同學，有一段談話——

老同學問：「我想知道你到底想不想家？」

---

[53] （德）奧托・布勞恩（李德）：《中國紀事》，李逵六等譯，東方出版社（北京）2004年版，頁331～333。

[54] 朱鴻召編選：《眾說紛紜話延安》，廣東人民出版社2001年版，頁481。

[55] 艾格尼絲・史沫特萊：〈延安風雲〉，載朱鴻召編選：《眾說紛紜話延安》，廣東人民出版社2001年版，頁434。

[56] 何方：《從延安一路走來的反思——何方自述》，明報出版社（香港）2007年版，上冊，頁201。

「老幹部」道：「很久不通信了，有時難免會想到。」

「那麼，難道你也不想找個女朋友？」

「這要等組織決定的。」

「我問的是想不想？」

「…………」

老同學十分感慨。[57]

留蘇十五載的師哲，晚會上有時被拉節目——

> 我講個故事，在蘇聯人覺得很可笑的愛情故事，在延安竟沒有反應，尤其是講到Kiss（親吻），聽者更覺不堪入耳。所以總有些和大家不大協調的地方。[58]

延安氛圍被赤幹帶至各根據地。據浩然記述：1947～1948年的冀中根據地，有人搞不正當男女關係，就要拉出遊街——

> 當時農村政治鬥爭也開始有了戰爭的火藥味兒。特別是大村，拉人遊街的事兒，強迫人坦白的事兒，以及對犯了錯誤和有毛病的人開展大會鬥爭的事兒，動不動就折騰一回。[59]

有了延安烘焙成的清教徒式氛圍，便有了下一代空前絕後「全純式」文革婚戀。上海作協副主席趙長天（1947～2013），女友乃初中同學。趙長天入川當兵，女友去了黑龍江建設兵團，通信多年——

> 但在那個年代，是不敢放任自己的情感的。戀愛是一個恥於出口的字眼，甚至要壓制閃出這方面的念頭……我們在戀愛中的信件，都可以公開在壁報上貼出來，說的都是革命的語言。

1973年，趙長天首次探家，攜女友同遊莫干山，滿山翠竹滿谷林濤，鳥鳴泉咽，靜得只有他們兩人，可以做任何他們想做的事，然而

---

[57] 劉紹唐：《紅色中國的叛徒》，中央文物供應社（台北）1956年12月第5版，頁44。

[58] 師哲：《我的一生——師哲自述》，人民出版社（北京）2001年版，頁130。

[59] 浩然：《我的人生——浩然口述自傳》，華藝出版社（北京）2000年版，頁136。

「除了在下山的陡坡援手攙扶，我們沒有更親密的接觸。沒有接吻，沒有擁抱，更不會住在一個房間。」而且——

　　什麼是性行為，我們根本就不知道。我們對於性的常識，幾乎為零。主流社會的聲音，和「性」是完全絕緣的……第二年我們在新婚之夜，還不知上床是怎麼回事，真正是在黑暗中摸索。現在的年輕人只好當笑話聽了，但我相信，這樣的情況，絕不在少數。我們總算自學成才了。聽說有結婚多年始終不孕，去醫院就診，才明白根本就沒有同房。笑話就變成悲劇了。[60]

　　將人性異化政治化到對本能完全無知，失去人類基本經驗的承傳，革命革到下一代對性要「在黑暗中摸索」、「自學成才」，紅色「標誌性建築」呵！至於禁欲的深層次內涵，以及所連帶的價值趨向，一斑窺豹一葉知秋，衍化為後來的「個人問題再大也是小事」。1980年，山西保德縣林業站副站長欒雙田，夫妻分居二十五年，仍無法解決牛郎織女。[61]

　　文革結束，一些常識成為「發現」。小兒科級的ABC都會引起驚天動地的反響。1978年《十月》創刊號發表劉心武小說〈愛情的位置〉，出刊前座談會，嚴文井唱歎：「愛情總算又有位置了！」一位田頭幹活的插隊知青，從高音喇叭裡聽到「現在播送短篇小說〈愛情的位置〉」，第一感「簡直是發生了政變！」一位漁民給劉心武寫信：聽了廣播後激動得不行，「原來自己藏在心底的愛情並不是罪惡，他現在可以跟女朋友公開地來往了。」[62]

　　據1980年10月24日《人民日報》，某部政委不准放映涉及愛情的影片，親自審批每月放映計畫，禁映《他們在相愛》、《愛情與遺

[60] 趙長天：〈曾經〉，文匯出版社（上海）2007年版。轉引自〈革命時期的愛情〉，載《文學報》（上海）2007年2月22日，第4版。

[61] 胡國華等：《告別饑餓：一部塵封十八年的書稿》，廣東教育出版社2008年版，頁93。

[62] 韓小蕙：〈為愛情恢復位置〉，載《光明日報》（北京）2008年12月12日，第2版。

產》、《海之戀》、《廬山戀》等。一天，到了一部新片《不是為了愛情》，文化幹事請示能否放映，政委一聽片名：「好！不僅可以上映，而且可以多放幾場，讓大家都受到教育。」當政委從影片中看到一些他想不到的鏡頭，大驚失色，立即下令放映室停映。

　　一位農村女模特的遭遇也很能說明1980年代的「性氣圍」。1985年，因閨友偶然介紹，十九歲村姑陳素華當了南京藝術學院人體模特。父母得知女兒幹的是「脫光衣服」，怒不可遏，不讓她再出門「丟人現眼」。村裡天天有人來看「新聞人物」，走到哪都有人戳脊樑。陳素華終被逼瘋，脫光衣服往屋外跑。93歲的劉海粟得訊，特寄千元港幣示慰。[63]上海某大學對一名成績合格的碩士考生提出要求：如果你繼續穿牛仔褲，將拒絕錄取。電視主持人李靜：「七〇後」一代都有穿第一條牛仔褲被罵脫下來的經歷。[64]

紅色婚禮

　　囿於條件，延安情戀浪漫指數很低，除了「三天一封信，七天一訪問」，情人們唯一浪漫之事就是週末舞會。穀場上，油燈下，一把胡琴伴奏，穿著草鞋跳舞。[65]婚禮更是「革命化」。1942年9月1日，長征老幹部舒同（1905～1998，後任山東省委第一書記）與石瀾結婚，中央黨校校長彭真主婚，很莊重的婚宴——「粗麵饅頭，番茄炒洋芋片，並以開水當酒。」[66]這還算好的，有麵有菜，辦了婚席。大多數延安婚禮只能吃到花生米，俗稱「花生米婚禮」。[67]

---

[63]　天天：〈蒙難人體女模特兒的畸形家庭〉，載《家庭》（廣州）1988年第10期，頁20～22。

[64]　陳煜編著：《中國生活記憶》，中國輕工業出版社（北京）2009年版，頁157～158。

[65]　秦全耀：〈黃華夫人曾伴毛澤東跳舞〉，載《前哨》（香港）2008年11月號，頁140。

[66]　石瀾：《我與舒同四十年》，陝西人民出版社1997年版，頁90。

[67]　李慎之：〈一個老派共產黨員——悼念溫濟澤同志〉，原載《隨筆》

　　1938年11月20日，45歲的毛澤東與24歲的江青結婚，也不過在鳳凰山窯洞外擺席三桌，很普通的幾個菜，一盆大米飯，沒有酒也沒有凳，客人站著吃飯。毛澤東沒出來，江青出來轉了轉，打打招呼。客人自打飯吃，吃完就走，也不辭行。

　　賀龍來延安，與毛澤東談完工作，臨出門，半開玩笑地：「主席，結婚大喜，也不請我們喝酒？」毛隨即對身邊的葉子龍說：「子龍，你辦兩桌飯，讓他們吃一吃。」葉便籌辦酒菜，邀請朱德、周恩來、賀龍、王若飛等人。席間，王若飛喝酒較多，飯桌上一個勁罵機會主義。這是毛江結婚第一次請客，後又請了一次。王觀瀾、徐明清在第二次被請之列。徐明清記憶清晰，是個星期天，日本飛機第一次轟炸延安，去毛處的路上，見到一些被炸死的屍體。毛澤東沒在「合作社」擺席，在自己住的鳳凰山窯洞，請一位大廚師掌勺。一起被邀請的還有張聞天、李富春、蔡暢、羅瑞卿等，江青坐在毛澤東身邊，殷勤地為客人們敬酒夾菜。[68]

　　新婚青年沒房子，專闢十幾孔窯洞為「青年宿舍」，只有一張床，被褥自帶，不開飯，一天五毛錢。每到週六，小倆口背著被褥來住一晚，第二天各回單位。[69]

　　延安無所謂家，夫妻二人各在各的機關裡工作生活，每禮拜見上一次面。同在一個機關裡的，也各按各的待遇吃飯。[70]

　　1945年春節，24歲的沈霞與30歲的蕭逸結婚，沈霞帶著簡單衣服和幾本書，步行二十多里路，趕到蕭逸搞民辦教育的鄉下，沒有滿堂

　　（廣州）2000年第2期。收入《永久的懷念──溫濟澤紀念文集》，中國國際廣播公司出版（北京）2002年版。引自《李慎之文集》，2003年自印本，下冊，頁561。

[68]　東平、王凡：〈徐明清與江青關係的事實真相〉，載《黨史博覽》（鄭州）2007年第3期，頁35。

[69]　莫文驊：《莫文驊回憶錄》，解放軍出版社（北京）1996年版，頁353。

[70]　王琳：《狂飆詩人‧柯仲平傳》，中國文聯出版公司（北京）1992年版，頁142。

賓客沒有熱鬧鑼鼓，只有一捧紅棗一個「喜」字，就算「禮成」。[71]

「政治第一」不僅是意識形態，也是延安人的日常生活。1942年12月結婚的田家英（20歲）與董邊（26歲），每天五點起床——

> 天麻麻亮，就拿著報紙，帶上地圖，上山讀報，把蘇軍佔領的地方用紅筆劃上圈，一週分析一次形勢。我們每天都要閱讀國民黨統治區的大量報刊，研究形勢動態。

這種政治興趣是終身的。1959年廬山會議，李銳從副部級直墜地獄，開除黨籍，下放勞動，差點餓死北大荒。1963年11月，李銳發配安徽大別山磨子潭水電站文化教員，臨行前與田家英在後海小酒店話別，回家後夜不成寐，吟詩「關懷莫過朝中事，袖手難為壁上觀」。[72]李銳承認已完全政治化，與子女聊天「簡直就是上政治課，沒有什麼家常話。」1966年初秋，李銳自大別山回京，對其女說：「這次文化大革命來勢兇猛，矛頭絕不止是簡單地對著『三家村』、北京市委。毛澤東還有更大的目的。」[73]政治嗅覺端得靈敏！文革中，馮雪峰每天必讀報，很需要有人去看他，生怕被人遺忘。[74]

延安夫婦還有一檔最麻煩的事——孩子。按中共隊伍慣例，嬰孩隨生隨送老鄉，組織一手安排。1939年7月，抗大與陝公遷址前線，徐懋庸、劉蘊文夫婦隨行，新生一子，送給瓦窯堡居民，「解放後去信探問，經當地政府覆信，說已因患天花死了。」[75]1941年9月，鄧小平與卓琳長女鄧林出生河北涉縣，只餵七天奶就送給老鄉，

---

[71] 劉守華：〈塵封六十年日記，茅盾之女坦露內心獨白〉，載薩蘇編《史客‧兩情》，金城出版社（北京）2012年版，頁125。

[72] 董邊等編：《毛澤東和他的秘書田家英》，中央文獻出版社（北京）1989年版，頁269、146。

[73] 李南央：〈長長短短說父親〉，載李南央編著：《我有這樣一個母親》，開放雜誌出版社（香港）2003年版，頁60、47。

[74] 揚塵：〈病床前的回憶〉，原載《收穫》（上海）1980年第2期。參見包子衍、袁紹發編：《回憶雪峰》，中國文史出版社（北京）1986年版，頁231。

[75] 徐懋庸：《徐懋庸回憶錄》，人民文學出版社（北京）1982年版，頁117。

兩歲才接回。[76]1943年春，石瀾生下長子，一個月後，「上級卻通知我，要我把嬰兒送給別人，而且聯繫好了，送給王家坪附近的一戶農民」，原因是石瀾有「特嫌」，要接受審查。[77]賀子珍在長征中棄女、張琴秋隨西路軍突圍，因追兵在後而棄子。[78]

李銳、范元甄夫婦，一邊炮火連天，內戰打得正緊，工作繁忙；一邊肚子日隆與哭聲不斷的新生兒，兩人為家務活不知吵了多少嘴、傷了多少情。1947年7月29日，26歲的范元甄家書——

我什麼也不能做，整日抱著，心似火燒。思前想後，只想把他勒死。我帶他已至毫無樂趣的地步了。[79]

有婚戀就會有孕育，懷孕為延安女性最頭痛之事。女大學員陸紅與教員徐以新（大革命留蘇生，後任副外長），通過交際舞戀愛結婚，一年後懷孕了。陸紅擔心拖個孩子影響工作，「從早到晚猛跳猛蹦，用拳頭使勁擂肚子，想把胎兒流下來」，沒想到孕嬰比她還堅強，頑強長成，還活下來。如想人工流產，對不起，也要打報告，得組織批准。1945年8月17日，茅盾之女沈霞為隨隊赴東北，執意要做流產手術，延安和平醫院消毒不嚴，刀口感染大腸桿菌，8月20日去世。[80]沈霞結婚前後，心情矛盾，日記中——

人家會說……還不是和一般的女同志一樣，沒有希望的！……想到這些，結婚對我不是愉快、幸福，而是痛苦、恥辱！

[76] 寒山碧：《鄧小平傳》（革命篇），東西文化事業公司（香港）1994年版，頁165。

[77] 石瀾：《我與舒同四十年》，陝西人民出版社1997年版，頁93～97。

[78] 陳學昭：《延安訪問記》，廣東人民出版社2001年版，頁199。

[79] 李南央編：《父母昨日書》，時代國際出版有限公司（香港）2005年版，下冊，頁140。

[80] 蔣巍、雪揚：《中國女子大學風雲錄》，解放軍出版社（北京）2007年版，頁263、281。
劉守華：〈塵封六十年日記，茅盾之女坦露內心獨白〉，載薩蘇編《史客·兩情》，金城出版社（北京）2012年版，頁126。兩份資料，沈霞去世日期相差一天，應以丈夫蕭逸日記為準。

　　（發現懷孕後）「完了」！這並不是簡單意味著我要生孩子，而且意味著我的前途完了！……周圍的人生活得快樂健康，有希望、有前途，我是被棄於這圈子以外了。沒有一個可以訴說的人。可以說，我不願任何人知道。[81]

　　還有一種選擇就是結紮，永絕「禍根」。1939年3月，33歲的中央首長王稼祥（1906～1974）娶24歲來延長沙富家女朱仲麗（1915～2014）。畢業於東南醫學院的朱仲麗，曾入南京中央醫院（專為國民黨中委、部長一級服務）任外科、婦產科見習醫生，知道闌尾與輸卵管相近。一次，因患急性闌尾炎在延安醫院開刀，在徵求王稼祥同意後，順便做了結紮：「我這一輩子不想懷孩子了。」[82]

　　進入「火紅的1950年代」，延安一代的婚戀幸福度達到最高峰值。政治第一的婚戀也因一場場政治運動顛簸跌宕，最初的幸福度與此後的痛苦度恰成正比，不少因政治而崩裂。最著名的有浦安修與彭德懷的離婚。延安女幹部郭霽雲晚年還鬧離婚。[83]

　　為革命而結合、為黨籍而離婚，在延安一代夫婦中十分普遍。1943年搶救審幹運動如火如荼展開，沈霞戀人蕭逸被關押，1942年12月入黨的沈霞，1943年6月19日的日記——

　　我愛的人是最好的人……看著吧！我要永遠地愛他！我發誓。除非他和我是敵對立場。要不然我要愛到死！[84]

　　1960年范元甄與李銳離婚不久，一次去看周恩來夫婦，吃飯時陳毅說：「老夫老妻離什麼婚呵?!」周恩來正色：「嗯，這是大是大非

---

[81]　劉守華：〈塵封六十年日記，茅盾之女坦露內心獨白〉，載薩蘇編《史客‧兩情》，金城出版社（北京）2012年版，頁124～125。

[82]　朱良：〈難忘朱仲麗大姐〉，載《檔案春秋》（上海）2014年第7期，頁44～45。

[83]　丹丹：〈「送爛桔子」朋友的信〉，載李南央編著《我有這樣一個母親》，開放雜誌出版社（香港）2003年版，頁162。再參見蔣巍、雪揚：《中國女子大學風雲錄》，解放軍出版社（北京）2007年版，頁340。

[84]　劉守華：〈塵封六十年日記，茅盾之女坦露內心獨白〉，載薩蘇編《史客‧兩情》，金城出版社（北京）2012年版，頁123。

呵！」范元甄因周恩來的理解頓感釋然。[85]

延安女性政治熱情極高，婚戀又多因政治而合，自然也因政治一路顛簸。一旦丈夫被逐出中共隊伍，宣佈為「右派」、「右傾」，離婚概率也相當高。因革命而嫁，也因革命而離。政治風波常常出現於這些紅色家庭。延安女性郭霽雲（即郭靖，劉少奇曾垂青），晚年還鬧了離婚。[86]舒同與妻子石瀾結婚四十年，夫妻關係一直十分緊張。石瀾：「我常常把工作中的緊張氣氛帶到家庭中來，因此與丈夫不斷發生齟齬和爭吵。」舒同向子女訴苦：「在社會上緊張工作，回到家庭裡面也是緊張，這樣的家庭，還不如沒有。」1982年，因石瀾對丈夫的無情揭發，舒同震怒，堅決離婚。石瀾當時就後悔了，在法院〈離婚通知書〉上批寫八字──「獲罪於天，無所禱也」。[87]

紅色婚戀還有一個值得記述的側面：高幹夫人多數人生起點較低，一場革命使她們夫榮妻貴，吮享前所未有的社會尊敬。李立三俄妻李莎記述：一位紅色夫人曾經走到哪兒都被奉若上賓，抬著捧著，同時享受許多組織待遇。高幹丈夫突然離世，組織待遇雖然降幅不大，社會感覺則「立竿見影」。一次外出旅遊，沒給她安排別墅而是賓館套間，她受不了這種冷落與「世態炎涼」，長期抑鬱，最後自殺了斷。[88]

南央評母

延安女性後代對母親有一集體認識──

[85]　李南央編：《父母昨日書》，時代國際出版有限公司（香港）2005年版，下冊，頁59。

[86]　丹丹：〈「送爛桔子」朋友的信〉，載李南央編著《我有這樣一個母親》，開放雜誌出版社（香港）2003年版，頁162。再參見蔣巍、雪揚：《中國女子大學風雲錄》，解放軍出版社（北京）2007年版，頁340。

[87]　石瀾：《我與舒同四十年》，陝西人民出版社1997年版，頁252。

[88]　李莎：《我的中國緣分》，李英男、姜濤編譯，外語教學與研究出版社（北京）2009年版，頁225。

從解放區走出來的母親，不顧家，不會做家務。[89]

政治第一的紅色婚戀使她們的「階級情同志愛」遠遠高於家庭親情。李南央評其延安幹部母親——

她這輩子過得太不愉快，太不快活。

她沒有幹成自己想幹的事，她沒有愛成自己想愛的人。

范元甄自評與李銳的婚姻——

我與李某有過二十年的夫妻生活，那是一個有缺點共產黨（真心革命而入黨的）和一個假革命之間的一場階級鬥爭。[90]

二十年夫妻居然是「一場階級鬥爭」！范元甄尤其看不上地主婆婆——

死，也沒什麼，只解放了許多人。

1950年，李銳對夫妻生活退守「只要不吵架，只要有性生活」。[91]

文革前，歷次運動中先後倒下的延安人較之同輩心口更痛，因孤立而錐心難泯。1959年廬山會議後，李銳白天在機關挨鬥，晚上回家，老婆的一場批鬥還在等著，李銳「那簡直不是人過的日子！」不久，李銳開除黨籍，組織談話，他回答：「贊成開除，沒有意見。」「當時完全絕望了，我覺得黨已經沒有希望，自己又報國無門，悲哀極了。」[92]進入文革，所有老幹部一齊下台一齊被打倒，全國上下一片黑，延安幹部被拋棄被誣屈的感覺反而要小得多。

李南央——

夫妻的政治離異、子女與父母的政治反目，維繫家庭的親情可如糞土般隨便拋棄，階級關係是人與人之間唯一「健康」的紐帶。

[89] 崔衛平：〈革命女性的孤獨與壓抑——為范元甄辯〉，載李南央編著：《我有這樣一個母親》，開放雜誌出版社（香港）2003年版，頁311。
[90] 李南央：〈她終於解脫！〉，載《開放》（香港）2008年3月號，頁70、68。
[91] 李南央編：《父母昨日書》，時代國際出版有限公司（香港）2005年版，下冊，頁256、272。
[92] 李普：〈兩個相反的典型——談李銳並范元甄〉，載李南央編著《我有這樣一個母親》，開放雜誌出版社（香港）2003年版，頁280。

「爲革命，六親不認」，是讓人肅然起敬的，那種日子實在是太可怕了。[93]

　　她（按：母親）的冷血的個性，不是她獨有的，我在很多幹部子弟朋友的母親身上都可感到。[94]

　　2008年，此前一直爭議很大的《我有這樣一個母親》，終入華東師大版《中國現當代文學作品選》（高校教材，錢谷融主編），儘管是「存目」，終究表明大陸文化界「可以」關注延安一代，關注他們不可複製的婚姻，關注延安一代家庭生活所裏帶的紅色資訊。從汲取歷史教訓角度，剖析延安一代紅色婚戀的澀因，不僅有助於提高後人婚姻的和諧度，也有助於全社會多側面更深入總結延安經驗，不要在前人摔跌之處再跌上第二次。

　　　　　　　　　　　　2011年6月中旬於滬・三湘（後稍補充）
　　　　原載：《南方都市報》（廣州）2013年2月14日（濃縮稿）

[93] 李南央：〈答讀者問〉，原載《書屋》（長沙）2000年第11期。載李南央編著：《我有這樣一個母親》，開放雜誌出版社（香港）2003年版，頁218。

[94] 李南央編著：《我有這樣一個母親》，開放雜誌出版社（香港）2003年版，頁36。

中共編外「第五縱隊」斯諾、史沫特萊的紅色稿費

　　經濟是一切文化活動的基礎，長期不算經濟賬是斷斷不行的，無法維持任何「無產階級革命熱情」。相當意義上，西方新聞界及西方公眾對中共紅色革命的好奇，無意間用金錢為中共提供了免費的老外新聞隊伍──編外「第五縱隊」。第三國際很快發現這條絕佳「縫隙」，巧妙利用之。1984年，中共成立「中國三S研究會」（SMEDLEY-STRONG- SNOW SOCIETY OF CHINA），會長黃華、名譽會長鄧穎超，名為研究實則「紀念」三位老外功臣──史沫特萊、斯特朗、斯諾。1985年北京郵電部發行一套郵票《中國人民之友》（三枚），紀念「三S」。

　　愛德格・斯諾（Edgar Snow，1905～1972）乃中共外籍第一功臣，一本《西行漫記》為中共召喚來「三八式」延安一代。不過，他可不是出於純粹的「階級覺悟」，乃是基於一定經濟基礎的「友情合作」。斯諾長期駐華，到處採訪，還結了婚，別忘了一切都需要錢的。沒有經濟基礎，革命感情撐不起來也無法持續。而支撐斯諾的紅色熱情，當然都來自他的文字──稿費。斯諾對中共的報導竟然很賺錢，有損「革命友人」的高尚，中共一向諱莫如深，這篇拙稿「旅行」好幾家大陸刊物，均遭拒絕，只好外嫁港刊。

年均收入合今444萬人民幣

　　1933年，斯諾新婚，急需用錢，寫了一篇〈西方國家威望的衰落〉（2500字），呼籲西方列強放棄對東方的征服政策，投給全球稿

費最高的美國《星期六晚郵報》，得稿費750美元。接到這張前所未有的大額支票，青年斯諾夫婦都不相信──

　　這張支票是＄7.50，還是＄75.00，還是怎麼的？絕不可能是＄750.00──一定是打字打錯了。我們像捧著聖盤一樣帶著這張小小的紙片，爬上黃包車，出發去銀行，抱著試探的態度拿出支票，好像我們接受了小偷和走私犯的贓物一樣。出納員畢恭畢敬地看了看支票，告訴我們極好的匯率，並把那筆款記入我們的帳戶。這750美元，相當於中國銀洋四千元。我們靠這筆錢可以生活一年多──過得也可以相當豪華。[1]

　　即便以最低估價，1933年一圓銀洋兌今人民幣一百元，四十萬呵！再打個對折，2500字一篇評論賣到20萬，今天哪位作家、記者如此「賺得動」?!就是港台報刊，賣到五千塊港幣，摸天了。此後十五年，《星期六晚郵報》向斯諾支付了約25萬美元的各種費用。[2]25萬美元如按前述匯率一美元兌換5.33銀洋，值133.25萬銀洋，再以一銀洋折合今人民幣50元（地板價），6662.5萬人民幣，年均444萬餘！今天幾位中外記者有這等能耐？

　　拍攝的照片也售價不菲。1936年，斯諾在延安窯洞前為毛澤東拍的那張「標準像」，尚未發福的毛澤東戴著一頂紅軍八角帽。蘇聯政府旋以四千美元買下，作為大幅彩色領袖像掛在第三國際中共代表團辦公室。[3]斯諾在陝北蘇區拍的其他照片也收入豐厚，歐美多家媒體向他高價索購蘇區圖片。[4]

　　直到1950年代麥卡錫時期，愛德格·斯諾一直為《星期六晚郵報》撰稿，前後長達15年，而報社之所以一直以高價約購其稿，乃是

1　（美）海倫·斯諾（Helen Snow）：《我在中國的歲月》，中國新聞出版社（陝西）1986年版，頁124～125。
2　愛德格·斯諾：《我在舊中國十三年》，夏翠薇譯，三聯書店（北京）1973年版，頁43～44。
3　師哲：《我的一生──師哲自述》，人民出版社（北京）2001年版，頁86。
4　愛德格·斯諾：《紅色中華散記》，江蘇人民出版社1991年版，頁3。

只要封面上出現愛德格・斯諾的名字，報亭銷量就會驟增。1937年，美國《生活》週刊雜誌買了斯諾73幅照片，《亞洲》雜誌買了兩幅，每幅照片支付50金幣。斯諾絕對身列高薪階層，興趣與職業與收入高度統一，越幹越歡實。相比之下，愛德格・斯諾所出的第一本書《遠東前線》，僅獲幾百個美元。[5]

《西行漫記》的巨大作用

影響巨大的《西行漫記》（1937年7月初版），也是美元的催生之物。1934年，一位美國出版商找到斯諾，請他寫一本有關中國紅軍的書，簽訂了合同。但採訪紅軍並不容易，國共尚在交戰，斯諾很難進入紅區。兩年簽約期快到了，斯諾仍一籌莫展。1936年5月，斯諾突然得到消息：紅軍與東北軍秘密休戰，採訪或有可能。他聘請燕京生黃華（中共地下黨員）為翻譯，輾轉進入陝北紅區。[6]

《西行漫記》動員了大批城市知青奔赴延安，抗戰初期就有四萬餘知青赴延，絕大多數讀過《西行漫記》——「中國革命最有效的宣傳者」[7]。《西行漫記》起了中共很難起到的宣傳作用，使中共迅速壯大，形成日後與國民黨逐鹿中原的基幹力量——延安一代，還深刻影響西方對中共的認識，羅斯福都讀了這本書。1942年2月24日，羅斯福約見斯諾，認為「蔣介石的統治缺乏民眾的一致與熱烈支持……他問我：為幫助中國人民——而不是中國政府——我們能做些什麼？」[8]

---

[5]　（美）海倫・斯諾：《我在中國的歲月》，中國新聞出版社（陝西）1986年版，頁126，238，127。

[6]　劉守華：〈斯諾夫婦與紅色中國檔案〉，載《檔案春秋》（上海）2007年第10期，頁4。

[7]　伯納德・托馬斯（Bernard Thomas）：《冒險的歲月——愛德格・斯諾在中國》，吳乃華等譯，世界知識出版社（北京）1999年版，頁420。

[8]　（美）愛德格・斯諾：《紅色中華雜記（1936〜1945）》，黨英凡譯，群眾出版社1983年版，頁145。

　　二戰期間，美國必須首先對付不共戴天的納粹德國、軍國日本，共產極權的國際威脅尚伏隱蔽，歐美朝野對俄中赤共尚抱幻想。國際形勢從客觀上為赤潮滲華提供了時間差，未能將紅魔扼殺於搖籃中。費正清——

　　西方的納粹德國和東方的軍國主義日本已成為美國不共戴天的大敵，而東西方的共產極權主義國家尚未繼德日之後成為美國的死敵，因此《西行漫記》一書得以在美國廣泛流傳。[9]

　　斯諾前妻海倫・斯諾（Helen Snow，1907～1997）——

　　埃德的報告甚至影響到了「劇中人」——共產黨人本身，提高了他們的自我形象，尤其使他們首次認識到，所有的「帝國主義者」並非一丘之貉，他們有可能同一方打交道而反對另一方，特別是要同美國人打交道，更要同美國的人民打交道。[10]

　　《西行漫記》也使斯諾發了一筆小財，他用版稅在美國康乃狄格州門格爾鎮買下一幢小木屋，1949年他與海倫・斯諾離婚，海倫在這幢小木屋度過近半個世紀的餘生。

史沫特萊助紅

　　另一位「新中國的好朋友」史沫特萊女士（Agnes Smedley，1892～1950），也靠版稅稿費為生。1936年，她與德國《法蘭克福報》合作中斷，一段時間靠其著《大地的女兒》版稅維持生活。[11]1934年，上海中共地下黨連遭破壞，經濟陷於絕境，史沫特萊捐贈四萬美金，幫助中共度過難關。史沫特萊還為營救丁玲出力。西安事變，史沫特萊

---

[9]　費正清：〈《紅色中國雜記》序〉，載愛德格・斯諾《紅色中國雜記（1936～1945）》，黨英凡譯，群眾出版社（北京）1983年版，頁1。

[10]　（美）海倫・斯諾：《我在中國的歲月》，中國新聞出版社（陝西）1986年版，頁128。

[11]　張功臣：《外國記者與近代中國（1840～1949）》，新華出版社（北京）1999年版，頁220、219。

在西安用中文高呼「打倒蔣介石」，協助電台對外廣播。[12]

　　據國府「中統」首領徐恩曾回憶錄，史沫特萊在拉攏魯迅、洪深與紅色左士的關係上，出力甚大，使兩位有影響的文化名人參與左翼文化運動。[13]

　　有關這位紅色女老外的底細，中共一直瞞著捂著，刻意強調她的記者身分──「純客觀立場」。史沫特萊乃真正「國際特使」。國民黨「中統」骨幹萬亞剛──

　　其實她和中共的關係不只是「朋友」而是「同志」。她是美共黨員，受第三國際的派遣，到上海來幫助中共展開國際宣傳工作。中共派了丁玲的第二任丈夫去做她的助手。

　　史沫特萊還以將魯迅作品譯介美國為餌，完成對魯迅的「統戰」。[14]原來如此，原來如此呵！史沫特萊對紅色事業的那股「職業好奇」，出處在這兒呢！

　　截至截至1937年5月，先後八名西方老外進入陝北紅區，其中五名新聞記者。抗戰爆發後，前往延安的老外更多了。1942年，路易‧艾黎向中共捐出母親一萬美元養老金。中共延安十年，來了五六十名老外，有記者、作家、醫生、技術員、軍事顧問、學生領袖。1947年，美國小伙李敦白（Sidney Rittenberg, 1921～ ）步行30天到達延安，農場專家恩斯特也來了，胡宗南進攻延安，兩人都隨共軍進山打游擊。就社會影響，以美國新聞記者、作家最大。

　　歐美朝野不怎麼相信國共兩派的聲音，但很相信歐美記者的報導。這批紅色老外將中共定位「土地改革者」，而非旨在實行無產階級專政的「真正共產主義者」[15]，對歐美輿論起著引領作用。資訊決

[12]　朱正明：〈早期延安雜憶〉，載《傳記文學》（北京）1993年1期，頁107、215。
[13]　徐恩曾：《我和共產戰鬥底回憶》，天人出版有限公司（台北）1985年版，頁31～34。
[14]　萬亞剛：《國共鬥爭的見聞》，李敖出版社（台北）1995年版，頁283。
[15]　愛德格‧斯諾：《紅色中國雜記（1936～1945）》，黨英凡譯，群眾出

定判斷，歐美雖然普遍反感共產主義，但對土地改革者，則懷有相當同情。

1944年8月3日，美使館秘書約翰‧謝偉思（John S. Service，1909～1999）建議美國政府——

中國共產黨的政策在可以預見到的將來，將不會違反美國在中國的利益，共產黨應該盡可能受到我們的同情和友好對待。

1945年2月，謝偉思再向華盛頓建議：改變只支持國府的策略，也援助中共軍隊。他的建議得到美國駐華使館全體政治官員副署。此議雖未被納，但對美國朝野輿論影響甚大。[16]

連司徒雷登（John Leighton Stuart，1876～1962）都認為——

在共產黨當局取得全國（大陸）勝利之前，他們對其控制地區的統治很少表現出集權主義的傾向；他們似乎是仁慈的、寬容的、友善的……這種情況一直保持到他們在整個大陸建立政權為止。在那些日子裡，從中國和各種各樣的「專家」那裡發來了許多讚揚共產黨人的報導。[17]

老外記者虛假報導

國際共運史上，一批歐美左派老外推波助瀾，作用巨大，不僅迷惑了眾多歐亞落後國家知青，回過身還誤導歐美朝野輿論。這批歐美紅色老外多為第三國際「第五縱隊」，套著記者作家外衣，以中立身分報導「事實」，向西方「放送」貌似中立的客觀報導，深刻影響歐美政府的政策走向，起著各國土共無法起到的作用，極大推助了全

版社（北京）1983年版，頁147。
[16] （美）謝偉思：《在中國失掉的機會》（Lost Chance In China），羅清、趙仲強譯，國際文化出版公司（北京）1989年版，頁225、364。
[17] 約翰‧司徒雷登：《在華五十年》，程宗家譯，北京出版社1982年版，頁271。

球赤潮的湧漲。這批「左外」亟望共產革命在東方成功，可為他們的左翼思想作注，用實例去說服「落後的歐美人民」，走共產之路。

1944年，美國記者福爾曼（Harrison Forman）報導陝甘寧邊區，甚至說中共未得到俄援並放棄共產宗旨。[18]對於土改暴力，史沫特萊宣稱：就階級而言，所有受難者都是罪有應得。威廉・韓丁（William Hinton，1919～2004）則說：長痛不如短痛，為結束長期痛苦，必須容許短期的殘暴。[19]

1960年秋，愛德格・斯諾再度訪華，回瑞士後撰寫《大洋彼岸》一書，在他筆下，中國大陸一片欣欣向榮，人民生活顯著改善，群眾支持政府，藏民擺脫黑暗農奴制，實行民族區域自治。[20]

1985年，海倫・斯諾堅持認定1960年中國無一人餓死，仍罵「國民黨是帝國主義的走狗」、「朝鮮是東方最先實行民主制度的國家。」她甚至這樣描繪發動文革的毛澤東——

他於1966年發明了意在重振共產主義運動革命性的文化大革命……他順應歷史，又走在歷史的最前頭。[21]

1970年8月～1971年2月，愛德格・斯諾最後一次訪華，發現「中國是個只有一種聲音的國家」，這才感覺有點不對勁。[22]

六・四驚醒

「六・四」，李敦白居北京使館區，玻璃房打穿36個槍洞——

[18] （美）福爾曼：《北行漫記》（Repot From Red China），陶岱譯，解放軍文藝出版社（北京）2002年版，頁42。

[19] 黃仁宇：《黃河青山》，九州出版社（北京）2007年版，頁182～183。

[20] 喬松都：《喬冠華與龔澎——我的父親母親》，中華書局（北京）2008年版，頁147。

[21] 海倫・斯諾：《我在中國的歲月》，中國新聞出版社（陝西）1986年版，頁29、32、201、295。

[22] 伯納德・托馬斯（Bernard Thomas）：《冒險的歲月——愛德格・斯諾在中國》，吳乃華等譯，世界知識出版社（北京）1999年版，頁404。

人民政府無論如何不能開槍呀！非常難過；六‧四事件是現代世界最大事件、最慘事件、最黑暗事件；發生在八十年代，怎麼也理解不了。[23]

2000年4月，斯諾後妻露易絲‧斯諾安葬丈夫部分骨灰於北大燕園，受海外人權組織委託，欲見「天安門母親」丁子霖，轉交海外給「六四難屬」的人道捐款，受秘密警察跟蹤，被攔在丁子霖居住的中國人民大學校門外。露易絲‧斯諾臨走前發表聲明——

如果此類事件繼續下去，我不得不重新考慮將我丈夫的骨灰留在北京是否適當。[24]

六‧四後，西方不再出現三S式、韓素音式「不同聲音」，紅色粉絲大幅降減，赤霧終散。但中國如何送走這位「馬列客人」，麻煩依然巨大。紅色老外隨著歲月隨風飄去，但他們助建的紅色「違章建築」仍歪歪扭扭矗立著，仍在攔阻中國大陸的現代化腳步，十四億大陸人民最沉重最危險的「歷史包袱」。

這批紅色老外之所以被赤說誤導，源於自身知識結構扁平，對民主自由一知半解。愛德格‧斯諾「曾設想存在一個『貧窮的大多數人的獨裁』，這種基本假設進一步遮住了他的雙眼。」[25]紅色老外最大的認識誤區便是認定中共必定推動民主。[26]

2014年4月18～20日

原載：《動向》（香港）2014年5月號（刪削稿）

---

[23] 杜導正：《趙紫陽還說過什麼？——杜導正日記》，天地圖書有限公司（香港）2010年版，頁238。

[24] 丁子霖：《尋訪六四受難者》，開放出版社2005年版，頁408～410。

[25] 伯納德‧托馬斯（Bernard Thomas）：《冒險的歲月——愛德格‧斯諾在中國》，吳乃華等譯，世界知識出版社（北京）1999年版，頁383。

[26] （美）謝偉思：《在中國失掉的機會》（Lost Chance In China），羅清、趙仲強譯，國際文化出版公司（北京）1989年版，頁273。

汁液仍濃的《鬥爭十八年》

　　久關「鐵屋」，2005年首訪香港中大一整月，第一次與聞「紅色叛徒」司馬璐之名。稍後，得知這位逃出大陸的司馬先生1952年在香港出版回憶錄，與劉紹唐《紅色中國的叛徒》齊名。近年，本人專力研究延安一代，很想一閱這位被延安逐出者的自述。無奈搞港版書不易，讀到他的《鬥爭十八年》，已是2010年初冬，還是寒山碧先生贈我的複印本。

司馬璐其人

　　司馬璐（1919～　），出生江蘇泰縣海安鎮（今海安縣）貧家，9歲喪父，13歲喪母，僅讀兩年私塾三年小學。一度顛沛流離，入布店、雜貨店為徒，15歲入報館為服務生。1935年，進入上海生活書店並加入共青團。因投稿《大公報》副刊獲載，對文化產生興趣。這一時期，他因參加中共地下工作被捕，但未洩露機密，1937年出獄並加入中共，「七・七」後赴延，入中央黨校，後分配《新華日報》延安辦事處主任、邊區醫院文書。1939年，司馬璐在延安被捕審查，停止黨籍，同年7月遣送離延，在延安總共生活一年半。離延後，派入國軍騎兵第二軍「開闢」，一度自拉武裝打游擊，不久被新四軍彭雪楓部兼併。司馬璐再回騎二軍，因紅色履歷被軍長何柱國「禮送」。1940年8月，司馬璐抵渝，再次加入中共，聯繫人徐冰，任朝鮮義勇隊總隊長秘書。

　　1941年，司馬璐秘遣浙皖；1942年初脫離中共——「召回自己的靈魂」。1944年組建「中國人民黨」（最初七十餘名青年，後有

大批袍哥[1]加入），辦《人民週報》；1948年在滬組織「和平民主同盟」，呼籲國共停戰，走第三條道路。

1949年5月，上海易手後，潘漢年兩次召見司馬璐，在上海有名的「五層樓」宴請，問他要「人民黨」名單。（頁267～269）1949年聖誕節，司馬璐逃港，辦刊《展望》，澈底反共；1953年10月出版回憶錄《鬥爭十八年》。2002年，83歲的司馬璐與86歲的戈揚（七十年前青梅竹馬）在美結婚。這對「延安青年」用暮歲婚禮向世人表示：皈依民主自由。

杯水主義

延安男女盛行「杯水主義」，青年女性因緊俏（性別比例18：1）而昂然於群。抗大副校長羅瑞卿死纏司馬璐女友夏森，強行約會，關門不讓走。夏森在日記中哀歎——

羅校長啊，你為甚麼一定要糾纏我呢？女人，女人，女人到那裡都是一樣啊！

西安八路軍辦事處招待所住著一位孕婦，說不出肚子裡誰是「孩子他爹」，勉強說出辦事處裡兩名男性，人家又都不認賬。（頁40、100、131）

一般女同志被派出工作，除了少數以外，差不多始終只做些男同志的輔助工作，她們多半以「臨時太太」的身分，由黨暫時配給某一個男同志。這是革命工作呀，她們當然只得服從，她們時而被調開，時而又配給另一個男同志。在這些女同志的工作期間，「臨時太太」造成多少悲劇，女同志們流了多少眼淚，出現了多少辛酸的故事啊！（頁132～133）

---

[1] 袍哥：晚清民國川渝地區民間幫會，其他地區稱哥老會，與青幫、洪門為三大幫會組織。辛亥後，川渝成年男子大多加入或間接受「袍哥」控制，今天仍有諸多留痕。

紅色恐怖

《鬥爭十八年》記載了傳主15～33歲的經歷，重點為1935年進入中共陣營後的「紅色感受」。限於篇幅，本文只能撮選「最精彩」的一二事實。

1941年初「皖南事變」後，司馬璐受命自渝赴皖，以屯溪為中心展開皖南浙西的地下活動，頂頭上司閩浙贛三省特派員「老頭子」（司馬璐稱「柳英」，即劉英），他向司馬璐描繪中共紅色恐怖──

每一個高級的負責同志都提醒我們，不僅要提高對黨外的警惕性，而且要提高對黨內同志的警惕性，他們隨時在相互之間需要「瞭解」，當然也一樣需要「瞭解」。……一個愈像忠實可靠積極的同志，愈要當心他。（頁192）……沒有一個同志是絕對可靠的；為了革命，任何手段都是合理的。（頁198）

劉英向司馬璐介紹江西清肅AB團（反布爾什維克英文首字母）──

今天看著一批同志審判別人，明天又看到那些昨天審判別人的人，又在被另一批同志審判，一批批一批批綁出去殺了。我敢說這中間百分之九十以上是冤枉的，但是我也敢保證黨的政策是絕對正確的。（頁193）

僅僅這樣的悖論就令人毛骨聳然了。一位前幾天還在灌劉英辣椒水的幹部，竟也以AB團罪名被處決。「老頭子」接著論證三種人必須殺：一、接受黨內審查時順竿自誣招供者，這種人意志薄弱，本質易於動搖；二、受冤屈而激怨者，此類人忠誠度不夠，容易成為叛黨分子；三、亂用AB團名義殺人者，這種人「當然黨也是一併殺了」。由於懷疑一切，你越是忠實積極，越可能遭組織上「關心」，「殺了乾淨」。（頁193～194）

屯溪事件

屯溪某布店是中共聯絡站，李老闆夫婦連伙計不過四人，但開飯時總坐滿一桌。不過雖然吃在一張桌上，彼此不通問也不介紹。另一聯絡站為王大嫂處，專門用於個別談話。王先生據說長年在外跑單幫，其實是中共華東局派來的一對假夫妻，租好房子後，王先生就奉命調往別處，王大嫂就成了「老頭子」的情婦。

一次，司馬璐請王大嫂遞一張條子給「老頭子」，遭到一陣訓斥。司馬璐辯解：「王大嫂是我們自己人。」老頭子歇斯底里暴跳起來：「誰是自己人？誰？誰？」（頁196）

「老頭子」還告訴司馬璐，上海平日殺共產黨最起勁的巡捕，說不定就是共產黨員，因為「他們不多殺一些共產黨員是沒法取得上面的信任的，多死幾個自己的幹部有什麼關係，何況這也是對黨的一種貢獻呢。」上海聞人虞洽卿秘書的康生，就是利用巡捕房裡的眼線，避免了一場傾覆大禍。（頁197）

一次，幾個聯絡站的安全信號全撤下，原來一位自製炸藥的本地同志失手，發生爆炸，被鄰居當成漢奸扭送警察局。由於此人知道幾處聯絡點，只得全體「緊急搬家」。三天後，「漢奸」出獄，聽說他家裡花了點錢。「老頭子」判定是國民黨的反間計。幾天後，「漢奸」失蹤。司馬璐問「老頭子」：「是不是我們把他幹了？」最初，「老頭子」推託不知道，後對司馬璐講了一套理論——

你知道嗎？革命是需要殘酷的，昨天的同志，可能今天就是我們的敵人。……錯殺一個，沒有什麼了不起，一個人有什麼關係，革命是多麼一件大事。（頁200）

但那位「自製炸藥」同志的家屬卻向地方當局要人，警察局當然不知下落，家屬卻盯著：「先前被你們關過，現在繼之以失蹤，還不是你們幹的嗎？」此時，「老頭子」佈置屯溪中共地下黨員發動地方紳士出面，控訴國府殘殺青年，油印傳單寫得十分淒惋，聲稱這次事

件是「國民黨的又一滔天罪行」。而國民黨也把所有憲警訓斥一頓。

最可怕的是──

依照我們黨的紀律，像老頭子這樣的負責幹部，被捕後即使不死在國民黨手裡，釋放後組織上也會立刻派人去把他幹掉的。（頁213）

如此進步

「屯溪事件」後不久，「老頭子」再次開導年輕人──

當發現一個同志不可靠的時候，最好是能夠通過敵人的手把他幹掉。因為這是一舉兩得的事，既可以為我們組織上除去隱憂，又可以增加我們的政治宣傳資料。否則的話，只好我們自己動手了，不過，那總是不得已的。……你為什麼近來老是不說話了?!

我以為作為一個共產黨員，只應該知道執行組織上的命令和你的指示，多說話是沒有用的。

那對極了，所以我很信任你，你確是黨性強，一天天有進步。

這位「一天天有進步」的青年黨員，最後竟寫下這樣的「叛黨言論」──

共產黨人所關心的不是抗戰的勝利，而是如何加重這些腐蝕的因素，加速這個社會秩序的破壞，動搖抗戰的基礎，打擊政府的威信，以便於他們準備革命條件。（頁169）

在敵人的偽組織機構中，大量地充斥著我們的同志，他們藉日本人的刀，去屠殺國民黨和三民主義青年團人員，甚至我們黨的組織也經常與日本人的特務機關交換情報。據我直接知道，上海兩次破獲三民主義青年團的組織和一次江南日本人對忠義救國軍的圍剿，都是我們黨在日本人合作之下的傑作。……做漢奸也是革命，聽說好多大漢奸都是我們黨的同志，比如像袁殊（當時的偽中央宣傳部長）……（頁210～211）

司馬璐還在回憶錄中「揭發」了老頭子等中共高幹在杭州嫖妓。（頁209）

技術問題

游擊隊員瞿飛幾年躲在山裡，實在太苦，此時調來做白區工作，負責管錢的財務，「真是到了天堂哪！」幾杯老酒下肚，他向司馬璐透露游擊隊如何解決經費問題——

其實，只要發得下狠心，找錢也不難。打土豪是個辦法，可是現在不行了，不過你要是指他是個通敵的漢奸，他就沒有話說了，反正是不必經過公審的。或者還可以把游擊區以外的有錢的紳士拖進來。……武裝走私也是個辦法，伏擊敵人的運輸車輛也是個辦法，不過那總是太危險了。最有效的辦法是直接向老百姓搶……

那不是使老百姓要對我們發生反感嗎？

你真是又太書生之見了，這完全是技術問題。比如說，我們先派一部分同志化裝土匪去搶了，等到老百姓報告到我們隊裡來，我們就立刻派一支部隊追上去。這時，我們那些奉命搶掠的同志，已經滿載而歸，從另一條路歸隊了。這樣，老百姓不但不會對我們有反感，我們地方黨的組織，還要發動老百姓對我們慰勞呢！（頁202～203）

這位游擊隊員還向司馬璐透露了另一「萬萬說不得」的籌款途徑——印製假鈔，「你不見我們黨裡拿出來的都是一疊疊的新鈔票嗎？還不是這麼嘩啦嘩啦發出的?!」（頁204）

最後覺悟

早在延安，司馬璐聽了劉少奇的課就認識到——

做一個共產黨員，最好根本不要有「思想」，或者一直不用「思想」。否則，不是帶來許多煩惱，就會發生「思想問題」。

果然，司馬璐這段話遭到揭發，挨了總支書猛批——

我的確已經是一個乖巧的共產黨員，絕不提出疑問，小組會的時候，聽著上級所講的再發揮一番。我竭力克制自己的理智。明天黨是另一個講法，我亦復如是。我認為作為一個共產黨員，是應該如此的。……我們的黨性堅強的程度，就全看我們犧牲「自我的意志」，當一個把「人的尊嚴」磨得差不多了，就成為一個標準的共產黨員了。（頁82～86）

司馬璐通過事實認識到——

甚至我們自己的同志間，也互相吃掉對方的部隊。黨的中央沒有什麼是非可說，他永遠是相信力量就是代表真理，有更多的槍桿子的一方面總是對的。（頁220）

1950年底，司馬璐逃港，揭露中共竟與日寇有勾結，共同破壞淪陷區三青團組織與圍剿忠義救國軍。（頁211）游擊隊與地方黨組織有矛盾，游擊隊便將與地委關係密切者祕密處決或作戰時開槍打死。「人民內部矛盾」就如此解決了。（頁206）此外，辣椒水之類江西蘇區就灌過自己人了，老虎凳延安也有人坐了，假犯人混獄騙供之招也用上了。江西蘇區整肅AB團亂了槍法，灌他人辣椒水的行刑者，沒幾天也因「AB團」被處決。[2]

紅色叛徒最後認識到——

這許多年來。我的一顆純潔的心一天天受到損傷，我貢獻了我的青春給這個理想——我過去把他看得如何的崇高和偉大。如今，他的光芒在我面前已經全部變得漆黑，這個追求，今天已經澈底的幻滅了！（頁221）

他對中共的最後認識——

2　司馬璐：〈鬥爭十八年〉，亞洲出版社（香港）1952年版，頁119～120、192～194。

這個黨是一個完全以命令支配黨員行動的黨，軍事化的黨，特
務化的黨。每個黨員，毫無保留地毫無還價地服從黨的紀律。黨的基
本政策就是「殺人越貨」四個大字。（頁225）

一些資訊

抗戰勝利前後，一個小共幹都敢當面訓斥章伯鈞。一次，王炳
南教訓章伯鈞——

你們民主同盟，國民黨憑什麼要買你們的賬？還不是因為我們
有五十萬大軍和一個強大的共產黨?!

從當年小共幹訓斥到後來的老子黨，脈絡清晰呵！中共創始人
之一的張申府之所以與中共搞不好關係，就是不買一些小土共的賬。
（頁241）

司馬璐延安棗園同學陳健民，昆明國府後勤機關工作人員，中
共地下黨員。一天，黨命令他逮捕某人並立即處決，事後再向政府公
佈此人為圖謀不軌的共黨分子。當陳健民遵命將此人逮捕，一看，原
來也是棗園同學——會唱山歌的矮個子李毓茲。經過交談，原來昆明
中共組織經費十分困難，李毓茲奉命搶劫昆明大商號源昌公司。事後
才知道這家公司有龍三公子股份，龍雲追緝甚力，限期破案。昆明中
共地下組織這下慌了神，因為中共在西南的活動全靠龍雲掩護，現在
搶了人家公子的公司，一旦破獲，如何得了？至此，陳健民才明白組
織命令他捕殺李毓茲，竟是為了滅口！他把自己「任務」告訴老同
學，兩人相擁而泣。最後，陳健民送了一點路費給李毓茲，囑他走得
越遠越好。陳健民自己提一隻小箱，悄悄逃至重慶。（頁246～247）

中共接手政權前夕，利用升官發財，勾引過某些民主黨派。這
些民主黨派也確實有人在打共軍進城後洋房汽車的腦筋。（頁261）
民主社會黨魁張君勱身後的高方中，上海易手暴露出中共社會部小頭
目身分。中統上海辦事處行動大隊長王大超，曾鎮壓民主運動，原

來是中共地下黨員，這會兒主持審訊「反革命」案件。（頁263）此外，當年資訊遮罩，形成諸多隔膜。如司馬璐以為蕭軍已被整死。（頁254）包括香港還有不少人惑於中共「寬大」釣魚政策，做著「靠近」夢。（頁278）

對大陸讀者來說，這本寫於半個多世紀前的回憶錄，汁液仍濃，仍可讀出許多驚歎連連的內容。值得引述的歷史反思是：「我們全靠飛機大炮去阻止共產黨，這是不可能的，我們的精神陣線卻早就崩潰了。」（頁258）包括《大剛報》總社長毛健吾都認為中共「也是一種理想」，不聽司馬璐勸阻，執意北上回大陸。（頁279）國共之爭，中共勝在思想，這是國民黨與自由知識分子1949年後才絞擰出的「歷史經驗」。司馬先生也因意識到思想武裝的重要性，決心後半生從事自由文化工作。（頁281）

司馬先生對中共的某些判認經得起時間檢驗：「共產黨人一向總是以自己的行為標準去理解別人。」（頁275）「任何一種幌子，任何一種理想，任何一套好聽的名詞，如果受到獨裁者個人的意志所支配，那一定就要走樣了。」（頁280）文革後中共步履蹣跚的改革，雄辯證明紅色邏輯「此路不通」，只能羞羞答答捲起當年的革命理論，恢復資本主義舊制，但還撐著架子，政治上仍不肯認輸，名之「改革」。然而革命人民這回明白了，誰都會在心裡問上一聲：

既然重走資本主義道路，那麼，馬列主義的意義呢？赤色革命的價值呢？

2010年12月17～19日於滬・三湘
原載：《開放》（香港）2011年2月號

延安一代六十年

　　十年前，延安一代「兩頭真」領軍人物李慎之先生（1923～2003），於國慶之夜撰下傳世之文〈風雨蒼黃五十年〉，對為之奮鬥終身的赤色革命勇吐心聲——

　　五十年的經歷使我不得不認同二千前年伯夷、叔齊的話：「以暴易暴，不知其非」。全人類的歷史都證明了人類的進步大多是在和平的改良中取得的，暴烈的戰爭或革命很少能帶來真正的進步。[1]

　　中共當年聞之猛烈搖頭，如今怕不得不暗暗點頭了。歲月飛逝，又一個十年過去了，作為中共勝利的基幹隊伍延安一代知識分子，雖然整體凋零，但他們中的長壽者仍然健在，仍在中國走向民主化的艱難跋涉中起著無可替代的作用。「老革命」的資格使他們在一定限度內享有對革命的反思權。

中共勝利的基幹隊伍

　　「延安一代」指抗戰前後進入中共陣營的知青，一個抗大就出走十萬（包括各地分校），「延安一代」總數估計在三十萬以上。長征結束，西路軍失敗，南方抵陝紅軍僅二萬餘，若無延安一代的大量注血，中共不可能在抗戰結束後具備與國民黨爭鋒逐鹿之能力。從隊伍構成上，僅有山上隊伍的「槍桿子」，缺乏來自亭子間的「筆桿子」，也無法從一個勝利走向另一個勝利。

　　2001年，李慎之——

---

[1] 李慎之：〈風雨蒼黃五十年〉，載《動態》（香港）2000年5月號。參見《李慎之文集》，2003年自印本，上冊，頁7。

今年70歲到90歲這個年齡段的知識分子（當時都叫小資產階級知識分子）……這批人實際上是中國共產黨最主要的骨幹。中國共產黨所以能打敗國民黨，建立新中國，贏得相當民心，取得若干成就，這一年齡段的人的功勞是主要的。[2]

抗戰第一年，八路軍就從三萬餘擴至25萬；抗戰結束前，中共黨員120萬，軍隊近百萬，國軍亦不過200餘萬，初具對抗實力了。

中外史學界認為知識分子的走向預示著社會未來。抗戰初期，國共都意識到誰搶到知識分子，誰就搶到天下。截至1943年，國民黨一百幾十萬黨員，學生黨員僅約三萬，顯然未能搶過共產黨。

黃金一代

隨著中共軍政勝利，延安一代高調進城，「延安出身」成為進入新政權上流社會的入門券。文化界、思想界沒有這一出身的昔日主角均退縮邊緣，延安一代一統天下。1955年首批學部委員61人，主體即為延安知識分子，尤以延安中央研究院為核心。延安模式規範了數代人的思想，捏塑了數代人的價值觀，也是文革之所以得以掀起的社會基礎，最著名的文革要角（如江青、張春橋）均出自延安一代。1980年代，中共將延安時期視為「黃金時代」，呼延安一代為「黃金一代」。

抗戰時期，延安一代中的精英陸續進入中共核心，參贊軍機，成為中共各要角秘書，躋身梯隊。1950年代是延安一代人生幸福度的最高峰值，「延安老幹部」使他們擁有天然優越感，少年得志使他們志得意滿。文革前，延安精英們大多升至省廳級。他們工作積極，整日忙碌，積極批評別人，認真檢討自己，活得好覺悟好辛苦，以為在為苦難的中國創建一個紅彤彤的新世界。他們一個個熱情高漲，挾革

2　李慎之：〈革命壓倒民主——《歷史的先聲》序〉，笑蜀編：《歷史的先聲》，博思出版集團有限公司（香港）2002年版，頁21。

命以遨遊，抱政治而長終。反右～文革，他們接受革命「淬火」，被打倒被批判，但未開始集體反思；文革後，延安一代從地方到中央全面接班。1980年代初最為艱難的改革初期，他們與紅軍一代中的開明派合力拱翻保守派，鄧小平的改革思路主要依靠延安一代予以實施完善。隨著改革深入，他們發現改革的最大阻力不是別的，恰恰是自己思想深處最神聖的那些馬列原則。

1980年代中期以後，隨著「中國往何處去」的焦點日益凸顯，尤其「六四」後，大多「一二・九」學運出身的延安一代實在難以認同對學運的彈壓，延安一代出現無可避免的分化。「六四」後中顧委本擬開除四人黨籍，恰恰均為延安一代——李銳、李昌、于光遠、杜潤生。受打壓的延安一代還有李慎之、任仲夷、梁湘、胡績偉、王若水等。這一現象表明延安一代已在思想上政治上與大革命一代、紅軍一代產生原則性分歧，無論價值理念還是政治判認均綻裂明顯代溝。在中下層，大多數延安老幹部震悚於六四槍聲，開始思考肇因。他們不再埋頭拉車，開始抬頭看路。中央文件對他們思想的約束力明顯大不如前。這一離心力的產生，自然大大加劇了起於1970年代末的「三信危機」——對馬列主義的信仰危機、對無產階級專政的信任危機、對共產主義未來的信心危機。海外也出現被驅逐或「投奔自由世界」的延安人：許家屯、許良英、劉賓雁、王若望、戈揚、于浩成……

此前，延安一代也出現過大分化，如文革紅人江青、葉群、張春橋、喬冠華、王力、關鋒、馬天水等，遭到延安一代的集體唾棄，但裂因局限於形而下道德範疇的好人壞人，這次大分化卻是形而上層面對「主義」產生重大分歧，且不僅僅只是理論層面的「共產主義渺茫論」，更有對「無產階級專政」、「計劃經濟」、「共同富裕」等實踐層面的質疑。「黃金一代」出現的大分裂，註定具有「黃金」價值，從意識形態迅速擴滲經濟領域，形成1992年回應「南巡指示」不可或缺的社會基礎。

「兩頭真」

進入1990年代，延安一代分化加劇，出現一批思想上日益脫離官方主流的「兩頭真」——趙紫陽、李慎之、李銳、李普、胡績偉、廖蓋隆、杜導正、王若水、曾彥修、牧惠、穆廣仁、安志文、彭迪、宗鳳鳴、何家棟、何方……這批抵達「兩頭真」車站的延安人，實屬極其痛苦的「意外」，或曰不願面對的「意外」。他們十分清楚這一「意外」的歷史內涵。因為，他們此時已清晰認識到：造成暴烈土改、慘酷鎮反、悖謬反右、人禍大饑餓、瘋狂文革、經濟崩潰，最根本的致因乃是自己全力迎倡的赤色學說，這是比毛澤東都更強大的歷史因素，也是更隱蔽更實質的禍祟。

有一些很簡單的對比：1930年代，機關學校一說到蔣委員長就得並腳立正，華西大學的胡績偉與幾個同學故意在提問中多設「委員長」，去捉弄那位最講究「立正」的教官。然而，委員長不過一個立正，不過幾秒鐘，「偉大領袖」則要戴像揮書、唱歌背語錄、鞠躬請罪、無限忠於，萬壽無疆、一日三次，遠比「委員長」麻煩費時。怎麼革了這麼大一場命，最後竟是「胡漢三又回來了?!」送走一位「立正」的委員長，迎來一位得「請罪」的毛主席，算哪門子事兒?!既然出現同一性的社會現象，出現「兩頭真」也就成了歷史必然，因為他們最初的出發點就是「求真」。

這一次，「兩頭真」想得更遠慮得更深，加之歲月催人，崦嵫日近，報國之心更切。如此這般，「兩頭真」成為推動中共政改的當代東林。京諺有云：「老年燃燒，青年取暖」，說的就是以延安老幹部為核心的一批老革命在「關心政治」，青年一代則在盡情享受「改革開放的成果」。

從歷史發展角度，「兩頭真」的出現，含意重大。因為，較之延安一代當年的青年革命，老年的第二次「真情燃燒」可是帶有經驗沉澱的人生總結，不像當年青年革命僅憑理想去「繪圖」，將極

其複雜的社會問題統統歸結為政治黑暗所致，似乎換一種學說、換一批人，一切社會弊端都迎刃OK。此時的「兩頭真」對革命進行澈底反思，獻畢生經驗為政改薪禾，這當然不僅僅是「兩頭真」的最後成熟，也是中國社會整體理性層次的提高。能夠認識到革命並非萬能，革命可能要闖大禍，創新之時即可能出錯之日，實在是一個世紀國際共運最沉重最核心的「人文遺產」。

演出結束盤總賬

如今，左右兩翼的延安一代的聲音還很強烈，然畢竟都是九旬左右的老人了，演出基本結束，大幕即將垂閉。他們回首人生，不能不為自己與奮鬥終身的「主義」盤盤賬。左翼的巍巍、馬賓等人，由於一仍舊腔，甚至要為「五人幫」平反，堅持已為實踐證謬的馬列原教旨，身後跟從者寡稀，日益成為非主流，已無法與「兩頭真」對抗。真正能為延安一代自結賬目的當然只能是「兩頭真」。

2008年，李銳先生說了兩段大大超過〈風雨蒼黃五十年〉的最後總結——

毛澤東們選擇的「俄國人的路」，幫助中共黨人經過共產革命，取得了執政地位，但是終究沒有「根本解決」中國的問題。豈止是沒有「根本解決」問題，簡直就是同人類文明背道而馳，遲滯了國家走向現代化的進程……運動不已，生靈塗炭，幾千萬人非正常死亡，上億人受到牽連，上演了一幕幕愈演愈烈的人間悲劇，使得國家、民族和社會付出了極為慘重的代價，遲滯了中國走向現代化的進程……甚而至於發生「六四風波」，動用軍隊彈壓手無寸鐵的學生和市民，導致了中國二十世紀的最後一場悲劇，所有這些，反思起來，都要從上個世紀「走俄國人的路」追根溯源。

無論是蘇俄革命的經驗，還是蘇聯的專制制度，無論是列寧主義，還是史達林主義，都是對自由、民主、公正、法治等人類普世價

值的背離。十月革命74周年後，蘇共下台、蘇聯解體。事實證明，背離人類普世價值自由、民主、科學和法治，脫離人類文明依靠科學知識即智慧發展的規律，任何制度、任何意識形態都只能為自己敲響喪鐘。這個結果，是中共早期創始人始料不及的。套用一句名言的句式：中國人在一個錯誤的時間，從一個錯誤的地方，移植了一個錯誤的樣板。[3]

2007年，16歲赴延的何方先生也說——

應該說，我們的路就根本上走錯了。我們建設的不但不是具有無比優越性的社會主義，而且連我們一直在批判的資本主義都不如。因為資本主義總還是在發展，而且發展得很快，我們卻在後退，相對說來也退得很快。……1955年中國經濟占全球份額的4.7%，1980年下降到2.5%。……2005年也僅占全世界總量的4.1%。這就是說，我們後來這二十多年的快速發展，還沒補夠頭二三十年的落後造成的差距，實在有點對不起祖先和後代。從這裡也引出來一個問題，就是這些年來，我們究竟建設的是什麼社會呢？

李慎之晚年迭發高論——

社會主義無非是爭取平等，資本主義無非是保障自由。自由和平等都是人類基本的價值追求。但是如果剝奪了自由，連追求平等的自由也沒有了，所以自由先於平等。[4]

明確表述了追求自由先於平等，得先進入資本主義，然後才有可能進入社會主義，真是完全背叛了國際共運的原始教旨——埋葬資本主義是進入社會主義的前提。

---

[3]　李銳：〈《中共創始人訪談錄》序〉，王來棣採編《中共創始人訪談錄》，明鏡出版社（香港）2008年版，頁10～11、8。

《炎黃春秋》（北京）2008年第8期刊載此文，刪去「同人類文明背道而馳」與涉及「六四」兩句，頁44、43。

[4]　丁東：《精神的流浪——丁東自述》，秀威資訊科技股份有限公司（台北）2008年版，頁335。

　　無論左右兩翼，延安一代都明白：三十年改革開放，國家經濟起飛並非依靠「延安藥方」，恰恰相反，正是放棄「延安藥方」，改弦更張另起爐灶，才使國家得以掙脫左繩左箍，才得以遵循近在眼前的初級常識。

　　面對「兩頭真」否定之否定的自評成績單，後人將如何評說呢？千山萬水、雪山草地、頭顱熱血、改天換地，最後竟……還有什麼比這更令一位革命者頓足捶胸？價值取向上終一生而歷二世，如此截然相反的大落差，石猶碎散，人何以堪！真是玩笑開大了，實在太大了。後人除了再發潼關長歎，除了從頭收拾舊山河，從數代革命者的滴血經驗中揀拾理性之結晶，還能怎樣呢？

身繫重望垂暮身

　　如今，「兩頭真」隊伍不僅在悄然擴容，而且薪盡火傳，身後跟上來解放一代、文革一代，終究是真神就有跟從者，是真理就有後來人。只是，垂暮之年的延安一代仍身繫重望，成為海內外士林對中共改革托望之重心。以目前國情，他們由歷史形成的地位聲望，尚無人可替可代，還得指望他們發大聲、放頭炮，真是難為這些延安老人了。

　　延安一代六十年（僅指與中共建政同步時段），「兩頭真」以澈底反思之態評述這段尚帶體溫的歷史，當然大大有利於推進當代中國的發展。一個社會的文明程度，第一要素即取決於對當代經驗的利用速率。「兩頭真」能夠自裁其謬自檢其誤，實在是為延安一代掙回最後的歷史地位。

2009年8月23日於滬・三湘

原載：《開放》（香港）2009年9月號

老幹終吐心裡話
——建成的與我們為之奮鬥的完全兩樣！

　　2008年第2期《炎黃春秋》刊出新華社前副總編穆廣仁先生的文章——〈奧斯特洛夫斯基：「我們所建成的，與我們為之奮鬥的完全兩樣！」〉，讀後不覺大吃一驚，這不是一篇「大逆不道」的反赤文章麼？而且還是刊登在皇城根下。自以為尚屬思想解放的我，不覺頓感落後，感慨良多。

　　該文最精髓的段落摘述如下——

　　幾個月前，《莫斯科共青團員報》刊載一篇奧斯特洛夫斯基的姪女加林娜對這家報紙的講述，才知道他在臨終之前再次發出對人生的「警語」：「我們所建成的，與我們為之奮鬥的完全兩樣。」哎呀，這不是和我們中國一代人所憬悟的人生如出一轍麼？我再一次被震撼了。……從史達林到晚年的毛澤東，既然是如出一轍，俄羅斯和中國知識分子命運的雷同，不是理所當然之事嗎？

　　在上個世紀40年代投身中國革命的我們這一代人……他們追隨共產黨，只是因為共產黨當時的綱領（被稱作「最低綱領」）適應了他們所追求的東西。一般說來，他們並不曾讀過真正的馬克思主義理論著作（讀的多是通俗性的進步書刊），也不知道中共的最高綱領（共產主義社會）是個什麼樣子，既不知道史達林的暴政，也從未料到中共解放後一段時間實施的「左禍」。在我所接觸到的那個同時代人當中，極少對他們當時的追求有所悔的……這就是我所以為奧斯特洛夫斯基的警語深為感動的原因：「我們所建成的，與我們為之奮鬥的完全兩樣！」[1]

---

[1]　穆廣仁：〈奧斯特洛夫斯基：「我們所建成的，與我們為之奮鬥的完全

……不能不對許多中國知識分子（包括我自己）在個人迷信時代所表現出的盲從和暴政下的屈從感到臉紅，既有損害個人尊嚴和人格的無休止的「檢討」，也有對「同類」無可奈何的批判。因此，我和同我類似的人不能說是人生的「完美」，而是「很不完美」，中間有一段甚至是「醜陋」……也許，僅僅是由於認同了「我們所建成的，與我們為之奮鬥的完全兩樣」，才被人們美稱之為「兩頭真」的吧。

穆廣仁，北京人，1925年出生，1947年加入中共，1948年畢業於中央大學外文系，歷任南京團市委宣傳部副部長、新華社副總編輯、中東總分社社長，一水兒純正解放牌老幹部。如今，由83歲的他說出多少國人窩憋於心的這句話——「搞錯了」，且刊登在延安一代執掌的《炎黃春秋》，令我這個「生在新中國，長在紅旗下」的50後，心潮陣陣，浪濤拍胸，深感歷史的進步與時代車輪的轉動。

眾所周知，「完全兩樣論」在大陸還是忌諱深深的黑色禁區，至少在絕大多數幹部與知識分子心裡，都明白這句話的份量，都知道它所攜帶的歷史內涵與價值含量。且不說解放牌老幹部思想認識上攀越到這一步關山重重，極為不易，就是認識到了，敢於說出來，依然需要跋涉風雪迷漫的「兩萬五千里」。這可是「叛逆」呵！或曰最為艱難的「自我否定」。一生的努力與價值居然是如此殘酷的「完全兩樣」，即「搞錯了」。犯了這樣根本性的方向路線錯誤，對延安牌和解放牌兩代老幹部來說，確實是太慘烈的搞笑了。然而，這兩代人中的少數精英還是勇敢地走出來，真誠地直面自身歷史，承認「所建成的與為之奮鬥的完全兩樣」。真不易，真崇高，真了不起。既是對自己一生追求的一份真誠評語，也是對祖國對人民最負責的一份呈獻。畢竟，沒有思想上的解放便不可能有歷史車輪的真正轉動，沒有對罪誤的澈底認識便不可能有真正的轉身，尤其是關係到方向性的變動。

兩樣！」〉，《炎黃春秋》（北京）2008年第2期，頁28～29。奧斯特洛夫斯基的這段話原載2007年《莫斯科共青團員報》，由奧斯特洛夫斯基侄女加林娜向該報轉述。

　　「完全兩樣」與含寓其中的「搞錯了」，代表了延安牌解放牌清醒派的一生總結，說出了他們最濃縮最經典的心裡話。至少可以說，這兩代赤色知識分子中的精英還是最後覺悟了，儘管這一悟識以耗費他們一生為代價。雖然來得遲晚，但他們畢竟真誠地向國人呈交了一份靈魂自白，沒有自欺欺人地當鴕鳥，而是懷揣「否定之否定」的最後微笑完成歷史使命──參與赤左、反叛赤左、埋葬赤左。

　　此外，從社會效應與言論價值上，由延安牌解放牌說出「完全兩樣」、「搞錯了」，與中青年知識分子或海外人士說出來，價值是不同的；再由大陸刊物發表出來，與發表於港美海外，意義也迥然有別。能夠在北京出版的《炎黃春秋》上讀到這一量級反思文章，令人欣然鼓舞。因為。這意味著真正的思想解放，意味著開啟澈底反思的大門。

2008年2月11日於滬‧三湘

原載：《開放》（香港）2008年3月號

跋

　　拾篇編集，猶如農夫金秋收穫，每每欣欣然。為自己的文章建倉入庫，為已嫁之女有機會補妝，這份心情也只有文人甘苦自知。

　　非常感謝秀威。2013年5月以來，秀威公司一口氣接受三本拙著一套叢書（六冊）。很奇怪，為什麼自己生活了六十年的大陸得不到欣賞，反而海峽對岸給予賞識？三本拙著一套叢書，除《烏托邦的幻滅——延安一代士林》因澈底否定赤潮比較「反動」，其餘並不怎麼「反動」，一般史著史集耳。

　　還是兩岸社會環境不同。大陸現今「四不像」，所有出版社必須「高度自律」，不能悖離政治上的「主旋律」，還得兼顧「再生產」的經濟基礎。2010年，除四家出版社（人民、民族、盲文、藏學）保留全額撥款的事業體制，大陸出版社至少名義上都被推向市場，這幾年正在經歷轉型「陣痛」。脫離政府錢袋，找錢自養，終究比此前「吃他娘穿他娘」背靠公款大樹要費力。半個多世紀衙門化的大陸出版社，養了一大幫不幹活（甚至反撬邊）的閒人，加上離退休人員的「歷史包袱」，成本居高難下。滬上出版社僅一個書號，就得三四萬人民幣。台灣秀威之所以能堅持「稿質第一」，身後可是撐著精巧的運作機制，體現了「西風」的效率與成熟。這還不算人文辨識能力方面的高下差異。

　　一輩子生活在據說最優越的「東風」之中，最後竟沐浴「西風」給予的陽光雨露，實為大陸知識分子的人生荒誕劇。不過，我還算幸運，抓住人生尾巴，多少得沐「西風」，拙集中那些「倒在黎明前」的紅色殉難者，才叫真正「生不逢時」。

　　當然，事物總有兩面性。我們這一代大陸學子既然一輩子生活在低層次的專制社會，我們的價值選擇也因低級而簡單，因簡單而明

晰，因明晰而沒有「選擇的煩惱」。在大陸完成民主轉型之前，我們這一代的歷史任務也似乎必須為「最低需求」而奮鬥。據說史家的主要任務是與人分享他們對歷史的見解，但我們這一代大陸學子，先得忙著與人「分享」第一台階的史實。事實上，只要提供史實，「見解」自明。

　　拙集以史料為地基，而史料本身又易訛易誤，如發現任何錯誤，懇請賜示。請通過編輯部轉告。

2014年7月8日於滬・三湘

Do歷史31　PC0497

紅色史褶裡的真相（一）
──初期紅事·延安紅史

作　　者／裴毅然
責任編輯／林世玲
圖文排版／姚宜婷
封面設計／王嵩賀

出版策劃／獨立作家
發 行 人／宋政坤
法律顧問／毛國樑　律師
製作發行／秀威資訊科技股份有限公司
　　　　　地址：114 台北市內湖區瑞光路76巷65號1樓
　　　　　電話：+886-2-2796-3638　傳真：+886-2-2796-1377
　　　　　服務信箱：service@showwe.com.tw
展售門市／國家書店【松江門市】
　　　　　地址：104 台北市中山區松江路209號1樓
　　　　　電話：+886-2-2518-0207　傳真：+886-2-2518-0778
網路訂購／秀威網路書店：https://store.showwe.tw
　　　　　國家網路書店：https://www.govbooks.com.tw

出版日期／2015年4月　BOD一版　定價／340元

|獨立|作家|
Independent Author

寫自己的故事，唱自己的歌

紅色史褶裡的真相. 一, 初期紅事. 延安紅史 / 裴
毅然著. -- 一版. -- 臺北市：獨立作家,
2015.04
　　面；　公分. -- (血歷史 ; PC0497)
BOD版
ISBN 978-986-5729-72-1 (平裝)

1. 中國共產黨　2. 歷史

576.25　　　　　　　　　　　104003845

國家圖書館出版品預行編目

讀 者 回 函 卡

感謝您購買本書，為提升服務品質，請填妥以下資料，將讀者回函卡直接寄回或傳真本公司，收到您的寶貴意見後，我們會收藏記錄及檢討，謝謝！
如您需要了解本公司最新出版書目、購書優惠或企劃活動，歡迎您上網查詢或下載相關資料：http:// www.showwe.com.tw

您購買的書名：＿＿＿＿＿＿＿＿＿＿＿＿＿＿＿＿＿＿＿＿＿＿＿

出生日期：＿＿＿＿＿＿年＿＿＿＿＿＿月＿＿＿＿＿＿日

學歷：□高中 (含) 以下　　□大專　　□研究所 (含) 以上

職業：□製造業　□金融業　□資訊業　□軍警　□傳播業　□自由業
　　　□服務業　□公務員　□教職　　□學生　□家管　　□其它＿＿＿＿

購書地點：□網路書店　□實體書店　□書展　□郵購　□贈閱　□其他
您從何得知本書的消息？

　□網路書店　□實體書店　□網路搜尋　□電子報　□書訊　□雜誌
　□傳播媒體　□親友推薦　□網站推薦　□部落格　□其他＿＿＿＿＿＿

您對本書的評價：（請填代號　1.非常滿意　2.滿意　3.尚可　4.再改進）

　封面設計＿＿＿　版面編排＿＿＿　內容＿＿＿　文／譯筆＿＿＿　價格＿＿＿

讀完書後您覺得：

　□很有收穫　□有收穫　□收穫不多　□沒收穫

對我們的建議：＿＿＿＿＿＿＿＿＿＿＿＿＿＿＿＿＿＿＿＿＿＿＿

＿＿＿＿＿＿＿＿＿＿＿＿＿＿＿＿＿＿＿＿＿＿＿＿＿＿＿＿＿＿＿＿

＿＿＿＿＿＿＿＿＿＿＿＿＿＿＿＿＿＿＿＿＿＿＿＿＿＿＿＿＿＿＿＿

＿＿＿＿＿＿＿＿＿＿＿＿＿＿＿＿＿＿＿＿＿＿＿＿＿＿＿＿＿＿＿＿

11466
台北市內湖區瑞光路 76 巷 65 號 1 樓
獨立作家讀者服務部　　　　收

⋯⋯⋯⋯⋯⋯⋯⋯⋯⋯⋯⋯⋯⋯⋯⋯⋯⋯⋯⋯⋯⋯⋯⋯⋯⋯⋯

（請沿線對折寄回，謝謝！）

姓　　名：＿＿＿＿＿＿＿＿　年齡：＿＿＿＿　性別：□女　□男

郵遞區號：□□□□□

地　　址：＿＿＿＿＿＿＿＿＿＿＿＿＿＿＿＿＿＿＿＿＿＿

聯絡電話：(日) ＿＿＿＿＿＿＿＿＿ (夜) ＿＿＿＿＿＿＿＿＿

E-mail：＿＿＿＿＿＿＿＿＿＿＿＿＿＿＿＿＿＿＿＿＿＿＿